Agathe Bienfait

Im Gehäuse der Zugehörigkeit

T0413173

Studien zum Weber-Paradigma

Herausgegeben von
Gert Albert
Agathe Bienfait
Steffen Sigmund
Mateusz Stachura

Mit der Reihe „Studien zum Weber-Paradigma" soll ein Ort für solche Publikationen geschaffen werden, die sich in Interpretationen, theoretischen Weiterentwicklungen und empirischen Studien mit dem Werk Max Webers auseinandersetzen. Die Bezugnahme auf das Webersche Forschungsprogramm schließt dessen kritische Diskussion durch Vertreter anderer theoretischer Positionen mit ein. Institutionentheoretische Fortführungen, ethische und sozialontologische Fragen im Gefolge Weberscher Unterscheidungen wie auch neue oder alte Verbindungen Weberianischer Theorie mit philosophischen Strömungen werden diskutiert. Die „Studien zum Weber-Paradigma" sind einem undogmatischen und innovativen Umgang mit dem Weberschen Erbe verpflichtet.

Agathe Bienfait

Im Gehäuse der Zugehörigkeit

Eine kritische Bestands-
aufnahme des Mainstream-
Multikulturalismus

VS VERLAG FÜR SOZIALWISSENSCHAFTEN

Bibliografische Information Der Deutschen Nationalbibliothek
Die Deutsche Nationalbibliothek verzeichnet diese Publikation in der
Deutschen Nationalbibliografie; detaillierte bibliografische Daten sind im Internet über
<http://dnb.d-nb.de> abrufbar.

1. Auflage Oktober 2006

Alle Rechte vorbehalten
© VS Verlag für Sozialwissenschaften | GWV Fachverlage GmbH, Wiesbaden 2006

Lektorat: Monika Mülhausen / Bettina Endres

Der VS Verlag für Sozialwissenschaften ist ein Unternehmen von Springer Science+Business Media.
www.vs-verlag.de

Umschlaggestaltung: KünkelLopka Medienentwicklung, Heidelberg
Umschlagbild: Max Weber-Arbeitsstelle, Bayerische Akademie der Wissenschaften München
Druck und buchbinderische Verarbeitung: Krips b.v., Meppel
Gedruckt auf säurefreiem und chlorfrei gebleichtem Papier
Printed in the Netherlands

ISBN-10 3-531-15219-X
ISBN-13 978-3-531-15219-6

Wer eine Habilitation zum Abschluss gebracht hat, der ist vielen Personen zu Dank verpflichtet.

Zunächst danke ich meinem Mentor und Betreuer, Professor Dr. Wolfgang Schluchter, für seine engagierte Zuversicht und seine intellektuelle Offenheit, die er mir und meinen Projekten entgegengebracht hat. Er sorgte für den notwendigen Freiraum, in dem ich meine wissenschaftlichen Interessen entwickeln und verwirklichen konnte. Professor Dr. M. Rainer Lepsius danke ich nicht nur für seine Bereitschaft, das Zweitgutachten zu übernehmen, sondern auch für seinen beharrlichen menschlichen Zuspruch, der mich in den unvermeidbaren Phasen der Verunsicherung ermutigt hat.

Alle Freunde zu nennen, die mir während meiner Habilitation mit Rat und Tat beiseite gestanden haben, würde ausufern; ihnen allen sei an dieser Stelle herzlich gedankt. Gleiches gilt für meine Kolleginnen und Kollegen, die mir die Möglichkeit gegeben haben, Aspekte dieser Arbeit zu diskutieren; ihre kritischen Kommentare und Anregungen waren eine unverzichtbare Hilfe.

Abschließend danke ich meinem Mann für sein unerschütterliches Vertrauen in mich und in mein Projekt; dass diese Habilitationsschrift heute zur Veröffentlichung steht, ist auch sein Verdienst. Dieses Buch ist ihm und meiner verstorbenen Mutter gewidmet.

Heidelberg, im Juli 2006

Inhalt

Einleitung

Kulturelle Identitäten und Zugehörigkeiten gehören neuerdings zu den dominierenden Themen des gesellschaftswissenschaftlichen und gesellschaftlichen Diskurses. Aus soziologischer Sicht ist dieses „ethnic revival" (Smith 1981) durchaus erstaunlich. Bis in die jüngste Zeit galt gesellschaftliche Modernisierung als faktisch gleichbedeutend mit einem Zurückdrängen ständischer, kultureller oder ethnischer Vergemeinschaftungen. So unterschiedlich die Klassiker der Soziologie die Prozesslogik der gesellschaftlichen Rationalisierung auch bewerteten, so einig waren sie sich darin, dass die naturwüchsigen kollektiven Zusammenhänge sich auflösen würden: Marx hegte keinerlei Zweifel, dass „alles Stehende und Ständische verdampft" (vgl. Marx und Engels 1980). Selbst Weber, der in kritischer Distanz zu Marx die dauerhafte Koexistenz von Klasse und Stand betonte, zeigte sich überzeugt, dass mit der zunehmenden „Rechenhaftigkeit" des modernen Lebens und der Vervielfältigung von Handlungsoptionen auch die Bereitschaft abnehmen wird, sich auf die Restriktionen einer gemeinsamen kulturellen Lebensweise einzulassen (Weber 1980: 226 [f]). Noch in jüngster Zeit sprachen beherzte Zeitgenossen von einer nahezu vollständigen „Entstrukturierung" und „Individualisierung" der Gesellschaft, die nur noch „jenseits von Klasse und Stand" diskutiert werden könne (Beck 1986). Vor diesem Hintergrund konnte jede Revitalisierung ethnischer und kultureller Identitäten bestenfalls als sentimentales Relikt (Lipset und Rokkan 1967) interpretiert werden.

Diese Vorstellung wurde lange Zeit durch die Migrationsforschung bestätigt. Seit Robert Ezra Park und William I. Burgess in ihrer *Introduction to the Science of Sociology* (Park und Burgess 1921) den „race relations cycle" entworfen hatten, der Assimilation zum Fixpunkt des Einwanderungsprozesses erklärte, gingen auch die weiteren Sequenz- und Zyklenmodelle davon aus, dass Migration mit dem sukzessiven Verblassen der ethnisch-kulturellen Herkunft endet (vgl. Han 2000: 40 f; Price 1969; Treibel 1999: 83 f). Diskontinuitäten und Regressionen wurden dabei weitgehend ignoriert. Im „melting pot", so glaubte man, würden kulturelle Unterschiede spätestens in der zweiten oder dritten Generation verschwinden und die gesellschaftlichen Gruppen zu einer neuen suprakulturellen Einheit verschmelzen. Ohne Zweifel erwies sich hier der Wunsch als Vater des Gedankens: Ethnische Enklaven und Subkulturen wurden als Störfaktoren im Prozess der permanenten „Erfindung der Nation" (Anderson 1988) betrachtet.

Diese Wunschvorstellung der quasi „natürlichen" Assimilation hielt der langfristigen Überprüfung in der gesellschaftlichen Wirklichkeit nicht stand (vgl. Esser 1980; 1990). Schon 1938 formulierte Marcus Lee Hansen (1996) seine berühmt gewordene Formel, dass die Enkel wieder entdecken werden, was die Kinder der Einwanderer vergessen wollten: ihre ethnische Herkunft. Gerade die dritte Generation widerstehe dem Assimilationsdruck mit einer verstärkten ethnischen Identifikation. Als Folge präge sich eine pluralistische Struktur (pluralistic setting) heraus. Diesen Prozess belegte Shmuel N. Eisenstadt in seinen Untersuchungen zur jüdischen Einwanderung nach Palästina (Eisenstadt 1954), und der US-amerikanische Soziologe Milton M. Gordon bestätigte ihn zehn Jahre später für den US-amerikanischen Kontext. In seiner klassischen Studie *Assimilation in American Life* (Gordon 1965) unterzog Gordon die Melting-pot-Ideologie einer scharfen Kritik, indem er die Persistenz ethnischer und kultureller Traditionen in den Einwanderergruppen herausarbeitete - eine Einsicht, die durch Michael Novaks Bestseller *The Rise of the Unmeltable Ethnics* (Novak 1972) schließlich in den „common sense" der amerikanischen Öffentlichkeit diffundierte.

Anstelle des Assimilationsparadigmas drängte Horace Kallens Begriff des „kulturellen Pluralismus" (Kallen 1914/1970; 1956) verstärkt in das Bewusstsein gesellschaftspolitischer Überlegungen. In der nordamerikanischen Sozialwissenschaft etablierte sich ab den 1960er Jahren die Ethnizitätsforschung als Reflexionsinstanz.[1] Statt des „melting pot" etablierten sich nun die „salad bowl" oder das „ethnische Mosaik" als dominante Modellvorstellungen von einer kulturell pluralisierten Gesellschaft, in denen technischer Fortschritt und kultureller Austausch gerade nicht zur Assimilation oder zum kulturellem Vergessen führen, sondern vielmehr zum Wiedererstarken kultureller Netzwerke und zur Stabilisierung kultureller Gemeinschaften genutzt werden (vgl. Treibel 1999: 53).

Die zeitgenössische „invention of ethnicity" (Sollors 1996a, dazu Elwert 1989) fordert nicht nur die soziologischen Erklärungsmodelle heraus, sondern die zunehmende kulturelle Heterogenität moderner Gesellschaften stellt auch die Integrationsfähigkeit des liberalen Nationalstaates entscheidend in Frage. Der zeitgenössische Multikulturalismus schließt an diesen Prozess des Umdenkens an, indem er die politischen und rechtstheoretischen Konsequenzen zum Thema

---

1   Wegbereiter war hier zweifellos das Buch Beyond the Melting Pot von Nathan Galzer und Daniel P. Moynihan (1963). Mit ihrem 1975 verfassten Reader Ethnicity. Theory and Experience (1975), der u. a. Beiträge von Parsons, Gordon und Bell enthält, etablierten sie den Begriff Ethnizität im internationalen Diskurs. Weitere wichtige Zusammenstellungen theoretischer Beiträge finden sich bei Guibernau und Rex (1997), Hutchinson und Smith (1996) und bei Sollors (1996b). Seit den 1980er Jahren fand der Begriff Ethnizität Eingang in den deutschsprachigen Kontext. Hier reagierte beispielsweise Friedrich Heckmann (1997), indem er Ethnizität als universale Tatsache betrachtet, vergleichbar mit den Kategorien Arbeitsteilung, Ungleichheit, Macht und Kultur.

macht. Im Zentrum der multikulturalistischen Kritik stehen drei fundamentale Prinzipien des Liberalismus: erstens die individualistische Auslegung des Rechts, zweitens die strikte Trennung von privater und öffentlicher Sphäre und drittens die ethnische und ethische Neutralität von Recht und Staat.

Das argumentative Zentrum der multikulturalistischen Einwände ist die konstitutive Relevanz der kulturellen Bezüge und Zugehörigkeiten für ein würdevolles und freies Leben. In diesem empathischen Hinweis auf die Bedeutung kultureller Gemeinschaften schließt der Multikulturalismus unmittelbar an die sozialtheoretischen Positionen der zeitgenössischen Kommunitaristen und an deren fundamentale Kritik am liberalen Individualismus an.[2]

Den Liberalen gilt der moral- und rechtstheoretische Individualismus als unverzichtbare Bedingung der individuellen Freiheit. Freiheit im liberalen Sinne wird primär als „negative Freiheit" verstanden, als Freiheit von äußeren Zwängen und Beschränkungen (Berlin 1969; dazu kritisch Taylor 1988a). Dies bedeutet auch das Recht zur „Entzweiung" bzw. zur „reflexiven Distanz" gegenüber allen gesellschaftlichen Vorgaben (Wellmer 1993: 39,59). Insofern ist der prinzipielle Vorrang der individuellen Rechte vor den Anforderungen der Gemeinschaft die unverzichtbare Gewähr der individuellen Freiheit.

Hierin besteht der Kern dessen, was Taylor und andere Kommunitaristen als „Atomismus" (Taylor 1985; 1995a) oder als „Theorie des ungebundenen Selbst" (Sandel 1987a; 1987b) bezeichnen und zugleich verwerfen. Durch den normativen Individualismus, so die kommunitaristische These, kolportiere der Liberalismus eine moralisch und politisch problematische Version des individuellen Subjekts, nämlich das „entkörperlichte Ego, das Subjekt, das alles Sein objektivieren kann, einschließlich seines eigenen Seins, und das in radikaler Freiheit wählen kann" (Taylor 1988b: 38). Die Vorstellung, dass Menschen als vereinzelte, unsoziale Wesen ohne soziale Bindungen ihre Werte, Ziele und Pflichten selbst wählen können, gehe grundlegend an der Realität der moralischen Person vorbei. Für Taylor, der, wie alle Kommunitaristen, im Gegensatz dazu eine soziale Konzeption des Menschen vertritt und die gesellschaftliche Gebundenheit der menschlichen Identität betont, sind Rechte und Freiheiten voraussetzungsreich. Sie beruhen auf der Gebundenheit und Zugehörigkeit der Person zu einer bestimmten Gruppe. Rechte und Freiheiten entstehen nicht aus dem Nichts heraus, und sie sind auch kein Produkt exzentrischer Selbsterschaffung. Vielmehr sind es immer regulierte und normierte, also gesellschaftlich geprägte Rechte und Freiheiten, eingebunden in ein dichtes Netz aus nie ganz durchsichtigen Praktiken

---

2 Für einen generellen Überblick über die kommunitaristischen Ansätze siehe: Beierwaltes (1995); Bienfait (1999); Brink (1992/1993); Brink und Reijen (1995); Brumlik und Brunkhorst (1993); Etzioni (1995); Forst (1994); Honneth (1993); Mulhall und Swift (1992); Rasmussen (1990); Reese-Schäfer (1997); Wellmer (1993).

unter dem Horizont geschichtlicher Möglichkeiten und kulturell vorgegebener Sinnvorstellungen. Ohne diesen kulturellen Werthorizont, so Taylor, wüsste der Einzelne weder was Freiheit noch was Würde realiter bedeuten. Freiheit im kommunitaristischen Verständnis ist deshalb grundsätzlich institutionell gesicherte und damit auch begrenzte Freiheit. Angestrebt wird nicht die *negative Freiheit von* externen Beschränkungen, sondern die positive *Freiheit zu* oder auch *in* vernünftigen Freiheitsbeschränkungen, im Rahmen moralischer Institutionen, Gemeinschaften und Traditionen, die allen individuellen Rechten vorgeordnet bleiben und die Grenzen der individuellen Willkür bestimmen. Ich habe, wie Wellmer sagt, nicht nur die Freiheit, „zu tun was ich will, sondern auch zu wollen, was gut ist". Allein dadurch könne die einsame Selbstverwirklichung in „vernünftige Selbstbestimmung" transformiert werden (Wellmer 1993: 17 f). [3]

Indem der liberale Atomismus diese konstitutive Abhängigkeit der Freiheit von einem gelebten Ethos im sozialen Kontext ignoriert, trägt er dazu bei, die kulturellen Ressourcen individueller Würde und Freiheit geradewegs zu zerstören. Die liberale Förderung soziomoralischer Ungebundenheit unterlaufe die Sicherstellung moralischer Solidaritäten und Loyalitäten und begünstige eine folgenschwere Vereinzelung und Entsolidarisierung der Subjekte. Identitätskrisen, Narzissmus und Entfremdung sind die unvermeidbaren Folgen, in denen

---

3 Ohne die moraltheoretischen Details der Kontroverse zwischen Liberalen und Kommunitaristen hier eigens zum Thema zu machen, muss doch an dieser Stelle auf die Begrenztheit des Atomismus-Vorwurfs hingewiesen werden. Er trifft lediglich auf das liberale Denken „von Hobbes bis Westerwelle" (Brunkhorst 1996: 23) zu, genauer auf einen ökonomistischen „Schrumpfliberalismus" (Höffe 1996: 92), der Staat und Gesellschaft einseitig als reine Beschränkung einer nahezu egoistischen Freiheit betrachtet. Die Beschränktheit dieser nihilistischen Interpretation von Freiheit als Willkür ist ausreichend kritisiert worden (vgl. Bienfait 1999: 21 ff). Schon in Kants Autonomie als „Selbstgesetzgebung" wird die individuelle Freiheit an die Achtung gegenüber der Freiheit und der Würde des anderen gebunden. Dieses Konzept einer „Solidarität unter Fremden" (Brunkhorst 1996: 24) ist von zeitgenössischen Universalisten wie John Rawls (1975; 1992) oder Jürgen Habermas (1986; 1992) zu einem gerechtigkeitsverpflichteten, moralisch abgefederten und überdies politischen Liberalismus ausgearbeitet worden, an dem Taylors Atomismus-Vorwurf vorbeizielt. Rawls hat in seinen Repliken mehrfach darauf hingewiesen, dass hier die Ideen der „Autonomie", des „Urzustands" oder der „Unparteilichkeit" als begründungstheoretische Kunstgriffe verstanden werden müssen, um die Distanz des moralischen Subjekts zu lebensweltlichen Interessen und Zwängen zu gewährleisten. Die Fiktion des „unparteilichen Selbst" als Bestandteil der Begründungstheorie fokussiert die Fähigkeit der Akteure, einen allgemeinen, selbstdistanzierten Standpunkt einzunehmen, ohne deshalb die soziokulturelle Verwobenheit des Subjekts abzustreiten oder auszuschließen (vgl. Bienfait 1999: 218 f; Höffe 1996; Meyer 1996: 43 ff, 64 ff). Wenn diese Konzepte in kommunitaristischer Manier als Anthropologie der körper- und kulturlosen Subjektivität gelesen werden (vgl. Sandel 1982: 48 ff), dann kommt dies einer unzulässigen Vermengung von konstitutions- und begründungstheoretischen Argumenten gleich.

sich die Krise der liberalen Politik verdeutlicht (vgl. Mulhall und Swift 1992: 14 ff; Reese-Schäfer 1994: 13 ff; Taylor 1995b; Wellmer 1993: 16 ff). Ohne die substanziellen vorgängigen Solidaritätsgefühle, die Ego gegenüber Alter in konkreter Verbundenheit empfindet, sei nicht einmal an die subjektive Bereitschaft zur Einhaltung von Verträgen zu denken. Oder mit Ernst-Wolfgang Böckenförde gesprochen: Die liberale Demokratie lebt von Voraussetzungen, die sie selbst nicht garantieren kann (Böckenförde 1991: 112 f; vgl. Vorländer 1995: 252 ff). Deshalb sei das liberale „Versprechen des totalen Selbstbesitzes" in Wahrheit nur der „totale Selbstverlust" (Taylor 1988b: 38). Der Liberalismus habe als Individualismus zum Zerfall des so genannten Kontextes entscheidend beigetragen, auf dem sowohl die Idee der moralischen Person als auch der Wert der Freiheit und Menschenwürde beruhen (Sutor 1995: 9 ff). Das Projekt der Aufklärung, alles auf Subjektivität und Autonomie zu setzen, sei damit gescheitert. Die Krise könne nur überwunden werden durch die Vitalisierung eines gelebten Ethos in überschaubaren und erlebbaren Gemeinschaften.

Mit dieser philosophischen Dimension der Liberalismuskritik schließen die zeitgenössischen Kommunitaristen an klassische Topoi der abendländischen Kulturkritik an. Es geht um die Frage nach der „richtigen" oder „gerechten" Gesellschaft (Frankenberg 1994), um den Unterschied zwischen „negativer" und „positiver" Freiheit (Berlin 1969), um die Differenz zwischen universeller „Moralität" und partikularistischer „Sittlichkeit" (Habermas 1986). Mit voller Berechtigung erkennen manche Autoren in diesem zeitgenössischen Diskurs eine weitere „Fußnote" zur Kant-Hegel-Kontroverse und die daran anschließende Kritik der bürgerlichen Gesellschaft (vgl. Forst 1994: 213; 1995; Kersting 1992; Vorländer 1995: 255, 258 ff). Der Verlust des „ethischen Minimums" (Dubiel 1994) liberaler Gesellschaft ist ein Problem, das bereits Hegel, Marx und Tocqueville beunruhigte (Wellmer 1993: 54 ff).

Neben dieser eher philosophischen Kritik am Liberalismus formulieren die Multikulturalisten noch einen weiteren, eindeutig politisch-praktischen Einwand. Die Krise des Liberalismus werde nach ihrer Ansicht dadurch verschärft, dass die Differenzblindheit der liberalen Politik keineswegs alle gesellschaftlichen Gruppen im gleichen Maße betreffe. Vielmehr lasse sich zeigen, dass alle liberalen Staaten bestimmte dominante Kulturen vorziehen und zugleich kulturelle Minderheiten auf Dauer benachteiligen. Das liberale Credo von der strikten Trennung von privat und öffentlich erweist sich letztlich als Ideologie der kulturellen Ungleichheit, wodurch die kulturellen Traditionen und Interpretationen von Minderheiten als „privat" stigmatisiert werden, während im Bereich der Öffentlichkeit fortwährend die kulturellen Privilegien der Mehrheit reproduziert und zementiert werden (Kymlicka 1997: 111-115; Taylor 1993: 34). Eine Vielzahl politischer und rechtlicher Festlegungen in liberalen Gesellschaften stellt die grundlegende Asymmetrie zwischen anerkannten und missachteten kulturellen Traditionen fest: Von der Festlegung der Nationalsprachen und der öffentlichen Feiertage über den schulischen und außerschulischen Bildungskanon bis hin zu den grundsätzlichen Vorstellungen von Normalität und Üblichkeit zeigt sich die kulturelle Voreingenommenheit des vorgeblich „farbenblinden" Rechts.

Diese strukturelle Ungleichheit zwischen dominanter Mehrheitskultur und marginalisierten Minderheiten ist für die Multikulturalisten ein Beweis für das Scheitern der Politik gleicher Rechte. Ungeachtet des eigenen normativen Ideals zeigt sich der „real existierende Liberalismus" als ein System illegitimer Gruppenrechte, durch welche ganze Bevölkerungsgruppen auf Dauer ausgeschlossen werden. Die permanente öffentliche Missachtung und Ausgrenzung bestimmter kultureller Traditionen zerstört sowohl die moralischen Lebensgrundlagen der kulturellen Gemeinschaften als auch die Identität der Mitglieder, da

> „ein Mensch oder eine Gruppe von Menschen wirklichen Schaden nehmen, eine wirkliche Deformation erleiden kann, wenn die Umgebung oder die Gesellschaft ein einschränkendes, herabwürdigendes oder verächtliches Bild ihrer selbst zurückspiegelt. Nichtanerkennung oder Verkennung kann Leiden verursachen, kann eine Form von Unterdrückung sein, kann den anderen in ein falsches, deformiertes Dasein einschließen" (Taylor 1993: 13 f).

Für die Multikulturalisten ergibt sich aus beiden kritischen Einwänden gegen den Liberalismus die unmittelbare Notwendigkeit identitätsfördernder Maßnahmen und Sonderrechte: erstens zur Verwirklichung der Freiheit vor dem Hintergrund der kulturellen Bezüge, und zweitens zur Verwirklichung der Gleichheit, die angesichts der ethischen Imprägniertheit des Liberalismus konstitutiv verletzt wird. Multikulturalistische Identitätspolitik ist gewissermaßen die praktische Konsequenz der kommunitaristischen Liberalismuskritik. Die Multikulturalisten erstreben eine Gesellschaft, die ihren Zusammenhalt nicht (nur) auf der Grundlage der rechtlich garantierten Gleichheit ihrer Mitglieder erhält, sondern (auch) durch die wechselseitige Anerkennung ihrer kulturellen Besonderheit und Andersartigkeit. Während in einer liberalen Gesellschaft die besonderen Eigenschaften, durch die sich die Individuen voneinander unterscheiden (Geschlecht, Abstammung, Sprache, Glauben) von der öffentlichen Sphäre des Rechts, der Politik und des Marktes ferngehalten und in den (scheinbar) privaten Bereich der unpolitischen Geselligkeit verbannt werden, wird eine solche sektorale Aufspaltung von den Multikulturalisten verneint. Kulturelle Herkunft und Zugehörigkeit gelten ihnen nicht einfach als Varianten privater Lebensführung, sondern als konstitutive Elemente der Persönlichkeit und der Identität des freien Bürgers, die einer angemessenen politischen Repräsentation bedürfen.

Der entscheidende Unterschied zwischen einer pluralistischen und einer multi-kulturellen Gesellschaft besteht nicht in der Existenz kultureller Vielfalt, wie manche Vertreter des Multikulturalismus glauben (vgl. Cohn-Bendit und Schmid 1993: 11), sondern in der Art und Weise ihrer Repräsentation: Während Politik und Recht in einer liberal-pluralistischen Gesellschaft auf die Überwindung von Verschiedenheit und Besonderheit ausgerichtet sind, dienen sie in einer multikul-turellen Gesellschaft der öffentlich-institutionellen Repräsentation der besonde-ren Identitäten durch Rechte, die Differenz aufnehmen und bewahren (Preuß 1998: 1256 f). Damit wenden sich die Multikulturalisten direkt gegen die liberale Idee der staatlichen Neutralität.

Dabei bezieht sich die Forderung nach differenzorientierten Rechten nicht nur auf einzelne Individuen, sondern sie schließt für die meisten Multikulturalis-ten auch Gruppenrechte mit ein. Im Unterschied zu den Liberalen, die nur ein-zelne Individuen als Träger von Rechten anerkennen, plädieren Multikulturalis-ten für die Berücksichtigung von Gruppen als Träger von Rechten. Weil die Ressource „Mitgliedschaft" nie von Einzelpersonen, sondern immer nur in kol-lektiven Zusammenhängen (Gemeinschaften) erbracht werden kann, reichen individuelle kulturelle Rechte nicht aus, um die kulturellen Ressourcen zu ge-währleisten. Es bedarf darüber hinaus korporativer kultureller Rechte, wodurch die Gruppen selbst unterstützt und mit Rechten versehen werden (vgl. dazu Van Dyke 1985; 1999).

Nun sind die Einwände der Multikulturalisten gegenüber dem Liberalismus durchaus relevant, so dass sich aufgeklärte liberale Denker der Kritik an der „ethischen Imprägnierung des Rechtsstaats" (Habermas 1993: 164 ff) anschlie-ßen. Der Hinweis auf kulturell bedingte Ungleichheiten und Diskriminierungen ist ein ernst zu nehmender Stachel im Fleisch des liberalen Denkens. Der Vor-wurf der ideologischen Legitimierungen von Mehrheitsprivilegien steht im Raum und muss entkräftet werden. Doch selbst wenn Liberale diesem Teil der multikulturalistischen Problemdiagnose zustimmen, so erheben sie doch heftigen Einspruch gegen die multikulturalistische Problemlösung.

Gerade in Gesellschaften, in den die Pluralität von Lebensformen alltägliche Erfahrung geworden ist, müssen jene Quellen identitärer Gemeinschaftlichkeit, die von den Kommunitaristen beschworen werden, nachdrücklich in Frage ge-stellt werden. Eine demokratische Gesellschaft, die die Freiheit des Einzelnen ernst nimmt, sollte vielmehr auf jegliche Suggestion von Einheit oder gemein-samem Lebenssinn verzichten. Angesichts des „Faktums des Pluralismus" (Rawls) im Hinblick auf Werte, Güter und Zugehörigkeiten beschränken viele Liberale ihre Konsensanforderungen auf ein "agreement to disagree" (Vorländer 1995: 256). Liberale Demokratie, so Helmut Dubiel, ist „das Projekt einer Ge-sellschaft, die sich einzig in der institutionellen Anerkennung ihrer normativen

Desintegration integrieren kann" (Dubiel 1994: 493). Damit ist jede Orientierung der Politik an einer substanziellen Konzeption des Guten oder an einer bestimmten kulturellen Lebensform ausgeschlossen.

Vor dem Hintergrund staatlich implementierter Gruppenrechte wird diese substanzielle Vorstellung von Demokratie geradezu paternalistisch. Kulturelle Herkunftsgruppen sind ein Sonderfall von Gemeinschaften, denn die eigene Herkunft ist nicht freiwillig gewählt, sondern auch schicksalhaft zugewiesen; der Einzelne kann sich nicht beliebig davon distanzieren, da nicht Partizipation, sondern primär Identifikation die Zugehörigkeit bestimmen. Exit-Option und Revisionsfähigkeit sind unter diesen Umständen nicht ohne zusätzliche Unterstützungen gewährleistet. Im Unterschied zu freiwilligen Assoziationen ist bei der Herkunftsgruppe ein gewisser Zwangs- und Restriktionscharakter naheliegend, vor allem angesichts der Herrschaftsinteressen von fragwürdig legitimierten Gruppensprechern (vgl. Reese-Schäfer 1996: 9 ff).

Staatlich implementierte Gruppenrechte würden die ohnehin problematische Abhängigkeit des Einzelnen von den Sozialisationszwängen der Herkunftsgemeinschaft zusätzlich verstärken. Damit einher geht die paradoxe Verfestigung potenzieller Diskriminierungs- und Marginalisierungsgründe. Der Grund für die Geschichtsmächtigkeit des liberalen Freiheitsversprechens bestand doch gerade darin, dass Angehörige ausgeschlossener und benachteiligter Gruppen verlangten, dass das Recht von diesen besonderen Eigenschaften absähe, damit sie wie alle anderen als Menschen respektiert würden. Wenn Liberale die Individuen als eigenschaftslose, abstrakte Personen betrachten, dann nicht, weil sie die Besonderheit der Menschen als bedeutungslos betrachten, sondern weil diese Eigenschaften der Grund sind für viele Benachteiligungen und Zurücksetzungen. In diesem Sinn ist die politische Nation gleicher Staatsbürger auch ein Triumph der universalistischen politischen Form über die Borniertheit der Kultur und über die in den Traditionen wurzelnden Gemeinschaften (Preuß 1998: 1258 f).

Dass die vorliegende Untersuchung den Titel „Im Gehäuse der Zugehörigkeit" (vgl. Nassehi 1999: 203) trägt, soll signalisieren, dass sie in wesentlichen Aspekten die liberale Kritik am Multikulturalismus bestätigt. Doch im Unterschied zu manchen liberalen Vorschlägen, die darauf hinauslaufen, kurzerhand alle Ansprüche auf kulturelle Anerkennung zurückzuweisen (Burger 1997; Radtke 1990; 1992), soll im Folgenden versucht werden, das kritische Potenzial des Multikulturalismus für eine Integration identitätspolitischer Forderungen in die liberale Theorie fruchtbar zu machen. Sowohl die konzeptionellen als auch die politischen Ambivalenzen des kommunitaristisch fundierten „Mainstream-Multikulturalismus" (Fraser 2003: 103 ff) sind Folgen verborgener Implikationen und Missverständnisse.

Der Entfaltung der Kernthese dieser Arbeit folgt die Logik der Darstellung: Im Kapitel 1 wird zunächst das geltungstheoretische Missverständnis der Multikulturalisten aufgezeigt, das ihrer Begründung von Kollektivrechten zugrunde liegt. So unbestritten und wertvoll das kommunitaristische Plädoyer für die Bedingtheit des Menschen durch seinen kulturellen Horizont als konstitutionstheoretischer Einwand gegen die partielle „Kontextvergessenheit" (Forst 1994: 14) mancher liberaler Ansätze auch sein mag, so problematisch wird er als geltungs- und verbindlichkeitstheoretisches Argument.

Sicherlich brauchen Menschen ihren kulturellen Hintergrund, ihre Gemeinschaft, ihre Sprache und das Gefühl einer stabilen Zugehörigkeit, um eine Identität, ein Selbstwertgefühl zu entwickeln, das es ihnen erlaubt, Wünsche zu artikulieren und diese mit Hilfe von Rechten und Freiheiten zu verwirklichen. Doch aus diesem Zusammenhang resultiert weder die Notwendigkeit, Gruppen als Träger von Rechten zu betrachten, noch folgt daraus der grundsätzliche oder auch nur situative Vorrang dieser Kollektivrechte gegenüber den Freiheiten der einzelnen Individuen. Beide sind umstrittene rechtstheoretische Folgerungen, die die Frage der legitimen Einschränkung individueller Freiheit berühren, ganz unabhängig von den Bedingungen einer gelungenen Identität.

Der vielfach kritisierte „kommunitaristische Fehlschluss" (Forst 1994: 35, 38 f) von der genetischen Vorgängigkeit der Werte und Identitäten auf ihre normative Priorität in Geltungsfragen ist die eigentliche konzeptionelle Ursache des latenten Kollektivismus der multikulturalistischen Argumente und Modelle. Er begründet ein Rechtsverständnis, das keine Differenz zwischen partikularistischen Traditionen und allgemeinen Rechten kennt. Freiheit im liberalen Sinne, als zulässige Distanz zwischen dem Einzelnen und seinem Kollektiv, wird damit prekär.

Die Rekonstruktion des kommunitaristischen Fehlschlusses fördert einen weiteren folgenschweren Irrtum zu Tage: Es zeigt sich, dass alle zitierten Vertreter des Multikulturalismus bei ihrer Legitimation der Kollektivrechte von einer fraglos angenommenen Übereinstimmung innerhalb der prämierten kulturellen Gemeinschaft ausgehen. Dieser blinde Glaube an die Existenz eines umfassenden internen Wertkonsenses hat seinen Ursprung im Kulturbegriff der Multikulturalisten, der im Kapitel 2 rekonstruiert wird. Dabei zeigt sich, dass er auf der Vorstellung homogener, in sich integrierter sowie nach außen eindeutig abgrenzbarer kultureller Kollektive basiert. Kultur als Symbolsystem wird „tout court" identifiziert mit konkreten kulturellen Gemeinschaften, wobei die Grenzen der Sprache und Symbolik als politisch implementiert gedacht werden.

Hierin sehe ich die zweite entscheidende Weichenstellung für die paternalistischen und repressiven Effekte der multikulturalistischen Identitätspolitik. Der „totalitätsorientierte" Kulturbegriff (Reckwitz 2001), den die Multikulturalisten kolportieren, führt zu einer kritiklosen Verdopplung der Essentialisierungen, die die Betroffenen in Identitäts- und Anerkennungskämpfen konstruieren. Die lebensweltlichen Akteure haben gute Gründe, diese Essentialisierungen voranzutreiben - teils aus strategischen Motiven, da die Durchsetzungsfähigkeit ihrer politischen Forderungen von der erfolgreichen Selbstdarstellung als „authentischer" Kultur abhängig ist, teils aber auch aus dem fraglosen Glauben an die substanzielle Ursprünglichkeit ihrer kulturellen Traditionen. Die Aufgabe der Wissenschaft bestünde darin, diese Essentialisierungen zu hinterfragen und den Zusammenhang zwischen kulturellen Identitäten und politischen Gegebenheiten zu analysieren (vgl. Benhabib 1999). Doch durch das multikulturalistische Fürwahrnehmen der konstruierten Identitäten wird nicht nur jede kritische Distanz zur kulturellen Selbstdarstellung der Akteure vermieden, sondern es werden zugleich die gruppenspezifischen Tendenzen zur internen Homogenisierung und Restriktion durch die Wissenschaft legitimiert.

Im Kapitel 3 beginnt die Suche nach einem alternativen Kulturbegriff, der die genannten Implikationen vermeidet und dadurch die Kontroverse aus den Fallstricken des Mainstream-Multikulturalismus (Fraser 2003: 103 ff) befreit. Erfolg versprechende Ansätze hierzu zeigen sich in den zeitgenössischen „Cultural Studies" und ihrer politischen Variante, den „Postcolonial Studies". Im Unterschied zu den Multikulturalisten vertreten die Autoren der „Cultural" und „Postcolonial Studies" einen Kulturbegriff, der die Gebrochenheit und Heterogenität im Bereich der kulturellen Werte, Symbole und Deutungsmuster stark hervorhebt. Im Fall der „Cultural Studies" resultiert dieses Wissen um die Fragmentiertheit kultureller Bestände vornehmlich aus dem frühen Einfluss marxistischer und klassentheoretischer Ansätze, die die Vielfalt im Kulturellen als Resultat struktureller Brüche und Distanzen innerhalb eines kulturellen Sprachspiels betrachten. Bei den „Postcolonial Studies" ergibt sich der kritische Ausgangspunkt der Reflexion bereits aus dem Namen: Hier wird die Heterogenität und Andersheit im Kontext der Asymmetrie zwischen Kolonialvölkern und Kolonialisierten rekonstruiert.

Für beide ist kulturelle „Hybridität" das Charakteristikum kultureller Sprachspiele, wodurch sie sich bereits auf der Ebene der Grundbegriffe vom Homogenitäts- und Kohärenzideal der Multikulturalisten distanzieren. Kultur ist nicht einfach die Sphäre einmütiger Übereinstimmung, sondern vielmehr der Schauplatz von Konflikten um die richtige Deutung und Interpretation. Die Vielfalt der Stimmen und Interessen im kulturellen Diskurs setzt eine Vielfalt an Identitäten frei, die mal legitim, mal subversiv, mal als Herausforderung oder auch als Widerstand gegen bestehende Interpretationen auftreten.

Aus dieser konflikttheoretischen Sicht auf Kultur ergibt sich bei beiden Konzepten das grundsätzliche Wissen um die Machtungleichheiten und Herrschaftsverhältnisse im Bereich der Kultur. Damit erst können die „Cultural" und „Postcolonial Studies" als veritable Alternativen zum Multikulturalismus herausgearbeitet werden: Indem sie Kultur als Sphäre der Marginalisierung und Diskriminierung thematisieren, ermöglichen sie, die Wahrheit des Multikulturalismus, d. h. den ungleichen Kampf um Anerkennung, zu bearbeiten, ohne seinen kollektivistischen und paternalistischen Lösungsvorschlägen aufzusitzen.

Allerdings ist gerade der zweite Aspekt bei den „Cultural" und „Postcolonial Studies" verbesserungsbedürftig. Wenngleich alle Autoren von Ungleichheit, Macht und Herrschaft sprechen, so neigen sie doch zu einer stark hermeneutischen Verklärung der Kultur als reinem Text. Diese Textanalogie ist sicherlich ein Resultat des stark literaturwissenschaftlichen Einflusses auf diesen Diskurs. Sie verhindert jedoch eine systematische Berücksichtigung der strukturellen Ungleichheitsdimensionen und tendiert streckenweise zu einer Verklärung der Hybridisierung als einem spielerischen Austausch von Interpretationen. Zu leicht gerät dabei das systematisch zu bearbeitende Thema der Macht im Sinne der Festlegung und Durchsetzung der Spielregeln aus dem Blickfeld.

Um diesen „hermeneutischen Idealismus" (vgl. Habermas 1981/1988: 182 ff) auszuschließen und den Struktur- und Herrschaftsaspekt konzeptionell einzubinden, bedarf es einer ergänzenden soziologischen Aufklärung der Kulturbegriffs. Einen derartigen Vorstoß leistet Pierre Bourdieu. Sein Ansatz ermöglicht es, das Ineinandergreifen von strukturellen Klassenfriktionen und kulturellen Klassifikationen darzustellen und zu analysieren. Bourdieus Grundbegriffe, insbesondere „Habitus" und „Kapital", stellen die Weichen für eine kritische Kulturtheorie, die nicht dem Schein der spielerischen Beliebigkeit verfällt, sondern die ungleiche Deutungsmacht in der Konstruktion von Identität und Hybridität aufspürt.

Bourdieus Kultursoziologie enthält das notwendige begriffliche und methodische Instrumentarium, um den „strategischen Essentialismus" (G. C. Spivak) der Betroffenen distanziert zu betrachten und zugleich kritisch zu hinterfragen, ohne deshalb den subjektiv gemeinten „Sinn" dieser Substanzialisierungen zu vernachlässigen. Die Möglichkeit, von der Teilnehmer- zur Betrachtungsperspektive zu wechseln, eröffnet einen kulturkritischen Zugang zur Ambivalenz aller Identitätspolitik.

Kapitel 4 widmet sich dem freigelegten dialektischen Zusammenspiel zwischen den „Taktiken der Schwachen" und den „Strategien der Mächtigen" (Certeau). Denn Identitätspolitiken sind durchaus mit emanzipatorischen Vorteilen verbunden, insofern sie einen Handlungsraum stabilisieren, in dem das spezifische soziale und kulturelle Kapital einer Gruppe protegiert wird. Dabei ist es wichtig, auf das „ethnische Paradox" (Faist 1996) der Förderung kultureller Gemeinschaften hinzuweisen: Der damit gesicherte Distinktionsvorteil der

Gruppenmitgliedschaft ist nicht nur eine Kompensation für die strukturellen und kulturellen Benachteiligungen, sondern die Stabilisierung der ethnischen Nische kann auf Dauer zu einer erfolgreichen Integration der Gruppenmitglieder in die Aufnahmegesellschaft beitragen. Noch einsichtiger wird die Vorteilhaftigkeit von multikulturalistischen Maßnahmen, wenn die organisatorischen Potenziale betrachtet werden. Die Analyse ethnischer Konflikte zeigt, dass durch die Förderung kultureller Gruppen deren politische Mobilisierungs- und Artikulationsfähigkeit verstärkt wird. Gruppenspezifische Deutungsmuster und Interpretationen erweisen sich als unverzichtbare „Frames" (Esser 1988; 1996; 1997), mit deren Hilfe „politische Ethnizität" (Neckel 2004) als eine Art kompensatorisches Klassenbewusstsein generiert wird, das die Position der Gruppe im Kampf um Güter und Anerkennung erheblich verbessert.

Wenngleich identitätspolitische Maßnahmen von diskriminierten Gemeinschaften als „Taktik der Schwachen" genutzt werden, indem sie sich ihrer instrumentell bedienen, ist dies jedoch nur eine Seite der Medaille. In den sozialen Kämpfen um Güter und Chancen zeigt sich, dass kulturelle Identitäten durchaus den Interessen der legitimen Mehrheit in die Hände spielen können. Es gibt gute Gründe zur Annahme, dass Ansprüche auf multikulturalistische Förderungsmaßnahmen nur dann erfolgreich sind, wenn sie sich zugleich - als kulturalistische Entpolitisierung von Verteilungskonflikten oder als Instrument zur administrativen Durchsetzung sozialer Kontrolle - in die „Strategien der Mächtigen" einfügen lassen.

So bleibt für Kapitel 5 die Frage, welche politischen Konsequenzen aus dieser Zurückweisung des kommunitaristischen „Mainstream-Multikulturalismus" resultieren. Wenngleich Bourdieus Kultursoziologie unverzichtbar ist, um die Interdependenz von Klassenkämpfen und Kulturkämpfen zu betrachten, so klammert sie doch die Frage nach den politischen Konsequenzen aus: Es fehlt der entscheidende Schritt zu einer „kritischen Politik der Anerkennung". Einen in diesem Punkt vielversprechenden Vorschlag hat Nancy Fraser mit ihrem „Statusmodell der Anerkennung" (Fraser 2003; Fraser und Honneth 2003) vorgelegt. Indem sie Anerkennungsfragen als Statusfragen versteht, gelingt es ihr, das Anerkennungsmotiv in eine Theorie sozialer Ungleichheit zu integrieren, ohne sich auf die Schwächen des aktuellen Kulturalismus und Ästhetizismus in diesem Diskurs einzulassen. Zugleich überwindet sie den latenten Ökonomismus von Bourdieus Kultursoziologie, indem sie an der Eigenständigkeit von Status und Stand gegenüber der Klassenlage festhält. Der politisch relevante Bezugspunkt, um kulturelle und strukturelle Ungleichheiten zu identifizieren, ist das übergeordnete normative Ideal der „gleichberechtigten Teilhabe", das sich sowohl auf symbolische Wertmuster und Klassifikationen als auch auf materielle Ressourcen eines gelungenen Lebens bezieht.

Der normative Focus der „gleichberechtigten Teilhabe" erlaubt eine Beurteilung von Missachtungserfahrungen und Anerkennungsforderungen und überwindet damit die Fehlerquellen des „Mainstream-Multikulturalismus" in mehrfacher Hinsicht: Durch die Operationalisierung der Anerkennungsproblematik als Positionierung in der Statushierarchie wird der Rekurs auf Identitäten im Sinne stabiler, homogener und in sich geschlossener Entitäten obsolet. Die Perspektive wechselt von den Identitäten zu den Prozessen der Identifikation, zur Dialektik von Selbst- und Fremdzuweisung und den zugrunde liegenden Klassifikationen. Daraus ergibt sich die entscheidende Differenz zwischen „Mainstream-Multikulturalismus" und einer „kritischen Politik der Anerkennung": Während die kommunitaristisch inspirierten Multikulturalisten an einer Zementierung kontingenter Partikularitäten interessiert sind, ermöglicht Frasers Entwurf einer kritischen Politik der Anerkennung die Aussicht auf eine konsequente Dekonstruktion kultureller Narrative.

Dies kann als Maßstab einer liberalen Politik umgesetzt werden, die anstelle der fortschreitenden Ethnisierung politischer Konflikte auf eine umfassende ethische Neutralisierung von Staat und Politik ausgerichtet ist. Jürgen Habermas' Vorgaben über „Anerkennungskämpfe im demokratischen Rechtsstaat" (Habermas 1993) liefern hier den systematischen Rahmen, der im Hinblick auf verschiedene Bereiche der Mitgliedschaftspolitik präzisiert werden kann. Mit diesen skizzenhaften Ausführungen zu einer konsequenten Verwirklichung der ethischen Neutralität wird zugleich die geltungstheoretische und politische Überlegenheit des liberalen Projekts gegenüber jeglichem Gemeinschaftspathos bestätigt wird. Ein richtig verstandener und verwirklichter Liberalismus, so das Fazit, enthält alle notwendigen Potenziale, um Identität und Differenz gleichermaßen anzuerkennen und die falsche Polarisierung zwischen dem Eigenen und dem Fremden zu überwinden. Dann eröffnet sich der Raum, in dem sich Hybridität politisch entfalten kann.

Soweit zum programmatischen Verlauf dieser Untersuchung. Angesichts des vorläufigen Charakters aller wissenschaftlichen Anstrengungen möchte ich bitten, diese Auseinandersetzung nicht danach zu beurteilen, was nicht intendiert wurde: sie beansprucht weder einen eigenen geltungstheoretischen Beitrag noch soll hier eine erschöpfende Auseinandersetzung mit der Fülle kulturtheoretischer Positionen geleistet werden. Der Anspruch dieser Untersuchung ist ein gänzlich anderer: Ziel ist es, die unverzichtbare Beschäftigung mit Anerkennungsforderungen und Missachtungserfahrungen kultureller Gruppen aus den etablierten ausgetretenen Pfaden herauszuführen. Es gibt andere Diskurse und Modelle, die sich auf vielversprechende Art und Weise mit Identität und Differenz beschäftigen und trotzdem bislang in der Kontroverse vernachlässigt wurden. Ihren Potenzialen und Anregungen ist die vorliegende Untersuchung verpflichtet.

1 Identität statt Legitimität. Zu den geltungstheoretischen Aporien des Mainstream-Multikulturalismus

Das folgende Kapitel befasst sich mit den geltungstheoretischen Grundlagen des Multikulturalismus mit dem Ziel, einen ersten Überblick über die Modelle und Denkansätze zu geben. Darüber hinaus zeichnen wir den „kommunitaristischen Fehlschluss" (Forst 1994: 35) von der konstitutionstheoretischen zur geltungstheoretischen Relevanz der kulturellen Mitgliedschaft nach und entwickeln somit ein erstes systematisches Gegenargument. Der „Fehlschluss" beruht in der Hauptsache darin, dass die Frage der Rechtfertigungsfähigkeit kollektiver Rechte und Pflichten letztlich mit der These vom sozialisationstheoretischen Vorrang des Kollektivs beantwortet wird. Kollektive Identität ersetzt Legitimität. Damit wird die individuelle Freiheit, sich von Gruppenbezügen zu distanzieren, diskreditiert, was eine entscheidende Weichenstellung zugunsten des latenten Kollektivismus und Paternalismus der multikulturalistischen Identitätspolitiken darstellt.

Vorab einige Bemerkungen zu den generellen Definitionsschwierigkeiten, die sich mit den Begriffen „Multikulturalismus" und „Kommunitarismus" verbinden. Das Spektrum dieser Ansätze und Modelle „ist breit und schillert in allen Farben" (Brunkhorst 1996: 21f) und erschwert daher den Überblick wie auch die Suche nach einem Konsens. Deshalb beschränken wir uns im Folgenden auf die geltungstheoretisch relevanten Gemeinsamkeiten:

In *theoretischer Hinsicht* zeichnet sich der kommunitaristisch fundierte Multikulturalismus durch eine güterethische Kritik am abstrakten Liberalismus aus. Die Autoren distanzieren sich vom formalen Rechtsbegriff und plädieren für eine politische Berücksichtigung partikularer, konkreter Gemeinschaften bzw. „communities". Dabei ist der Zusammenhang zwischen kultureller Identität und liberalen Grundprinzipien das wichtigste Argument. Für ein gelungenes Leben, so die These, braucht der Mensch ein Reservoir an kulturellen Wertvorstellungen und Zugehörigkeiten, das seine unverwechselbare Einmaligkeit und Authentizität begründet.

Daraus resultiert in *politischer Hinsicht* eine unterschiedlich starke Distanz zur liberalen Neutralität des Staates. Anstelle der „wohlwollenden Vernachlässigung" (benign neglect) der kulturellen Traditionen, wie sie von Liberalen vertre-

ten wird (Glazer 1978; 1983; Glazer et al. 1975), plädieren die Multikulturalisten
für die prinzipielle Verpflichtung des Staates, die kulturellen Gruppen und Mit-
gliedschaften zu fördern und zu unterstützen. Das Neue am Multikulturalismus
ist also nicht die kulturelle Vielfalt, denn kulturelle Uneinheitlichkeit und Andersheit von Milieus, Lebensvorstellungen und Weltanschauungen hat es zu
allen Zeiten in allen Gesellschaften gegeben.[4] Neu an der Debatte ist vielmehr
der Anspruch auf die politische und rechtliche Anerkennung der kulturellen
Besonderheit. Der klassische liberale Pluralismus und der moderne Multikulturalismus unterscheiden sich prinzipiell im Hinblick auf die politische Repräsentation der Differenz. Während die liberal-pluralistische Gesellschaft ihren
Zusammenhalt in der Überwindung der Verschiedenheit und in der Durchsetzung der rechtlich garantierten Gleichheit sieht, erstrebt die Politik des Multikulturalismus geradewegs das Gegenteil: die öffentlich-institutionelle Repräsentation der Vielfalt und des Eigensinns der jeweiligen kulturellen Gemeinschaften
(Preuß 1998: 1262).

Diese genannten Gemeinsamkeiten dürfen allerdings nicht über die gleichzeitige Unterschiedlichkeit und Heterogenität hinwegtäuschen. Kommunitarismus als theoretische Konzeption und Multikulturalismus als seine politische
Konsequenz sind beides Sammelbegriffe, unter denen Vorstellungen teilweise
unterschiedlichster Provenienz zusammengefasst werden. Grundsätzlich lassen
sich innerhalb der kommunitaristischen Theorie zwei große Denkrichtungen
voneinander abgrenzen: der „gemäßigte" und der „radikale" Kommunitarismus.
Die radikalen Kommunitaristen werden vielfach als „Neo-Aristoteliker" gekennzeichnet, weil sie sich im Unterschied zu den gemäßigten, den „Republikanern"
(Dubiel 1994: 491), stark am Modell der aristotelischen Polis orientieren. Dieser
„substanzialistische" (Forst 1994: 14, 162ff) und eigentlich vormoderne Gemeinschaftsbegriff lässt sich nur ganz begrenzt auf pluralisierte Gesellschaften anwenden.[5] Die Relevanz der Neo-Aristoteliker für den aktuellen Diskurs beschränkt sich deshalb weitgehend auf die Provokation einer „ethischen Gegen-

---

4   Vgl. dazu die historischen Beispiele kulturell heterogener Imperien im osmanischen Milet-
     System oder im Vielvölkerstaat Österreich unter den Habsburgern (dazu Barkey und Hagen
     1997).

5   Exemplarisch dafür ist Alasdair MacIntyre (1987a; 1987b; 1988), der vor dem Hintergrund der
     antiken Tugendrepublik die Identifikation des Subjekts mit der Gemeinschaft revitalisieren
     will. Grundlage dieses Konzepts ist das einseitige Bedingtheitsverhältnis der Subjekte durch
     die kollektive Tradition, womit allerdings moderne Individualität bzw. Autorenschaft fragwür-
     dig wird. Ein ähnliches Gemeinschaftspathos pflegt Michael Sandel (1982; 1987c; 1995). Vor
     dem Hintergrund eines undifferenzierten und ungebrochenen Gemeinschaftskonsenses, den
     Sandel als „wider subject of possession" (Sandel 1982: 153) bezeichnet, wird die notwendige
     Grenze zwischen dem „situierten" Selbst und dem übersozialisierten Gemeinschaftsmitglied
     fast verwischt.

aufklärung" (Tugendhat 1993: 197), die die Klärung des liberalen Standpunkts herausfordern kann.

Vielversprechender sind hingegen die Vertreter des „gemäßigten" Kommunitarismus, die einen „partizipatorischen" Gemeinschaftsbegriff (Forst 1994: 14, 162 ff) vertreten. Nicht Aristoteles, sondern Hegel und auch Tocqueville stehen hier als konzeptionelle Paten für eine „demokratische Sittlichkeit" (Wellmer 1993: 34). In dieser erscheint die gelebte Gemeinsamkeit nicht als dogmatische Tradition oder Gewohnheit, sondern sie verbindet das „Recht auf Besonderheit" mit dem „Recht auf Entzweiung" (Wellmer 1993: 28, 20 ff, 29 ff). Die Gemeinschaft wird in diesen Modellen gerade nicht als vorgegebene Substanz definiert, sondern als Resultat demokratischer Mitbestimmungsverfahren konzipiert. In dieser partizipatorischen Lesart von Gemeinschaft sind die liberalen, individuellen Freiheitsrechte zugleich höchste und verteidigungswerte Güter, die allerdings nur dann vollständig verwirklicht werden können, wenn der Liberalismus das „kommunitaristische Motiv" (Wellmer 1993: 59) in seine theoretischen Grundlagen integriert. Insofern wird hier der Kommunitarismus nicht als eigenständige Theorie, sondern als immanente Liberalismuskritik im Dienste des Liberalismus betrachtet. Man sieht, dass der gemäßigte bzw. partizipatorische Kommunitarismus ein vielversprechender und auch kritischer Beitrag zur modernen Gesellschaftstheorie ist, der eine detaillierte Auseinandersetzung durchaus rechtfertigt.

Allerdings zeigen sich jenseits dieser generellen Übereinstimmung im Lager der gemäßigten Kommunitaristen wiederum wichtige politisch-praktische Differenzen. Die von den Autoren vertretenen multikulturalistischen Programme und Modelle unterscheiden sich einerseits im Hinblick auf die Frage des Vorrangs zwischen Individual- und Kollektivrechten, andererseits in Bezug auf die Art der „Rechte" und Zugeständnisse gegenüber kulturellen und ethnischen Gruppen. Im Folgenden möchte ich drei Hauptströmungen unterscheiden:

Als Erstes möchte ich den *korporatistischen Multikulturalismus* nennen, der am besten durch Charles Taylors „Politik der Anerkennung" vertreten wird. Diese politische Vision einer multikulturellen Gesellschaft basiert auf einer Politik dauerhafter gruppenbezogener Sonderrechte sowohl in Teilbereichen des gesellschaftlichen Lebens als auch auf Verfassungsebene; diese Politik ist explizit auf die Erzeugung autonomer Gemeinschaften und Identitäten ausgerichtet. Da die multikulturalistischen Maßnahmen hier die Förderung und Sicherstellung der kulturellen Besonderheit bezwecken, ist dieser Multikulturalismus seinem Wesen nach nicht gleichheitsorientiert, sondern differenzorientiert. Das Resultat kommt letztlich einer korporatistischen Einteilung der Gesellschaft in einzelne, in sich geschlossene Interessengruppen gleich.

Nicht alle Multikulturalisten plädieren für eine derartige identitätspolitische Konsequenz. Im Unterschied zu Taylors Korporatismus vertritt Michael Walzer in seiner „Politik der Differenz" einen *pluralistischen Multikulturalismus*. Hier werden die Differenzanforderungen und Identitätsfragen nicht als politischer Selbstzweck verstanden, sondern kulturelle Identitäten gelten primär als ein notwendiges Mittel zur Sicherung liberaler Gleichberechtigungs- und Selbstbestimmungsansprüche. Diese Version des Multikulturalismus kann als gleichheitsorientiert bezeichnet werden und bleibt mit der liberalen Programmatik vereinbar. Anstelle korporatistischer Gruppenrechte, die Walzer nur im Fall bestimmter ethnischer Minderheiten für zulässig betrachtet, vertritt Walzer eine *temporär befristete* Gleichstellungspolitik im Stil der „affirmative action", deren primäres Ziel nicht in der Stabilisierung kultureller Besonderheiten, sondern in der Kompensation kulturell begründeter Ungleichheiten besteht.

Einen Sonderfall stellt Will Kymlickas liberaler Kommunitarismus dar. Einerseits versucht er, Walzers Schritt zu einem *liberalen Multikulturalismus* systematisch zu vollenden, in dem er Rawls' „politischen Liberalismus" (Rawls 1992) in zweifacher Weise gegenüber gruppenorientierten Ansprüchen und Rechten öffnet: Zunächst führt er den allgemeinen Nachweis, dass die politische Anerkennung gruppenspezifischer Besonderheiten als essenzieller Bestandteil der liberalen Theorie akzeptiert werden muss. Nach dieser konzeptionellen Erweiterung des Liberalismus glaubt Kymlicka, neben temporären Kompensationsmaßnahmen auch dauerhafte Sonderrechte rechtfertigen zu können, sofern sich letztere aus den Besonderheiten der jeweiligen Gemeinschaftsgeschichte begründen lassen.

Trotz der angedeuteten und noch auszuführenden Differenzen zwischen diesen drei Autoren findet sich bei allen die illegitime Legitimation kollektiver Rechte durch die konstitutive Bedeutung der Gemeinschaft für die gelungene Entwicklung einer individuellen Identität. Aus der Tatsache, dass die Genese individueller Identitäten in Gemeinschaften stattfindet, wird kurzerhand auf die normative Verpflichtung (des Rechts und des Staates) geschlossen, diese kollektive Identität durch Einräumung von Gruppenrechten aufrechtzuerhalten. Durch diesen „kommunitaristischen Fehlschluss" (Forst 1994: 30 ff, 35 ff) werden konstitutionstheoretische mit geltungstheoretischen Argumenten gleichgesetzt.

Die Weichenstellung hierfür liegt in der kommunitaristischen Liberalismuskritik selbst begründet, basiert diese doch auf einer grundsätzlichen Zurückweisung der liberalen Differenzierung zwischen Ethos, Ethnos und Demos (Forst 1994: 54). Dies begünstigt die theoretische Konfundierung von Identitäts- und Rechtfertigungstheorie. Identitäts- oder konstitutionstheoretische Argumente beziehen sich auf die ethische Person, auf das Subjekt als Mitglied einer identitätsstiftenden Gemeinschaft. Im Unterschied dazu beziehen sich geltungs- und rechtfertigungstheoretische Erwägungen auf das Subjekt als eine Rechtsperson, als ein mit subjektiven Rechten ausgestattetes Mitglied einer Rechtsgemeinschaft (Forst 1994: 16). Während die ethische Gemeinschaft durch Werte integriert wird, mit denen sich die Individuen aufgrund ihrer Lebensgeschichte in dieser Gemeinschaft identifizieren, basiert die Rechtsgemeinschaft auf Rechtsnormen, die von allen Bürgern, unabhängig von ihrer kulturellen Identität, akzeptiert werden können. Sicherlich sind auch diese Rechtspersonen durch konstitutive Werte und Bindungen geprägt. Dennoch handelt es sich um unterschiedliche Aspekte ihrer personalen Identität: „Die Identität der Rechtsperson stellt sozusagen die äußere Hülle der ethischen Person dar; sie schützt die partikulare Identität einer Person und beschränkt sie zugleich nach allgemeinen moralischen Prinzipien der Gerechtigkeit" (Forst 1994: 48).

Wenn allerdings, wie dies im Fall des „kommunitaristischen Fehlschlusses" geschieht, genetische bzw. identitätstheoretische Gesichtspunkte normative Fragen der staatlichen Neutralität und der politischen Legitimation präjudizieren, dann führt dies zu einem „voreiligen Normativismus", der mit einer politisch problematischen Reifizierung von Gruppenidentitäten verbunden ist (Benhabib 1999: 13 f, 27). Die ethischen bzw. partikularen Gemeinschaftswerte werden zum Geltungsgrund allgemeiner Rechte und Pflichten; die spezifische Identität wird zur rechtlichen Verpflichtung; die subjektive Freiheit zu einem Leben, das „gut für mich" oder „gut für uns" ist, wird zum öffentlichen, allgemeinen Zwang. Die Freiheit der Rechtsperson, die darin besteht, unter dem Schutz des allgemeinen und neutralen Rechts die eigenen identitätsstiftenden Werte und Bindungen kritisch zu überprüfen, wird unterlaufen.

Dies ist der Kern der ersten geltungstheoretischen Aporie des Multikulturalismus: das durchaus emanzipatorisch gemeinte Anliegen, den Anspruch der Individuen auf kulturelle Zugehörigkeit als Bestandteil ihrer Freiheit und Würde gegenüber dem Staat zu unterstützen, führt zu einer Legitimation von Gruppenrechten, die paradoxer Weise die Freiheit der Individuen in ihren Herkunftsgemeinschaften beschränkt. Diese konzeptionelle Unvereinbarkeit möchte ich im Folgenden anhand der Modelle von Charles Taylor, Michael Walzer und Will Kymlicka exemplarisch darstellen.

1.1 Korporatistischer Multikulturalismus: Charles Taylors „Politik der Anerkennung"

Charles Taylor kann ohne Übertreibung als systematischer Vordenker des gemäßigten Kommunitarismus bezeichnet werden. Wenngleich die Initialzündung der kommunitaristischen Liberalismuskritik nicht von ihm selbst, sondern von seinem Schüler Michael Sandel (vgl. Honneth 1993; Sandel 1982) ausgelöst wurde, hat Charles Taylor das Gros der begrifflichen Grundlagenarbeit geleistet. Durch seine frühe intellektuelle Affinität zum Hegelschen Denken (Taylor 1975; 1979) hat Taylor die grundlegenden Analysen zum liberalen Freiheitsbegriff und Vertragsdenken geleistet (Taylor 1985h; 1988a; 1988b) und dadurch dem Kommunitarismus ein konzeptionelles Fundament gegeben, das in *Sources of the Self* (Taylor 1989; 1999) mit der Darlegung einer eigenständigen Identitätstheorie seinen bisherigen Abschluss erreichte.

Wie alle wichtigen Vertreter des gemäßigten Kommunitarismus beabsichtigt auch Charles Taylor nicht, den Liberalismus durch eine güterethische Position zu ersetzen. Es geht ihm vielmehr um eine güterbezogene Verwirklichung des liberalen Freiheitsbegriffs durch die Rückbesinnung auf die zentrale Idee der individuellen Selbstregierung. Freiheit im liberalen Sinne wird zumeist negativ, als „Freiheit von äußeren Handlungsbeschränkungen", definiert (Berlin 1969; Wellmer 1993: 15 ff, 54 ff). Liberale Freiheit ist die Freiheit, „zu tun, was ich will, was immer es ist, das ich tun will" (Wellmer 1993: 156). Durch diese abstrakte Definition, die individuelle Selbstverwirklichung vollends von der Frage ihrer Verwirklichungsbedingungen entkoppelt, wird Freiheit zu einem bloßen „Möglichkeitsbegriff", „dem zufolge frei zu sein davon abhängt, was wir tun können, was unserem Handeln offen steht, unabhängig davon, ob wir etwas tun, um diese Optionen wahrzunehmen oder nicht" (Taylor 1988b: 121). Aus dieser Abstraktheit und Inhaltsleere des liberalen Freiheitsverständnisses resultieren für Taylor die vielfältigen Krisenerscheinungen der modernen westlichen Demokratien: Politikverdrossenheit, Narzissmus und Selbstbezogenheit (Taylor 1995b: 10, 65 ff), durch welche die moralisch orientierungslosen Subjekte an einen bürokratischen Apparat ausgeliefert werden (Forst 1994: 145).

Um diesen folgenschweren *Irrtum der negativen Freiheit* (Taylor 1988a) zu korrigieren, muss laut Taylor die bloß mögliche Freiheit durch einen Begriff wirklicher, gelebter Selbstregierung ersetzt werden. Frei sind wir für Taylor erst in dem Maß, „in dem wir tatsächlich über uns selbst und die Form unseres Lebens bestimmen. Der Freiheitsbegriff ist hier ein Verwirklichungsbegriff" (Taylor 1988b: 121). In diesem Sinne vertritt Taylor ganz deutlich einen „positiven" Begriff von Freiheit; es geht ihm um die „Freiheit zu" einem würdevollen, gelungenen, selbstbestimmten Leben, das wiederum erst durch Normen, Praktiken und Lebensformen einer Gesellschaft ermöglicht und hervorgebracht wird (Wellmer 1993: 17 f). Damit wird zugleich die konzeptionelle und politische Notwendigkeit normativ gehaltvoller Institutionen bekräftigt.

Theoretisch bedeutet dies, die subjektiven Freiheitsrechte als „transzendierende Güter" zu rekonstruieren und mit kontextspezifischen Verpflichtungen zu verbinden. Dazu wählt Taylor den werttheoretischen Oberbegriff der so genannten „hypergoods" (Mulhall und Swift 1992: 116), unter dem ethische Wertvorstellungen, moralische Rechte und Pflichten und schließlich personale Identitäten gleichermaßen erfasst werden sollen. Damit versucht er, von einer höheren, begründungslogischen Ebene aus die geltungstheoretische Gleichrangigkeit von Rechten und Gütern zu konzipieren (Forst 1994: 326).

Die „hypergoods", die Taylor an anderer Stelle als „Wünsche zweiter Ordnung" bzw. „Wünsche im Hinblick auf Werte" definiert (Taylor 1985e: 65 ff; 1988b: 12), zeichnen sich dadurch aus, dass sie unmittelbar auf eine fundamentale Vorstellung vom „guten" oder „gelungenen" Leben verweisen. „Hypergoods" sind Antworten auf die Frage, „welches die wahrere, authentischere, illusionsfreie Interpretation ist und welche auf der anderen Seite zu einer Verzerrung der Bedeutung führt, die die Dinge für mich besitzen" (Taylor 1988b: 26 f). Insofern sind die „hypergoods" die unverzichtbare Voraussetzung, um zu entscheiden, „welche Art von Wesen wir sind, wenn wir diese Wünsche haben oder realisieren", „welche Art von Existenz" wir „führen oder führen wollen" (Taylor 1988b: 24).[6]

Hypergoods kennzeichnen für Taylor die spezifisch menschliche Stufe reflektierender Selbstbewertung. Als sprachlich artikulierte Wertungen können sie nie auf individuelle Präferenzen und Geschmacksfragen reduziert werden, sondern müssen immer auch Teil eines gemeinsamen sprachlichen Traditionszusammenhangs und Werthorizontes betrachtet werden. Aus dieser kulturellen Situiertheit folgt, dass sie weder zur Disposition stehen noch das Ergebnis einer „radikalen Wahl" sein können (Taylor 1988b: 29 ff; 1989; 1999).[7] Jede Identi-

---

6   Diese konstitutive Bedeutung der „Wünsche zweiter Ordnung" für die Selbstinterpretation und Identitätsfindung der Subjekte markiert die definitive Grenze gegenüber den „Wünschen erster Ordnung". Diese „schwachen" Wertungen (im Unterschied zu den „starken") basieren auf einem rein utilitaristischen Abwägen, das nur der Befriedigung elementarer Bedürfnisse dient. In dieser Kalkulation können qualitative Aspekte nicht berücksichtigt werden, so dass die Entscheidung aufgrund quantitativer Kriterien getroffen wird.

7   Taylors Kritik an der existenzialistischen Vorstellung der radikalen Wählbarkeit von Handlungsorientierungen und Lebensentwürfen bestreitet im Übrigen nicht die prinzipielle Wahl- und Entscheidungsfreiheit innerhalb der vorhandenen Wertungen. Er widerspricht allerdings Nietzsches Idee der individualistischen Erzeugung oder Erschaffung von Werten. Die Wahl „zwischen starken Wertungen" ist möglich und im Falle von Wertkollisionen auch notwendig, aber eine „radikale Wahl der Wertungsalternativen selbst" ist ausgeschlossen. Es gilt insofern

tätsbestimmung der Subjekte ist somit unmittelbar verbunden mit der Frage nach dem kulturellen, normativ gehaltvollen Kontext: die Bestimmung, „wer wir sind", ergibt sich aus der Antwort auf die Frage, „woher wir kommen" (Taylor 1993: 23). Identität meint letztlich, sich in einem Horizont zu bewegen, in dem die soziokulturellen Beziehungsgeflechte durch eine „welterschließende Sprache" vermittelt sind, in der sich subjektive, kollektive und ethische Identität zu einer Ganzheit formen (Forst 1994: 330).

In expliziter Anlehnung an das Sprachverständnis der Herder-Humboldt-Hamann-Tradition (Taylor 1985d: 227 ff; 1988b: 63 ff) nennt Taylor dementsprechend drei grundlegende Funktionen des Sprachspiels, in denen sich der wechselseitige Verweisungszusammenhang zwischen individueller und kultureller Identität zeigen lässt:

> „die Erzeugung von Artikulationen und damit das Hervorbringen expliziten Bewusstseins; das Hineinstellen der Dinge in den öffentlichen Raum und auf diese Weise die Konstitution eines solchen öffentlichen Raumes; das Treffen von Unterscheidungen, die grundlegend für die menschlichen Anliegen sind und uns daher für diese Anliegen öffnen" (Taylor 1988b: 74).

Die erstgenannte Funktion bestimmt die Sprache als konstitutive Bedingung für Selbstbewusstsein und Identität. Sprache bzw. gegebene sprachliche Formulierungen liefern sowohl Form als auch Kontur unserer emotionalen und affektiven Inhalte. Sprachliche Symbole sind damit die unverzichtbaren Mittel, ohne die wir nicht zu einer verständlichen und authentischen Artikulation unseres Innenlebens fähig wären, sei dies gegenüber anderen, sei dies gegenüber uns selbst (Taylor 1988b: 64). Dabei findet dieses „Zur-Sprache-Finden" der Subjekte grundsätzlich in einem öffentlichen Raum statt. Im Moment der Artikulation werden subjektive Erlebnisse zu einem Bestandteil der Öffentlichkeit. Daraus ergibt sich die zweite Funktion des Sprachspiels: Es erzeugt den „gemeinsamen Ausgangspunkt, von dem aus wir zusammen die Welt betrachten" (Taylor 1988b: 68). Insofern können wir drittens das Sprachspiel zugleich als Medium begreifen, das eine „spezifisch menschliche Art der Beziehung" erzeugt, nämlich das „Miteinander im gemeinsamen Gespräch" (Taylor 1985f: 260 ff; 1988b: 69). Aus Taylors Perspektive wird die Sprache zum Paradigma der wechselseitigen Erzeugung von individueller und sozialer Identität. Die Sprache „entbirgt" (Forst 1994: 334) sowohl die subjektive als auch die gemeinschaftliche Welt; sie ist das Medium, in dem sich Subjekt und Welt gegenseitig formen.[8]

---

die „grundlegenden Wahlen" innerhalb der „Vielzahl moralischer Wertungen" von dem allgemeinen „Werthorizont" selbst zu unterscheiden (Taylor 1988b: 29 ff).

8   Wobei es Taylor wichtig ist, dass sprachlich vermittelte „starke Wertungen" insofern „verflüssigt" (Habermas) sind, als sie von allen dogmatischen, traditionalen Beschränkungen und Vor-

Insofern gibt es keine subjektive und individuelle Identität, die unabhängig vom kulturellen Sprachspiel betrachtet werden kann. Der Mensch wird nur durch die Sprache zum Menschen, genauer gesagt: im Gespräch. Keine Selbstdefinition kann zu Selbstbewusstsein führen, wenn sie nicht durch den anderen bestätigt wird. Der andere ist nicht nur die Grenze, sondern auch die Bedingung der Möglichkeit individueller Freiheit, Würde und Identität (Wellmer 1993: 17). Aufgrund des prinzipiell „dialogischen Charakters" der menschlichen Identität und Existenz (Taylor 1993: 21) ist jeder Einzelne von der „Anerkennung" des „signifikanten Anderen" (Taylor 1993, in Anlehnung an Mead 1991) abhängig. Die Anerkennung als soziales Grundbedürfnis und essenzielles Produkt zwischenmenschlicher Kommunikation (Taylor 1993: 15, 24 f) stiftet letztlich das entscheidende Bindeglied im Zusammenhang zwischen Individualität und Gemeinschaft.

Soweit die Theorie, die im zweiten Schritt von einer politischen Praxis flankiert wird, damit konkrete Gemeinschaften als Nährboden dialogischer Anerkennungsstrukturen implementiert und revitalisiert werden können. Um diese praktisch-politische Absicht geht es Taylor in seinem Essay *Multikulturalismus und die Politik der Anerkennung* (Taylor 1993). Sie basiert im Kern auf einer prinzipiellen Zurückweisung des rein „prozeduralen" Liberalismus (Taylor 1993: 56 ff), der die Anerkennung der Freiheit allein auf die Institutionalisierung eines fairen und gleichberechtigten Umgangs zwischen Ko-Subjekten reduziert, dabei aber die Fragen der Durchsetzung und Verwirklichung der substanziellen oder inhaltlichen Freiheitsbedürfnisse vernachlässigt oder sogar politisch ausblendet. Eine Gesellschaft, in der die liberalen Grundrechte verwirklicht werden können, bedarf zwar eines universell-menschenrechtlichen Fundaments, aber sie darf nicht „differenz-blind" (Taylor 1993: 33) sein, sondern muss das liberale Prinzip der universellen Gleichachtung durch die aktive Institutionalisierung von Differenz güterethisch ergänzen.

Anerkennung unterscheidet sich von der liberalen Toleranz zunächst durch den Charakter einer aktiven und differenzierten Wertschätzung. Der liberale Standpunkt, nach dem „alle Kulturen von gleichem Wert seien" (Taylor 1993: 63), geht laut Taylor an der Tatsache vorbei, dass die spezifische eigene Herkunftskultur einen herausgehobenen Stellenwert für die Mitglieder einer kulturellen Gruppe hat: Sie ist nicht durch andere kulturelle Sprachspiele zu ersetzen,

---

gaben unterschieden werden können. Die Hervorhebung der Sprachlichkeit der starken, moralischen Wertungen soll das güterethische Argument mit dem liberalen, demokratischen Freiheitsverständnis vereinbaren: Weil die Sprache zugleich Voraussetzung und Prozess ist, führt das Sprachspiel zu einem Grundkonzept, von dem aus Identifikation und Partizipation zusammengedacht werden können.

ihr Mangel oder ihre Schädigung kann durch kein anderes kulturelles Angebot kompensiert werden. Die Herkunftskultur ist gewissermaßen unersetzlich. Eine Haltung der generellen, unterschiedslosen Toleranz gegenüber allen kulturellen Traditionen führt für Taylor im besten Fall zu einem gleichgültigen, ignoranten Relativismus, der die Besonderheiten der jeweiligen Kulturen mit Respektlosigkeit und Missachtung bestraft. Im schlimmsten Fall, nämlich gegenüber stigmatisierten Minderheiten, wird die liberale Toleranz und Neutralität zur Ideologie: Sie dient am Ende der Verschleierung der Unterdrückung durch „eine bestimmte hegemoniale Kultur" und der „Durchsetzung einer falschen Homogenität" (Taylor 1993: 34 f).

Wird die eigene Herkunftskultur gesellschaftlich missachtet, so führt dies nach Taylor zu ernst zu nehmenden Deformationen der Gruppenmitglieder, die im Verlauf ihrer Geschichte sukzessive genötigt wurden, einen entwürdigenden Begriff ihrer selbst zu akzeptieren. Die Verinnerlichung eines inferioren Selbstbilds kann die Fähigkeit zu einem Leben in Würde und Selbstachtung ausschließen. Dies erst erklärt, warum unterdrückte Individuen trotz gleicher bürgerlicher, politischer und sozialer Rechte oft nicht in der Lage sind, diese Freiheiten und Chancen als Mittel zu einem besseren Leben zu nutzen: „Nichtanerkennung oder Verkennung kann Leiden verursachen, kann eine Form der Unterdrückung sein, kann den anderen in ein falsches, deformiertes Dasein einschließen" (Taylor 1993: 14, 13 ff, 26). Indem Taylor gesellschaftliche Missachtung als „inneres" Freiheitshindernis herausarbeitet, kann er einerseits die bestehenden Ungleichheiten in liberalen Gesellschaften erklären, andererseits den liberalen Einwand entkräften, dass die bloße Abschaffung „äußerer" Beschränkungen und Zwänge durch das Recht ausreichen könnte, um ein würdevolles und freies Leben zu gewährleisten (vgl. Taylor 1988a: 124 ff).

Nun sind allerdings die Liberalen nicht durchweg blind gegenüber den paradoxen Folgen der neutralen Gleichbehandlung. Von einigen orthodoxen Libertarianern abgesehen, die jegliche Aktivität des Staates als Unterdrückung und Beschränkung der negativen Freiheit betrachten (dazu Sandel 1987a; Wellmer 1993: 15 ff, 35 ff), ist spätestens seit John Rawls' sozialstaatlicher Erweiterung des Liberalismus durch die Grundgüter als Bedingungen wirklicher Freiheit (Rawls 1975; 1992) die Idee konsensfähig geworden, dass angesichts eklatanter Ungleichheiten temporäre Umverteilungsmaßnahmen von Seiten des Staates zulässig sein können. John Rawls' Differenzprinzip ist eine entscheidende theoretische Weichenstellung, um Maßnahmen der „umgekehrten Diskriminierung" im Liberalismus zu integrieren und kulturell begründete Marginalisierung dadurch aufzufangen, indem den Mitgliedern der stigmatisierten Gruppen durch Quotierungen und andere Maßnahmen der Zugang zu bisher vorenthaltenen

Gütern und Dienstleistungen erleichtert wird (Curry und West 1996; Fullinwider 1980; Glazer 1975; Kirpal 1998; Rosenfeld 1991).

Doch angesichts des konstitutiven Zusammenhangs zwischen individueller und kultureller Identität geht es Taylor um mehr als um die Kompensation von Ungleichheit und Diskriminierung. Nicht die Ungleichheit ist das Thema, sie verstärkt nur das Problem und offenbart durch die tiefgreifenden Deformationen, unter denen die Mitglieder benachteiligter Gruppen leiden, worauf es wirklich ankommt: auf die Unverzichtbarkeit und Einzigartigkeit einer distinkten kulturellen Identität. Hier können zeitlich befristete Kompensationsstrategien und Antidiskriminierungsmaßnahmen nicht ausreichen, da diese nur „provisorisch für Ausgleich auf dem Spielfeld sorgen, so dass nachher wieder die alten, ,blinden' Regeln in Kraft treten können" (Taylor 1993: 30 f). Wer allerdings die Relevanz der Herkunftskultur für den Menschen erkannt hat, der muss laut Taylor danach streben, „dass sie niemals verloren geht" (Taylor 1993: 31). Im Unterschied zu den Strategien der „umgekehrten Diskriminierung" intendiert Taylor mit seiner aktiven „Politik der survivance" (Taylor 1993: 52) die Institutionalisierung von Maßnahmen, die eine dauerhafte Implementierung der kulturellen Differenz in Recht und Politik zum Ziel haben (Taylor 1993).

Dazu zählen selbstverständlich Autonomierechte in zentralen Politikfeldern, insbesondere Bildung und Erziehung. In diesem Kontext plädiert Taylor für multikulturelle Erweiterungen der schulischen und universitären Curricula (Taylor 1993: 61 ff). Doch die Kernforderung in Taylors „Politik der Anerkennung" besteht in so genannten „Sonderrechten", die er selbst als „Abwandlungen" der allgemeinen Gesetze zugunsten der „unterschiedlichen kulturellen Kontexte" bezeichnet (Taylor 1993: 55). Ziel ist es, im Moment der Kollision zwischen allgemeinem Recht und den Überlebensanforderungen einer partikularen Gemeinschaft zugunsten der Gemeinschaftsinteressen zu entscheiden. In Taylors Worten: „die Wichtigkeit bestimmter Formen der Gleichbehandlung abzuwägen gegen die Wichtigkeit des Überlebens einer Kultur" und „bisweilen zugunsten der letzteren" zu entscheiden (Taylor 1993: 56).

Die Festlegung von Anerkennungsverhältnissen auf aktive kulturelle Wertschätzung überwindet das „prozedurale Engagement" des Staates zugunsten eines „substanziellen" Politikverständnisses (Taylor 1993: 49 ff). Während der liberale Prozeduralismus auf der strikten Trennung zwischen Öffentlichem und Privatem, zwischen politischer und ethischer Selbstverständigung (vgl. Habermas 1993) beruht, wird in Taylors substanzieller Republik die Neutralität des Staates gegenüber Fragen der ethisch-kulturellen Selbstfindung zurückgewiesen. Hier hat der Staat das Recht und die Pflicht, die Gruppenmitglieder zur Identifikation mit ihrer kulturellen Herkunftsgemeinschaft zu bewegen. Exemplarisch hierfür nennt Taylor die Sprachgesetze in der kanadischen Provinz Quebec. Dort ist es sowohl für die Frankokanadier als auch für Einwanderer verpflichtend, ihre Kinder auf französischsprachige Schulen zu schicken. Der Besuch der vorhandenen englischsprachigen Schulen ist für diese Gruppen untersagt. Die Aufgabe der substanziellen Republik ist es nicht, „das Französische für diejenigen verfügbar zu erhalten, die sich dafür entscheiden" (Taylor 1993: 52), sondern die Gruppenmitglieder zu verpflichten, ihre kulturelle Identität auszubilden. In diesem Sinne formuliert er unmissverständlich:

> „Vielmehr will die Politik der *survivance* sicherstellen, dass es auch in Zukunft eine Gruppe von Menschen gibt, die von der Möglichkeit, die französische Sprache zu nutzen, tatsächlich Gebrauch machen. Diese Politik ist aktiv bestrebt, Angehörige dieser Gruppe zu *erzeugen*, indem sie zum Beispiel dafür sorgt, dass sich auch künftige Generationen als Frankophone identifizieren" (Taylor 1993: 52).

Lässt sich eine solche Politisierung privater Entscheidungen noch vereinbaren mit Taylors anfänglicher Orientierung am liberalen Ideal der Selbstregierung und Selbstbestimmung? Oder anders gefragt: Handelt es sich im Falle von Taylors substanziellem Multikulturalismus wirklich nur um kontextspezifische „Abwandlungen" und „Ausnahmen" der liberalen Programmatik, oder nicht vielmehr um einen Gegenentwurf, der letztlich auf anderem Wege zur „falschen Homogenität" führt?

Taylor selbst bestreitet nicht die Spannung zwischen substanzieller Anerkennung und liberaler Selbstbestimmung. Einerseits will er am liberalen Ideal eines Lebens in Würde und Freiheit festhalten, andererseits gesteht er dem Staat das Recht, die individuellen Ansprüche auf Freiheit und Gleichheit zu verletzten, wenn diese Beschränkungen das „Überleben und Gedeihen" gewährleisten (Taylor 1993: 51, 55). Doch weil Kultur als erstrebenswertes Gut „aufgrund seiner Beschaffenheit nur gemeinsam angestrebt werden kann", handelt es sich bei „Beschränkungen" der individuellen Wahlfreiheit, nicht um eine Diskriminierung bzw. „Herabsetzung derer (...), die sich diese Definition nicht zu eigen machen" (Taylor 1993: 45, 53), sondern um eine Maßnahme zur Sicherung der Freiheit aller (Taylor 1993: 32).

In diesem für Taylor zentralen Argument verbergen sich zwei Denkfehler, die m. E. den Beitrag der „Politik der Anerkennung" schmälern:: zum einen beschränkt Taylor das Differenzmotiv auf die Ebene der ethischen bzw. ethnischen Kollektive, zum anderen diffamiert er das subjektive Recht auf Differenz durch die Unterscheidung zwischen wahren und falschen Bedürfnissen.

Taylors differenzbezogene „Politik der Anerkennung" konzentriert sich auf eine gemeinschaftliche Besonderheit; es geht ihm primär um die Verteidigung des Gruppenpartikularismus gegenüber dem differenz-blinden Universalismus der abstrakten Rechtspersonen. Jenseits der moralischen Substanz wiederum, also dort, wo Taylor die exzentrischen Seiten der modernen Individualität erkennt, versiegen seine liberalen und toleranten Anerkennungsimpulse. Hier nimmt seine Modernitätsdiagnose durchaus polemische Züge an, die an die verfallsgeschichtliche Modernisierungskritik von MacIntyre (1987a) erinnern: Während er die moralische Tiefe und Reflektiertheit eines gemeinschaftsorientierten Lebens als die „heroische Lebensweise" aufwertet (Taylor 1995b: 23), diskreditiert er zugleich den Bereich der individuellen Eigenwilligkeit als „Verflachung und Verengung des Lebens" im kulturellen Narzissmus, der lediglich „abnormale und bedauerliche Selbstbezogenheit", „triviale und hemmungslose Formen" der Selbstverwirklichung hervorbringen könne (Taylor 1995b: 10, 22).

Diese Dramatisierung der kulturellen Zugehörigkeit und die Beschwörung der Schäden, die mit ihrer möglichen Missachtung verbunden sind, ist zugleich die Basis für Taylors sukzessive Politisierung der Identitätsfrage. Dabei verweist diese Konfundierung von Sozialisation und Politik auf einen weiteren, tiefer liegenden Fehler des kommunitaristischen Denkens, den Rainer Forst treffend als „kommunitaristischen Fehlschluss" (Forst 1994: 35, 38 f) bezeichnet hat: Aus der konstitutionstheoretischen Vorgängigkeit der Gemeinschaft wird umstandslos auf das normative Primat der kollektiven Substanz gegenüber jeder individuellen Eigenheit und Andersheit geschlossen und daraus schließlich die politische Legitimität kollektiver Außenbeurteilung gefolgert. In Taylors Worten: Wenn wir fordern, „dass das, was wir wollen, nicht unseren grundlegenden Zielen oder unserer Selbstverwirklichung zuwiderläuft", dann bedeutet dies für Taylor zugleich, dass „das Subjekt selbst (...) in der Frage, ob es selbst frei ist, nicht die letzte Autorität sein (kann), denn es kann nicht die oberste Autorität sein in der Frage, ob seine Bedürfnisse authentisch sind oder nicht, ob sie seine Zwecke zunichte machen oder nicht" (Taylor 1988b: 125).

Kollektive Identität und demokratische Legitimität fallen so zusammen; Ethnos und Demos werden vereint. Die politische Konsequenz besteht in der Identifikation von individueller Selbstbestimmung und kollektiver Selbstregulierung - und zwar sowohl in konzeptioneller als auch in institutioneller Hinsicht: der Staat wird zum Hüter der kulturellen Ressourcen. Authentizität und Identität werden zu programmatischen Aspekten der Politik und die Reproduktion der ethischen und ethnischen Differenz nimmt Züge eines „administrativen Artenschutzes" (Habermas 1993: 173) an.

Im Vergleich zu diesem latenten Paternalismus, der aus den Identitätssehnsüchten des substanzialistischen Kommunitarismus resultiert, bleiben Taylors liberale und demokratische Intentionen unausgearbeitet (Cooke 1993; Forst 1994: 340, 345; Seel 1993; Wolf 1993). Lediglich als Korrektiv gegenüber dem dogmatischen substanziellen Republikanismus wird eine sprachspielimmanente „Offenheit" (Taylor 1985g: 41 ff; 1988b: 46) gegenüber Andersheit gefordert.

Doch diese nichthintergehbare Bedingung eines liberalen Sprachspiels wird an keiner Stelle wirklich ausgearbeitet. Im Gegenteil: Angesichts der unmittelbaren, fast unbewussten Fraglosigkeit der sprachlich mitgegebenen Güter und Werte, und auch aufgrund der identitäts- und subjekttheoretischen Gefahren, die mit einem „kategorialen" oder „radikalen" Wandel des bisherigen normativen Relevanzhorizonts verbunden wären, ist es schwer vorstellbar, wie und wo der Raum der Differenz, der Ort neuer Metaphern und Referenzpunkte entstehen soll. Die erschwerte Bedingung, dass es keine verfügbare Metasprache gibt (Taylor 1985g: 40; 1988b: 45), wirft die Frage auf, woher der „sprachliche Erfindungsreichtum" resultiert, der zur „Prägung neuer Ausdrücke, neuer Redewendungen oder neuer Stile des Sich-selbst-Ausdrückens, der Enthüllung neuer Extensionen alter Ausdrücke" führen soll (Taylor 1988b: 103).

Taylors Modell zeigt das unlösbare Grundproblem aller substanziellen Gruppenrechte: Als rechtliche Festschreibung von Identitäten und Traditionen fördern sie gerade nicht die Sicherstellung von dialogischen Anerkennungsformen, sondern sie unterbinden letztlich die Auseinandersetzung zwischen Subjekten und kulturellen Gruppen um die richtige oder bessere Interpretation. Dann allerdings wird Identität zur Pflicht, zum Zwang, zum extern zugemuteten Stigma (Haselbach 1998: 45 ff). Ein Konzept dialogischer Anerkennung kann keine Legitimation zur Stilllegung von Dialogen herstellen. Es ist immer illegitim, das Gespräch abzubrechen. Illegitim gegenüber der Andersheit sprachlicher und kultureller Subkulturen innerhalb der Gemeinschaft, deren Selbstverständnis dadurch marginalisiert wird. Illegitim gegenüber den Nachgeborenen, deren zukünftige Andersheit im Vorab ausgegrenzt wird, weil vorangegangene Generationen ihre eigene zufällige Tradition auf Dauer festgeschrieben haben. Und natürlich illegitim gegenüber Mitgliedern anderer Gruppen, hier: den Migranten, die zur aktiven Übernahme einer anderen Kultur und Sprache verpflichtet werden, zum Preis der Verleugnung ihrer eigenen Identität und Andersheit.

Am Ende kann sich eine solche Politik nicht vom Vorwurf befreien, die privilegierte Wertschätzung der eigenen Kultur durch eine ethnozentrisch begründete Geringschätzung aller anderen zu erkaufen. Denn es ist unwahrscheinlich, dass eine Gesellschaft über so viel Offenheit gegenüber Andersheit verfügt, um zu einer gerechten Wertschätzung der Anderen fähig zu sein - von „Horizontverschmelzung" ganz zu schweigen (vgl. Rockefeller 1993: 101) -, wenn sie sich gemäß Taylors Programmatik so nachdrücklich dem Schutz ihrer partikularen Kultur verschreibt, dass sie dieses Ziel sogar über die Freiheit der eigenen Gruppenmitglieder stellt. So führt Taylors ambitionierte Politik der differenzierten und aktiven Wertschätzung letztlich an den Punkt, den er vermeiden wollte: zur „Selbsteinmauerung in ethnozentrische Maßstäbe" (Taylor 1993: 70).

1.2 Pluralistischer Multikulturalismus: Michael Walzers „Politik der Differenz"

Michael Walzers Position in der aktuellen Kontroverse kann am besten als „Querlage" bezeichnet werden: Einerseits übernimmt Walzer viele zentrale kommunitaristische Argumente, um den Liberalismus zu korrigieren; andererseits zählt er innerhalb der so genannten Kommunitaristen zu denjenigen, die sich am stärksten mit den liberalen Ideen der Freiheit und Gleichheit verbunden fühlen.

Während sich Taylor in seiner Liberalismuskritik auf die Begriffe der Freiheit und der Identität konzentriert, fokussiert Walzer den Bereich der moralischen Begründungsverfahren und der Demokratietheorie. In *Kritik und Gemeinsinn* (Walzer 1990) formuliert er eine konsequent hermeneutische Gegenposition zu den abstrakten Rechtfertigungsverfahren des moralischen Universalismus.[9] In kritischer Distanz zu den dekontextualisierenden Verfahren der „Entdeckung" und „Erfindung" moralischer Prinzipien plädiert Walzer für den Weg der „Interpretation" des lebensweltlichen moralischen Vor-Wissens, in dem er die eigentliche Ressource des moralischen Urteils erkennen will (Walzer 1990: 30). Der Ausgangspunkt seiner interpretativen Begründungstheorie ist die partikulare „dichte moralische Kultur", das kulturelle „Zuhause", das den Subjekten das unverzichtbare „Gefühl der Zugehörigkeit" vermittelt (Walzer 1990).

Damit wird zugleich die kulturelle Gemeinschaft als unverzichtbare konstitutionstheoretische Quelle einer stabilen moralischen Identität positioniert. Wie für Taylor, so steht auch für Walzer der sprachspieltheoretische Zusammenhang zwischen „gemeinschaftlichen Bedeutungen" und der Identität der Gesellschaftsmitglieder im Zentrum (vgl. Rieger 1998: 199); auch hier wird die nichthintergehbare Kontextbezogenheit aller Bedeutungen und Symbole betont. Das moralische Urteil der Subjekte muss immer von ihrem spezifischen partikularen Werthorizont ausgehen; von dort, „wo wir bereits stehen. Wo wir jedoch stehen,

---

9 Als „Pfad der Entdeckung" kritisiert Walzer den philosophischen Versuch, eine objektive moralische Wahrheit im Menschen selbst zu finden. Ursprünglich ist dies das Modell der göttlichen Offenbarung durch einen Propheten oder Religionsstifter, der die göttliche Moral auf Erden verwirklichen soll. Das Problem, das Walzer fokussiert, ist die damit einhergehende fundamentale Differenz zwischen göttlicher und weltlicher Ordnung. Diese wird auch nach der Säkularisierung nicht preisgegeben, sondern spätestens mit Humes Prinzip in der Diskrepanz zwischen Sein und Sollen wiederholt. Als „Pfad der Erfindung" kritisiert er jene zeitgenössischen Moralphilosophien, die mit Hilfe von Abstraktionsverfahren einen künstlichen „Naturzustand" entwerfen, der hinter dem „Schleier des Nichtwissens" (Rawls) oder in der Spannung zwischen idealer und realer Kommunikationsgemeinschaft (Apel, Habermas) die Möglichkeit bieten soll, neue Grundsätze des menschlichen Zusammenlebens zu erzeugen bzw. zu erfinden (vgl. Rieger 1993: 323 ff; Walzer 1990: 11 ff).

da ist stets bereits ein irgendwie wertvoller Ort (some place of value), sonst hätten wir uns dort niemals niedergelassen" (Walzer 1990: 26).

„Some place of value" ist der Standpunkt von Personen, die weder einen „Blick von nirgendwo" (vgl. Nagel 1992) anstreben noch auf einen bornierten partikularistischen Blickwinkel festgelegt sind. Es ist der Standpunkt, der es laut Walzer ermöglicht, die eigene moralische Welt „von irgendeinem anderen Standpunkt" (Walzer 1990) aus zu betrachten, um so Kritik und Gemeinsinn gleichzeitig zu ermöglichen. Der kontextbezogene Perspektivenwechsel sichert einerseits den hermeneutischen Zugang zu unserer „vorreflexiven, vorphilosophischen Kenntnis der moralischen Welt", gewährleistet andererseits den distanzierten Blick gegenüber dem Gegebenen, wodurch eine kritische Überparteilichkeit - im Unterschied zur abstrakten Unparteilichkeit - erreicht werden kann (Walzer 1990: 25 ff). Bereits hier werden Konstitutions- und Moraltheorie parallelisiert: Weil die gelungene Identitätsbildung, genauer das stabile Gefühl von Zugehörigkeit, eine wesentliche Voraussetzung für die moralische Urteilsfähigkeit ist, folgt für Walzer, dass diese moralische „Heimat" gleichzeitig als Bestimmungsgrund des moralischen Urteils fungieren kann.

Doch trotz seiner prinzipiellen Übereinstimmung mit der Betonung moralischer und kultureller Gemeinschaften als Quellen von Moral und Identität betont Walzer weit stärker als Taylor die Unantastbarkeit individueller Grundrechte. In der Universalität des formalen Rechts sieht Walzer eine unverzichtbare Garantie der kulturellen Pluralität und Offenheit, die sich allein aus dem fortwährenden Wechselverhältnis von Kontexttranszendenz und Kontextimmanenz, von „unmittelbarem Moralempfinden und moralischer Abstraktion", von „einem intuitiven und einem reflexiven Verständnis" konstituiert (Walzer 1990: 27). Derart können substanzieller Kontextualismus und formaler Universalismus, die „Moral der Gemeinschaft" und die „Moral der Menschlichkeit" ineinander greifen und sich so ergänzen (Forst 1994: 258, 262 f). Man kann hier mit Richard Rorty (1988) vom „Vorrang der Demokratie vor der Philosophie" sprechen.

Indem die universellen Rechte die Distanz des Subjekts zum Kollektiv gewährleisten, sichern sie nicht nur die Überparteilichkeit des moralischen Urteils, sondern zugleich die konkrete Freiheit des Einzelnen gegenüber den Zumutungen der Gemeinschaft. Die formal-abstrakte Moralität gilt ihm trotz aller motivationstheoretischen Schwächen als „eine Art perfektes Esperanto" (Walzer 1990: 22), die es Menschen als Menschen erlaubt, unabhängig von ihrer Herkunft allgemeine Rechtsansprüche geltend zu machen. Damit bleiben die universellen Freiheitsrechte Voraussetzung und unverzichtbarer Kern der politischen Freiheit (Forst 1994: 263 ff).

Aus der Distanz, die durch die universellen Grundrechte und Freiheiten garantiert wird, resultiert in politischer Hinsicht die zentrale Idee der freiwilligen

Mitgliedschaft. Dadurch stellt sich Walzer grundsätzlich gegen jedes Konzept staatlich verordneter Zwangsmitgliedschaft. Kulturelle Identitäten sind laut Walzer mögliche „Spielarten", ein gelungenes und gutes Leben zu führen; man kann sie übernehmen, man muss es aber nicht. Ignoranz, Distanz, unter Umständen auch Verleugnung der eigenen Herkunftsgemeinschaft sind nicht nur mögliche, sondern vor allem legitime Reaktionen des Einzelnen gegenüber allen Angeboten der Mitgliedschaft und Zugehörigkeit. Bezogen auf Charles Taylors Idee der politischen Pflicht zu Loyalität und Identität konzipiert Walzer mit seiner Idee der freiwilligen Vergemeinschaftung eine liberale Metakritik des kommunitaristischen „Stammeswesens" (vgl. Bienfait 1999: 229 f; Reese-Schäfer 1993: 161 ff; Walzer 1992: 115 ff). Damit bleibt das kulturelle Sprachspiel offen für die Vielfalt und Verschiedenheit möglicher Lebensentwürfe, die sich sowohl in der Gesellschaft als auch im Individuum überkreuzen. Walzer spricht in diesem Kontext von „Bindestrich-Identitäten" (Walzer 1992: 239) und kennzeichnet damit die Identität als variable Schnittstelle zwischen dem Einzelnen und verschiedensten kulturellen Gemeinschaften.

Weil Freiwilligkeit und Rechtszwang einander ausschließen, plädiert Walzer gegen Taylor für die ethisch-ethnische „Namenlosigkeit" von Staat und Recht (Walzer 1992: 235). Alle Vorstellungen eines guten Lebens werden in Bezug auf die Verallgemeinerungsfähigkeit als „beschränkt, unvollständig und letztlich unbefriedigend" betrachtet, womit konsequenter Weise jeder Vorgängigkeits- und Unbedingtheitsanspruch einer besonderen kulturellen Lebensweise zurückgewiesen werden muss (Walzer 1992: 79). Innerhalb einer modernen, pluralisierten Gesellschaft kann es insofern nur „partielle Erfüllung" geben; sie ist ein „Projekt von Projekten", in dem „das gute Leben im Detail liegt" (Walzer 1992: 97). Eine „liberale Nation kann kein kollektives Ziel mehr haben", ihre gesellschaftliche Integration kann dementsprechend nicht über partikulare Identitäten, sondern nur durch formale Verfahren gesichert werden (Walzer 1992: 192).

Bezogen auf die personale und moralische Identität konzipiert Walzer hier die Bedingung für die Herausbildung eines „post-sozialen Selbst", das sich durch reflexive Distanz zu allen partikularen Identitäten und Traditionen auszeichnet. Nur wenn ein Subjekt nicht mehr durch eine territorial begrenzte Gemeinschaft bestimmt wird, die seine ganze Loyalität und Identität beansprucht, kann von individueller Freiheit die Rede sein (Wellmer 1993: 59 ff, 69 f).

Dies bedeutet zugleich eine radikale Zurückweisung jedes politischen Paternalismus: „Die Politik bietet weder Selbstverwirklichung noch enge Gemeinschaft. Tiefe muss man anderswo suchen, und so sollte es sein" (Walzer 1992: 214). Anstatt Kultur und Politik zusammen zu lesen, zieht Walzer eine strikte Unterscheidung zwischen dem Staat auf der einen Seite und der Zivilgesellschaft auf der anderen. Damit sind Ethos, Ethnos und Demos wieder getrennt. Während der Staat und das Recht sich weitgehend auf überpartikulare, gemeinschaftsübergreifende Integrationsmaßnahmen konzentrieren, die den Zusammenhalt der Bürgerschaft als Ganzes sichern, ist die Zivilgesellschaft als Netzwerk aus vielen gleichberechtigten Gemeinschaften der legitime Ort, an dem die kulturellen Besonderheiten, Identitäten, Traditionen und Praktiken verwirklicht werden können und sollen. Nicht Gemeinsamkeit und Homogenität eines Lebensentwurfs, sondern eine Vielfalt von Gütern, Wertvorstellungen und Wertsphären durchkreuzen sich im kulturellen Horizont und konkurrieren miteinander um Wertschätzung und Anerkennung (Rössler 1993: 1036 ff; Walzer 1998).

Durch dieses Eintreten für Heterogenität und Vielfalt ist der Konflikt zwischen Interessen und Identitäten endemisch vorprogrammiert. Entscheidend ist nun, dass Walzer den Konflikt nicht als reine Desintegrationserscheinung bewertet, sondern diesen als integratives Element einer freiheitsorientierten Gesellschaft begreift: er sichert die Demokratisierung des Begründungsverfahrens und verhindert damit die Aufrechterhaltung „falscher" Wert- und Gerechtigkeitsvorstellungen (Walzer 1998: 448 ff).

Dieses Modell konstruktiver Konflikte ist der Kern von Walzers „Politik der Differenz" (Walzer 1992: 228 ff). Bereits die „Artikulation" einer Forderung nach sozialen Gütern stellt den bisherigen Konsens über die richtige Verteilung grundsätzlich in Frage. Die Artikulation ist ein unverzichtbares Mittel, sowohl gegen universalistische Differenzblindheit als auch gegen partikularistische Borniertheit. Deshalb gilt: „Je erfolgreicher die Artikulation der Differenz ist, desto größer ist die Zersplitterung" (Walzer 1990: 323). Die Zersplitterung ist das eigentliche „Vehikel der Demokratie" (Walzer 1990: 233), denn nur die Kontroverse oder der Streit initiiert unter Gegnern den Übergang zu einem neuen, integrativen Standpunkt. Der Konflikt ist der notwendige Auftakt, um überhaupt in die zweite Phase der „Verhandlungen" eintreten zu können, deren Ziel die Festlegung neuer legitimer Grenzen zwischen den verschiedenen, kollidierenden Ansprüchen der Gruppen und Subjekte darstellt.

Im Zentrum dieser Kämpfe um Güter und Chancen steht die Verteilung von Zugehörigkeit und Mitgliedschaft. Mitgliedschaft, so Walzers Ausgangsthese in *Sphären der Gerechtigkeit* (Walzer 1983; 1998) ist das „erste und wichtigste Gut", da es in grundlegender Weise über den Zugang zu allen anderen gesellschaftlichen Verteilungssphären und Gütern entscheidet (Rieger 1998: 207; Walzer 1998: 65). Und gerade deshalb gehört die Entscheidung über Zulassung und Ausschluss von Einwanderern zum Kern der gemeinschaftlichen Eigenständigkeit (Walzer 1998: 106):

„Mitgliedschaft als soziales Gut wird begründet durch unser Verständnis von Zugehörigkeit, ihr Wert bemisst sich an unserer Arbeit und an unserer Kommunikation;
und so sind wir es (wer sonst sollte es sein?), denen die Verantwortung und Verteilung zufällt" (Walzer 1998: 66 f).

Die nationale Selbstbestimmung wird damit zum normativen Bezugspunkt aller
einwanderungspolitischen Maßnahmen. Dies wird überwiegend durch funktionale Erwägungen begründet: Ohne souveräne Grenzen und Kontrolle über den
Zustrom von Einwanderern wären Staaten wie offene, zufällige, unbegrenzte
„Nachbarschaften", über deren Zusammensetzung lediglich Angebot und Nach-
frage entscheiden. Als solche wären sie weder in der Lage, soziale Sicherheit zu
gewährleisten noch eine demokratische Regierungsform auszubilden (Walzer
1998: 72 ff). Um die Produktion dieser wichtigen sozialen und politischen Güter
gewährleisten zu können, müssen sie wie „perfekte Vereine" organisiert sein,
„deren Souveränität über ihre eigenen Auswahlprozesse unantastbar ist" (Walzer
1998: 78). Der funktionalistischen Erklärung entspricht die Zulässigkeit von
Einwanderungsquoten (Walzer 1998: 78), wobei in dieser Hinsicht nicht nur die
berufliche Qualifikation der Bewerber ausschlaggebend ist, sondern auch ethnische Präferenzen wie etwa „ethnische Verwandtschaft" oder „ideologische Nähe" zwischen Einheimischen und Zuwanderern genannt werden (Walzer 1998:
89).

Ist allerdings die Erstzulassung erfolgt, dann gibt es keine zulässigen Einschränkungen mehr, die eine Benachteiligung bestimmter kultureller Gruppen
oder Minderheiten rechtfertigen können. Im Bereich der Einbürgerungspolitik
müssen alle Einwanderer als gleichberechtigter Teil des Personenverbands betrachtet werden. Hier folgt Walzer den Grundprinzipien der amerikanischen
Einwanderungspolitik: „Erstzulassung zieht notwendig die Zweitzulassung (Ein-
bürgerung) nach sich" (Rieger 1998: 226 f). Wer „harte Arbeit" verrichtet und
regiert wird, also durch Anwesenheit im Hoheitsgebiet von allen politischen
Entscheidungen betroffen ist, hat einen Anspruch auf die volle Mitgliedschaft im
Personenverband erworben (Walzer 1998: 101, 246). Vor diesem Hintergrund
ergibt sich Walzer rigorose Ablehnung der europäischen Gastarbeiterpolitik
(Walzer 1998: 94-105).

Angesichts der faktischen gesellschaftlichen Ungleichheit zwischen Einheimischen und Einwanderern verlangt das anspruchsvolle Ideal der „demokratischen Staatsbürgerschaft" die konsequente Durchsetzung der Chancengleichheit
durch eine gezielte Gleichstellungspolitik. Dazu gehören auch die Maßnahmen
der „umgekehrten Diskriminierung", deren Ziel es ist, die rechtliche und politische Chancengleichheit von Individuen zu fördern bzw. die ethnische Unterschichtung einer Gesellschaft aufzulösen (Walzer 1992: 166). Zulässig sind darüber hinaus auch staatliche Unterstützungen für kulturelle Gemeinschaften, da-

mit für jeden Einzelnen auch die Chance besteht, sein individuelles Recht auf
eine spezifische kulturelle Identität zu verwirklichen.

Allerdings bleiben die multikulturellen Integrationsmaßnahmen strikt am liberalen Ideal der Gleichbehandlung orientiert. Nicht die ethnischen und kulturellen Identitäten sind das Ziel dieser Maßnahmen, sondern die Sicherung des „in-
klusiven" oder „demokratischen" Staatsbürgerrechts. Nur insofern kulturelle
Ressourcen als Bedingungen des Bürgerrechts angesehen werden, ist die Förderung kultureller Identitäten legitimationsfähig. Ethnizität oder Ethnisierung sind
dann ein Mittel zum Zweck, doch der eigentliche Selbstzweck ist die verstärkte
Beteiligung und Partizipation der Bürger, eine „stärkere Ausprägung von Staatsbürgerschaft" (Walzer 1992: 236). Von daher sind alle Maßnahmen der Integration immer auch mit der prinzipiellen Beschränkung aller Gruppenansprüche
verbunden. Dies einerseits gegenüber dem Individuum: konkrete Gemeinschaften haben zugleich die Pflicht, die Freiwilligkeit der Vergemeinschaftung und
der Distanzierung ihrer Mitglieder zu gewährleisten (Walzer 1992: 156). Dies
andererseits gegenüber dem Staat: die Staatsbürgerrolle hat expliziten Vorrang
gegenüber den partikularen Zugehörigkeiten, Rollen und Loyalitäten, da der
Staat als konstitutiver Rahmen begriffen wird, um die Zivilgesellschaft zu ermöglichen, als Bedingung der Möglichkeit ethisch-ethnischer Koexistenz (Walzer 1992: 89 f).

Eine substanzielle Anerkennungspolitik in Sinne Taylors lehnt Walzer rigo-
ros ab. Statt auf dessen Anerkennung und Wertschätzung der kulturellen Identitäten konzentriert sich seine Integrationspolitik auf die Sicherung eines gemeinsamen „minimalen Grundrespekts", der sich nicht nur aus der Zugehörigkeit zu
einer kulturellen Gruppe, sondern auch aus der freien und gleichen Staatsbürgerschaft speist (Walzer 1998: 369). Keine dieser Maßnahmen soll primär das Gedeihen oder Überleben einer bestimmten Kultur sichern, und keine garantiert,
dass alle Kulturen in gleicher Weise politische Wertschätzung erfahren (Walzer
1992: 126). Separatismus und segmentierender Multikulturalismus werden als
„Nullsummen-Spiel" zwischen Gruppenansprüchen (Walzer 1992: 236) abgelehnt.

Der Vorteil von Walzers Pluralismus gegenüber Taylors Korporatismus besteht in der liberalen Ausrichtung seiner Einbürgerungspolitik. Dadurch distanziert er sich erfolgreich von den negativen Folgen vieler Identitätspolitiken. Sowohl die paternalistische Politisierung der eigenen Herkunft als auch die auf
Dauer problematische Bildung und Segregation kultureller Parallelgesellschaften
werden vermieden. Anstelle dessen setzt Walzer auf eine gleichberechtigte Koexistenz kultureller Gruppen, deren gemeinsames Zusammenwirken auf die
sukzessive Verwirklichung liberaler Chancengleichheit ausgerichtet ist.

Diese pluralistische Fundierung multikulturalistischer Kompensationsmaß-nahmen ermöglich zugleich, die Differenzblindheit liberaler Nationalstaaten zu korrigieren. Die vitalen Gemeinschaften in der Zivilgesellschaft artikulieren permanent Ansprüche auf Besonderheit und drängen den Staat, von seiner rigo-rosen Neutralität abzurücken und ihren Ansprüchen auf öffentliche Legitimität Rechnung zu tragen. Umgekehrt beschränkt der neutrale Staat durch Recht und Institutionen die partikularen Gemeinschaften, indem er den gleichen Anspruch aller seiner Bürger auf seine Grundleistungen als Grenze aller Gruppenansprüche markiert. Dieses System von „checks and balances" soll einen Multikulturalis-mus gewährleisten, der den Einzelnen sowohl in seiner Integrität als Bürger als auch als Gemeinschaftsmitglied respektiert, ohne ihn auf Zwangsmitgliedschaf-ten festzulegen. Die Bürgerrolle schützt den Einzelnen vor der Totalisierung seiner kulturellen Identität, und die Identität schützt ihn wiederum vor der Ab-sorption im Staat.

Doch bei allen vordergründigen Vorzügen dieses Modells zeigt sich, dass Walzers Modell durch die kommunitaristischen Fehlschlüsse seiner Moraltheorie aus der Balance gerät. Seine Anerkennung liberaler Prinzipen resultiert gerade nicht aus der Überzeugung ihrer normativen Überlegenheit, sondern sie basiert auf der hermeneutischen Akzeptanz einer politischen Kultur, die mehr oder we-niger zufällig von liberalen Überzeugungen geprägt ist. Diese kommunitaristi-sche Begründung liberaler Prinzipien veranschaulicht Walzer in seinem „Kom-mentar zu Taylors ‚Politik der Anerkennung'" (Walzer 1993). Hier rechtfertigt er seine Präferenz für eine liberale Integrationspolitik nicht mit dem Hinweis auf die Unantastbarkeit individueller Rechte, sondern mit dem lapidaren Hinweise, dass dies der öffentlichen Kultur und der „offiziellen Doktrin" der Vereinigten Staaten und ihrer bestimmten Lebensweise entspräche (Walzer 1993: 112 f).

> „Das heißt, diese Entscheidung beruht nicht auf einem absoluten Engagement für die Neutralität des Staates und die Rechte des Einzelnen und auch nicht auf der tiefen Abneigung gegen partikularistische Identitäten (....). Sie ergibt sich vielmehr aus der gesellschaftlichen Lage und den aktuellen Lebensentscheidungen ganz bestimmter Menschen" (Walzer 1993: 114).

Liberalismus ist also für Walzer lediglich eine kulturelle Tradition unter anderen, deren Verpflichtungscharakter an den Grenzen des eigenen Kollektivs endet. Die Frage der Legitimität von Werten und Rechten wird durch den Hinweis auf die Üblichkeiten in einem konkreten Kollektiv beantwortet. Die rein kontext-immanente Begründung von Rechten und Freiheiten blockiert im Vorab jede externe Möglichkeit der Kritik kollektiver Maßstäbe und Wertentscheidungen. Beides beschränkt Walzers Theorie auf eine rein deskriptive Funktion, aus der sich beim besten Willen kein kritischer normativer Maßstab gewinnen lässt:

„Der kritische Impetus missrät zur bloßen Geste, wenn die Traditionen und Praktiken einer Gemeinschaft als sakrosankt begriffen werden" (Rössler 1993: 1038).

Was Walzer nicht berücksichtigt, ist die Tatsache, dass die Idee der individuellen
Rechte „unauflösbar" mit der Vorstellung von der universellen Gültigkeit und
Unantastbarkeit solcher Rechte verknüpft ist. Würde er die Idee der liberalen
Rechte ernst nehmen, dann müsste er erkennen, dass dieser individualistische,
liberale Standpunkt in letzter Konsequenz „keine Kompromisse" mit dem kommunitaristischen Gemeinschaftsdenken zulässt (Rössler 1993: 1045). Versteht
man den Liberalismus aber als eine Tradition neben anderen, verfehlt man den
emanzipatorischen Impetus, der ihm inhärent ist; so bleiben keine Argumente
mehr, um Gesellschaften, denen die Unterdrückung von Personen zur gemeinschaftlichen Tradition geworden ist, eben diese Unterdrückung mit dem Rekurs
auf die Idee gleicher Freiheit und gleicher Rechte zum Vorwurf zu machen
(Rössler 1993: 1045).

Damit fällt das gesamte Modell trotz aller liberalen Lippenbekenntnisse auf
ein unbestimmtes Modell von kollektiver Identität zurück, das den fundamentalen Unterschieden zwischen politischer und ethisch-ethnischer Integration nicht
gerecht wird (Ellrich 1993: 1061). Walzers sorgloses Plädoyer für das Recht auf
nationale Selbstbestimmung offenbart den versteckten Kollektivismus seines
Denkens: Wenn er dem Kollektiv als Ganzem das Recht zuschreibt, über Exklusion und Inklusion zukünftiger Mitglieder zu entscheiden, dann trifft er damit
eine „verschwiegen kategoriale Vorentscheidung", wodurch die ethisch-
kulturelle Zugehörigkeit gegenüber dem politisch-partizipatorischen Aspekt
eindeutig bevorzugt wird (Ellrich 1993: 1062).

Das nationale Kollektiv wird damit zum eigentlichen Rechtsgrund. Berücksichtigt man darüber hinaus noch Walzers Zugeständnisse an ethnisch-kulturelle
Einwanderungsquoten (Walzer 1998: 89), dann wird der Rückfall auf einen
„administrativen Artenschutz" offensichtlich: Jede Erstzulassung hat unmittelbaren Einfluss auf die kulturelle und ethnische Zusammensetzung der Bevölkerung
und bestimmt damit die Mehrheits- und Minderheitsverhältnisse in ganz entscheidendem Maß. Vor diesem Hintergrund kann von einer vorgeblichen „Namenlosigkeit des Staates" keine Rede mehr sein. Vielmehr führt eine derartige
Politik zu einer eindeutigen Bevorzugung kultureller Traditionen und Gruppen
gegenüber anderen. Walzers ethnisch-kulturelle Einwanderungspolitik hebelt
damit letztlich alle liberalen Intentionen seines Gesellschaftsentwurfs aus: Die
Grenzen zwischen Staat und Zivilgesellschaft werden unterlaufen, das Angebot
an Lebensentwürfen manipuliert. Unter diesen Bedingungen gerät die nachge-
ordnete „Politik der Differenz" in Gefahr, sich zur ideologischen Legitimation
ethnischer Ungleichheiten instrumentalisieren zu lassen: Während auf der Vor-

derbühne der Integrationspolitik von Chancengleichheit geredet wird, wird auf der Hinterbühne eine Einwanderungspolitik konzipiert, die geradewegs auf die Stabilisierung der Ungleichheit ausgerichtet ist.

Gerade Walzers Erörterungen zur Mitgliedschaft verdeutlichen das tiefe Dilemma aller Integrationsversuche von liberaler und kommunitaristischer Denkweise: Einerseits werden Rechte und legitime Ansprüche von Gemeinschaften begründet, andererseits müssen diese, um nicht in die Abgründe eines chauvinistischen Partikularismus abzugleiten, zumindest durch ein Minimum an universalistischen Anforderungen begrenzt werden - die dann zwangsläufig den Gemeinschaftsrechten zuwiderlaufen und aus einer kommunitaristischen Position heraus auch nicht begründbar sind. Dieses „kommunitaristische Dilemma" (vgl. Cohen 1993) markiert zugleich die systematische Begrenztheit der kommunitaristischen Geltungstheorie.

1.3 Liberaler Multikulturalismus: Will Kymlickas „Multicultural Citizenship"

Auch Will Kymlicka (1991; 1997) hat sich das Ziel gesetzt, Multikulturalismus und Liberalismus miteinander zu verbinden. Ein „liberaler Multikulturalismus" will das offensichtliche Bedürfnis der Menschen nach kultureller Identität ernst nehmen, anstatt es „tout court" als reaktionären Impuls zu diskreditieren (Burger 1997). Aber im Unterschied zu den vorangegangenen Autoren basiert Kymlickas Integrationskonzept nicht auf einer kommunitaristischen Geltungstheorie, sondern er nimmt hierfür die liberale Theorie selbst in Anspruch - denn zu deren essenziellen Bestandteilen zähle gerade auch die politische Anerkennung gruppenspezifischer Besonderheiten:

> „I will show that minority rights are not only consistent with individual freedom, but can actually promote it. I will defend the idea - common in earlier liberal theories - that ‚the cause of liberty' often ‚finds its basis in the autonomy of a national group'" (Kymlicka 1997: 75).

Intellektueller Ausgangspunkt und konzeptioneller Rahmen von Kymlicka ist der Liberalismus von John Rawls. Dieser hat im Anschluss an seine *Theorie der Gerechtigkeit* (1975) einen *Politischen Liberalismus* (1992) entwickelt, der seine Bedeutung in der güterethischen Erweiterung des liberalen Modells findet. Rawls hat wie kaum ein anderer Liberaler die Kritik an der mangelnden politischen Kraft der formal-abstrakten Rechte konstruktiv verarbeitet. Um der empirischen Tatsache, dass die Lebensverhältnisse in liberalen Gesellschaften trotz formal gleicher Rechte durch eklatante Ungleichheiten gekennzeichnet sind, theoretisch gerecht zu werden, modifizierte er die liberale Theorie um zwei wesentliche Elemente: die Liste der Grundgüter und das Differenzprinzip.

Mit der Idee der „Grundgüter" distanziert sich Rawls von einem rein abstrakten Liberalismus, der sich einseitig auf die Deklaration „negativer" Rechte und Freiheiten beschränkt, ohne die „positiven" Bedingungen der Selbstverwirklichung zu beachten, die Menschen benötigen, um ein Leben in Würde und in Selbstachtung zu führen (Brunner und Peled 1998: 370; Hinsch 1992: 5 f; Rawls 1992: 93 ff, 120 f, 189 ff, 268 f). Dazu zählen neben den Grundfreiheiten (Gedankenfreiheit, Gewissensfreiheit, usw.) die sozioökonomischen Bedingungen wie Einkommen, Besitz, Ämter und Positionen, Freizügigkeit und freie Berufswahl (Hinsch 1992: 5 f; Rawls 1992: 371 f).

Diese Grundgüter sind für Rawls unverzichtbare Mittel zur Verwirklichung der individuellen Freiheit. Solange diese Güter in einer liberalen Gesellschaft aus strukturellen Gründen ungleich verteilt sind, ist das Ziel der politischen Gerechtigkeit verfehlt. Deshalb führt Rawls neben dem allgemeinen Gleichheitsprinzip noch das Differenzprinzip ein (Rawls 1992: 160): Während nach dem ersten Prinzip alle Personen über den gleichen Zugang zu Grundfreiheiten und Grundrechten verfügen, finden sich im Differenzprinzip die Bedingungen, unter denen gesellschaftliche und ökonomische Ungleichheiten als legitim gelten können. Dies sei dann der Fall, wenn sichergestellt ist, dass sie die Aussichten der Minderbegünstigten auf lange Sicht verbessern. Eine Verletzung des gleichen Zugangs zu den Grundgütern erscheint also dann als gerechtfertigt, wenn ihr Zweck darin besteht, die Lage der negativ privilegierten Gesellschaftsgruppen zu verbessern (Rawls 1992: 72 ff, 160, 198 ff). Das Differenzprinzip kann als „Kontrollinstanz gegenüber den faktischen Resultaten politischer Entscheidungsprozesse" bezeichnet werden (Hinsch 1992: 32).

Beide güterethische Erweiterungen nutzt Kymlicka als Anschlussstellen für eine liberale Begründung von Minderheitenrechten. Zunächst, indem er in der so genannten „Wertthese" (Kymlicka 1997: Kap. 7, 135 ff; Frank 1998: 394) die kulturelle Mitgliedschaft in die Liste der „Grundgüter" integriert. Wenn gezeigt werden kann, dass die Zugehörigkeit zu einer kulturellen Gruppe eine unverzichtbare Ressource der individuellen Freiheit darstellt, und wenn darüber hinaus festgestellt werden muss, dass der Zugang zu dieser Mitgliedschaft auch in der liberalen Gesellschaft ungleich und ungerecht verteilt ist, dann lassen sich spezielle gruppenorientierte Rechte und Maßnahmen als Anwendung des Differenzprinzips begründen und im liberalen Sinne legitimieren.

Rawls selbst hat sich in seiner Liste der Grundgüter primär auf das klassische liberale Arsenal beschränkt - die politischen und sozioökonomischen Rechte dominieren –, wenn er auch auf die prinzipielle Erweiterungsfähigkeit dieser Liste hinweist (Rawls 1992: 372). Dies nimmt Kymlicka zum Anlass, um die kulturelle Identität als konstitutive Bedingung für ein Leben in Freiheit und Selbstachtung zu entwickeln. Die freiheitstheoretische Relevanz der Mitgliedschaft ist laut Kymlicka durch zwei Leistungen begründet, die ausschließlich in kulturellen Gruppenzusammenhängen hergestellt werden können: kognitive Deutungsmuster und soziomoralische Anerkennung (auch Dworkin 1985: 228, 213; Kymlicka 1997: 75 f; Margalit und Raz 1999: 86; Raz 1986; 1995: 314 f).

Kymlicka bemerkt, dass die Freiheit im Sinne der bewussten Entscheidungen eines Menschen für einen bestimmten Lebensplan auf der kritischen Überprüfung eigener Wertvorstellungen beruht. Diese Kritikfähigkeit des Einzelnen kann nicht aus dem Nichts geboren werden, sondern Freiheit erfordert einen vorgegebenen „context of choice". Im Gegensatz zur Illusion subjektiver Selbsterschaffung erfordert eine solche Wahlfreiheit ein Angebot an kulturellen Optionen, die mit Durkheim als Kontext von „kollektiven Deutungsmustern" (Durkheim 1967a) bezeichnet werden können. Moderne Liberale schließen sich dieser Einsicht an, wenn sie von der Notwendigkeit eines „shared vocabulary of traditions and institutions" (Dworkin 1985: 228, 213) sprechen. Dieser kulturelle Background versorgt den Einzelnen nicht nur mit unverzichtbaren Handlungs-orientierungen, sondern auch mit den Beziehungen, in denen er seine Selbstach-tung findet (vgl. Margalit und Raz 1999: 86). Dies gilt umso mehr für die parti-kulare Herkunftskultur eines Menschen. Entscheidend für die Relevanz der par-tikularen kulturellen Herkunftsgemeinschaft ist die Tatsache, dass in diesem besonderen Fall die Zugehörigkeit fraglos gegeben ist und nicht erst durch indi-viduelle Leistung errungen werden muss:

> „Membership is a matter of belonging, not of achievement. One does not have to prove oneself, or to ecel in anything, in order to belong and to be accepted as a full member. (...) To be a good Irishman, it is true, is an achievement. But to be an Irishman is not" (Margalit und Raz 1999: 84).

Es ist gerade die Fraglosigkeit der kulturellen Herkunft, die den Mitgliedern die notwendige Selbstverständlichkeit ihrer Identität vermitteln kann. Nur die kultu-relle Herkunftsgruppe bietet die existenzielle Sicherheit, einen Platz in dieser Welt zu haben (Margalit und Raz 1999: 85). Das soziomoralische Monopol der Herkunftsgruppe begründet die enormen Kosten jeder (unfreiwilligen) Assimila-tion (vgl. Kymlicka 1997: 85, 103; Margalit und Raz 1999: 80; Nickel 1995). Zu ihnen gehören der Verlust eines stabilen Netzes, das Zugehörigkeit und Aner-kennung vermittelt, und der Verlust der Muttersprache als primäres Kommunika-tionsmittel. Aus diesen Verlusten resultiert ein Großteil der Artikulationsbe-schränkungen von Minderheiten und Migranten im öffentlichen Raum, sie redu-zieren das soziale Kapital von Individuen in erheblichem Maße und erklären maßgeblich das Phänomen der ethnischen Unterschichtung (Bourdieu 1983; Faist 1995; 1996; 2000b; Portes 1995).

Nach dieser Darstellung der kulturellen Zugehörigkeit als einer unverzicht-baren Ressource für das individuelle Wohlergehen führt Kymlicka im zweiten Teil seines Arguments den Nachweis, dass es unter bestimmten Bedingungen legitim und erforderlich sein kann, die liberale Zurückhaltung des Staates gegen-über ethnischen und kulturellen Gruppen preiszugeben, um liberalen Prinzipien zu genügen (Frank 1998: 394, 398 ff; Kymlicka 1997: 107 ff).

Damit trägt er der Tatsache Rechnung, dass auch der liberale Staat letztlich nicht umhin kommt, eine partikularistische Kulturpolitik zu betreiben, die be-stimmte kulturelle Gruppen privilegiert und andere marginalisiert (Gerdes 1996: 54; Kymlicka 1997: 23 f, 51 f, 110 ff, 200, Fußnote 15). Gemessen am Ideal der ethisch-ethnischen Neutralität zeigt sich die Realität der liberalen Politik als ein System von Gruppenrechten, das im Kern der Unterstützung und Förderung institutionalisierter Mehrheitskulturen dient (Kymlicka 1999: 10). Dieser Vor-wurf bezieht sich nicht nur auf die sichtbaren Wahlverwandtschaften zwischen politischer Ordnung und einer bestimmten religiös-kulturellen Tradition, wie dies z. B. bei der Festlegung von öffentlichen Feiertagen und Amtssprachen zum Tragen kommt. Versteckter, aber weitaus wirksamer sind die Privilegierungen dann, wenn sich diese Parteilichkeit in der Konkretisierung allgemeiner Prinzipien und Rechte niederschlägt. Diese Ungleichheit wird durch die strukturelle Asymmetrie zwischen Mehrheit und Minderheit systemisch verfestigt. Der liberale Verweis auf Mehrheitsdemokratie und Marktökonomie erweist sich als blauäugig, da Minderheiten in allen Fragen überstimmt bzw. überboten werden können. Durch das quantitative Ungleichgewicht versagen die ansonsten egalitären Verfahren der Interessenaggregation (Kymlicka 1999: 4 f, 10).

Angesichts der korporatistischen Privilegierung der Mehrheitskultur in den öffentlichen Institutionen sind Minderheitenrechte kein Verstoß gegen liberale Prinzipien, sondern sie lassen sich als gruppenorientierte Schutzmaßnahmen interpretieren, die sowohl die einzelnen Mitglieder als auch deren Herkunftsgruppe gegen die Majorisierung durch die etablierte Mehrheitskultur verteidigen (Kymlicka 1997: 4 f). Vor dem Hintergrund der kulturellen Parteilichkeit jeder Rechtsordnung stellen sich Minderheitenrechte nicht als Bevorzugung bestimmter Kulturen, sondern lediglich als Mittel zur Herstellung von Chancengleichheit dar (Kymlicka 1999: 10).

Diesen Unterschied zwischen legitimen Minderheitenrechten und illegitimer Identitätspolitik markiert Kymlicka auch begrifflich, indem er explizit von „gruppenorientierten Rechten" (group-differentiated rights) spricht, die sich deutlich von kollektivistischen „Gruppenrechten" absetzen sollen: Während letztere als „Recht einer Gruppe gegenüber ihren eigenen Mitgliedern" im Sinne „interner Restriktionen" (internal restrictions) wirksam werden, bezeichnet ein „gruppenorientiertes Recht" lediglich „das Recht einer Gruppe gegenüber der Gesamtgesellschaft" (Brunner und Peled 1998: 381; Kymlicka 1996: 13 f; 1997: 34 ff). „Gruppenorientierte Rechte" sollen lediglich als „externe Schutzmechanismen" (external protection) fungieren, damit Gruppenmitglieder vor unfreiwilliger Assimilation bewahrt bleiben (Frank 1998: 399, 416 f; Kymlicka 1991: 197 f; 1997: 37, 40, 152 ff).

Im dritten und letzten Schritt seines Arguments will Kymlicka diese allgemeine Rechtfertigung von Minderheitenrechten für die Handhabung politischer Konfliktlagen nutzbar machen. Dazu entwickelt er eine differenzierte Typologie von kulturellen Gruppen und Maßnahmen, durch die sowohl die besonderen Bedürfnisse der kulturellen Gemeinschaften als auch die konkreten politischen und historischen Kontextbedingungen adäquat berücksichtigt werden können. Im Zentrum dieser Spezifizierung des allgemeinen Rechts auf kulturelle Schutzmaßnahmen steht die Frage nach der Förderungsbedürftigkeit und Förderungswürdigkeit der Gruppe.

Hier unterscheidet Kymlicka zwischen „nationalen Minderheiten" und „ethnischen Gruppen". Als „nationale Minderheiten" bezeichnet Kymlicka historische Gemeinschaften mit gemeinsamer Sprache und Kultur, die ein bestimmtes Territorium bewohnen, über ein vollständiges Institutionenspektrum verfügen und vor der Inkorporation in eine andere Kultur sich selbst regiert haben. Die Inkorporation in einem multinationalen Staat erfolgt meist durch Zwang oder Eroberung. „Ethnische Gruppen" sind demgegenüber zumeist Zusammenschlüsse von Migranten, die freiwillig, allein oder mit ihren Familien, ihr Herkunftsland verlassen haben, mit der Absicht, sich in die Kultur des Aufnahmelands einzufügen. Daher fehlen den ethnischen Gruppen die objektiven und institutionellen Kennzeichen einer nach außen abgeschlossenen und unterscheidbaren Kultur. Ihr kultureller Status wird als „symbolic ethnicity" ohne ausreichenden „institutional cement" gekennzeichnet (Kymlicka 1996:6 ff; 1997: 10 f, 98).

Diesen beiden Minderheiten mit spezifischer institutioneller Beschaffenheit werden in einem weiteren Schritt drei unterschiedliche Formen von Minderheitenrechten zugeordnet (Kymlicka 1996: 9 ff; 1997: 10, 26 ff): Die anspruchsvollste Form der Minderheitenrechte sind die „Selbstverwaltungsrechte" (selfgovernment rights). Darunter subsumiert Kymlicka Machtanteile, die der Staat an Gruppen und kleinere politische Einheiten abgetreten hat. Die Variationsbreite dieser Kategorie ist groß; sie reicht von Elementen der kulturellen Selbstverwaltung bis zur politischen Autonomie in föderalen Strukturen. Umfassende Selbstverwaltungsansprüche (Reservate, Landrechte) können nur von nationalen Minderheiten reklamiert werden, da nur diese über die organisatorischen Voraussetzungen verfügen. Weniger begründungsbedürftige Formen der kulturellen Selbstbestimmung können auch von ethnischen Gruppen beansprucht werden.

Als zweite Gruppe von Minderheitenrechten nennt Kymlicka die „polyethnischen Rechte" (polyethnic rights) (Kymlicka 1996: 10; 1997: 30 ff). Hierzu zählen verschiedenste Formen interner kultureller Selbstbestimmung, die auf den ersten Blick mit den Selbstverwaltungsrechten verwechselt werden könnten. Der entscheidende Unterschied besteht darin, dass es sich hier um bloße Freiheitsrechte (liberties) handelt, während die Selbstverwaltungsrechte auf einer Verbindung von Freiheiten mit komplementären Kompetenzen (powers) beruhen (vgl. Frank 1998: 412).

Als dritte Kategorie der Minderheitenrechte führt Kymlicka die „speziellen Repräsentationsrechte" (special representation rights) an (Kymlicka 1996: 10 ff, 26-33, 75-151; 1997: 32 f). Ihr Zweck ist es, die Unterrepräsentation von Gruppen in öffentlichen Institutionen durch Quoten, garantierte politische Mandate oder Anpassung von Wahlbezirken auszugleichen. Nationale Minderheiten, die über Selbstverwaltungsrechte verfügen, können spezielle Repräsentationsrechte in föderativen und gesamtgesellschaftlichen Institutionen geltend machen. Von ethnischen Gruppen werden die speziellen Repräsentationsrechte als politische Form der „affirmative action" zur Kompensation von Benachteiligungen wahrgenommen (Kymlicka 1996: 12; 1997: 32).

Der originäre Schachzug von Kymlickas „liberalem Multikulturalismus" gegenüber den zuvor dargelegten kommunitaristischen Positionen besteht darin, dass er das Grundgut „Mitgliedschaft" mit dem „individuellen Gebrauchswert" (Gerdes 1996: 48) einer spezifischen kulturellen Zugehörigkeit plausibilisiert. Als liberal ist diese Begründung einzustufen, weil sie das individuelle Wohlergehen, und nicht den Eigenwert einer Kultur, als Grund für die Unterstützung konkreter Gemeinschaften herausarbeitet (Kymlicka 1991: 165). Im Unterschied zum Kommunitarismus liefert Kymlickas Wertthese kein striktes Identitätsargument, sondern sie ist, wie Frank zurecht bemerkt, eher als „kombiniertes Perspektiven- und Freiheitsargument" zu kennzeichnen (Frank 1998: 397).

Liberal ist Kymlickas Begründung auch, weil er sich im Rekurs auf das Differenzprinzip um eine „relationale" Verteidigung der kulturellen Differenz bemüht, die sich aus der strukturellen Benachteiligung von Minderheiten ergibt (Frank 1998: 397; Gerdes 1996: 48; Kymlicka 1991: 165; Raz 1995: 315). Dies setzt einen entscheidenden Kontrapunkt zur „absoluten" Verteidigung der kulturellen Besonderheit, die Differenz und Mitgliedschaft als politischen Selbstzweck stilisiert. Freiheitsgewinn ohne Freiheitsverlust ist der Sinn und das Ziel dieser Maßnahmen (Gerdes 1996: 54 f; Kymlicka 1996: 14; 1997: 35-44).

Leider gelingt es Kymlicka nicht, dieses Versprechen einzulösen. Der erste Grund seines Scheiterns liegt bereits in seinem Verständnis von Grundgütern. In der Tat sind Grundgüter nach Rawls die Voraussetzung für die Verwirklichung der eigenen Lebenspläne, aber dies bedeutet nicht, dass damit alle Bedingungen der Selbstachtung schon als Grundgüter qualifiziert werden können. Rawls nennt ein weiteres Kriterium, das Kymlicka geflissentlich übersieht: die „Zielneutralität" (Rawls 1992: 379 f). Der individuelle Gebrauchswert der Ralws'schen Grundgüter besteht gerade darin, dass sie für jeden Lebensplan genutzt werden können. Nur wenn die Grundgüter unabhängig von einer bestimmten Konzeption des Guten sind (Rawls 1992: 373), kann diese „universale Nützlichkeit" (Hinsch 1992: 40) für alle möglichen Lebenspläne gewährleistet werden. Deshalb müssen die Grundgüter streng formal definiert sein, um keinen partikularen Lebensplan zu bevorzugen (Forst 1994: 92, 217). Nicht ohne ersichtlichen Grund betont Rawls in diesem Zusammenhang immer wieder den politischen Charakter seiner Theorie und spezifiziert Grundgüter explizit als das „was Bürger als solche benötigen" (Rawls 1992: 374), und nicht als Mitglieder partikularer Gruppen (Forst 1994: 220).

Diese geforderte Zielneutralität und Nützlichkeit kann für kulturelle Mitgliedschaft bestenfalls im abstraktesten Sinne behauptet werden. Auf keinen Fall

gilt dies für eine bestimmte Herkunftskultur. Die Zugehörigkeit zu einer distinkten Gruppe mit spezifischer Sprache, Tradition und Wertvorstellungen ist nur für
eine bestimmte Lebensweise förderlich und unverzichtbar. Diese eingeschränkte
Nützlichkeit kann unter Umständen derart restriktiv sein, dass die Wahl anderer
Lebensweisen behindert oder ausgeschlossen wird. Anders gesagt: Im Unterschied zu Rawls' Grundgütern, die als reine Ressourcen der individuellen Lebensgestaltung wirksam werden, ist die kulturelle Mitgliedschaft durchweg ambivalent: Sie ist ebenso Ressource wie auch Restriktion.[10]

Diese Ambivalenz der kulturellen Mitgliedschaft wird zusätzlich durch das
Ansinnen verstärkt, dass Kymlicka alle Rechtsansprüche von nationalen Minderheiten als „inhärent" bzw. „permanent" betrachtet (Kymlicka 1996: 10; 1997: 4,
30 f). Er rekurriert hier auf den Rechtsbegriff von Vernon Van Dyke: Aufgrund
der Tatsache, dass kollektive Bedürfnisse wie Loyalität und Solidarität erstens
nur auf der Gruppenebene existieren und befriedigt werden können, und zweitens dem Einzelnen nur in seiner Eigenschaft als Gruppenmitglied zukommen,
müssen nicht nur Individuen, sondern auch die entsprechenden Gemeinschaften
als Träger von Rechten anerkannt werden. Die Gruppe gilt als „right-and-duty-
bearing-unit" (Kymlicka 1997:31; Van Dyke 1999: 32 f, 38, 45), der dementsprechend auch eigenständige, eben intrinsische oder inhärente Gruppenrechte
(„intrinsic rights") zugestanden werden müssen (dazu kritisch Hartney 1999:
203).

Inhärenz und Permanenz von Rechten stehen nun im diametralen Widerspruch zu einer liberalen Begründung. Selbst ein güterethisch erweiterter Liberalismus kann keine inhärenten Gruppenrechte akzeptieren. Das liberale Differenzprinzip begründet ausschließlich temporäre Ausgleichsrechte, deren Legitimation nicht an der Beschaffenheit oder dem vermeintlichen inhärenten „Wert"
der Gruppe, sondern an Art und Dauer der bestehenden Ungleichheiten festge-

---

10   So kann der Erwerb der Herkunftssprache mit dem Nachteil verbunden sein, dass eine andere
     Sprache nicht erlernt werden kann, auch wenn diese von größerem praktischen Nutzen außer-
     halb der Gemeinschaft wäre (Offe 1996: 40). Diese Einschränkungen reduzieren wiederum den
     Gestaltungsspielraum der Mitglieder in der Mehrheitskultur und werfen sie damit strukturell
     auf die Herkunftsgruppe zurück. Brunner und Peled zeigen dies am Beispiel palästinensischer
     Israelis, die im Zuge begrenzter Autonomierechte ihre Kinder auf besondere Schulen schicken,
     auf denen sie bis zum Gymnasium in Arabisch unterrichtet werden. Die paradoxe Folge sind
     mangelhafte Hebräischkenntnisse, erschwerte Aufstiegsmöglichkeiten im Bildungssystem und
     auf dem Arbeitsmarkt, und letztlich eine Zementierung der ökonomischen Unterlegenheit
     (Brunner und Peled 1998: 388). In solchen Fällen müssten gruppenorientierte Unterstützungen
     immer mit flankierenden Maßnahmen zur Integration in die Mehrheitskultur verbunden wer-
     den. Dadurch würden die individuellen Kosten der Abwanderung möglichst gering gehalten.
     Nur bei realistischen Abwanderungschancen könnte von einer freien und autonomen Entschei-
     dung für oder gegen die eigene Herkunftskultur gesprochen werden (Faist 1996: 81 f; Gerdes
     1996: 65).

macht wird. Sobald diese Benachteiligungen beseitigt sind (und dies ist das vornehmliche Ziel aller liberalen Kompensationsmaßnahmen), verlieren die Sonderrechte ihre Legitimitätsgrundlage. Eine zeitliche Beschränkung von Sonderrechten ist insofern unerlässlich (Frank 1998: 399, 416 f, 424; Sanders 1991: 369; Sutter 2000).

Mit seinem Eintreten für inhärente, temporäre Rechte, die durch die ethnischen Selbstbeschreibungen der Gruppe gerechtfertigt werden, gerät Kymlicka wider Willen ins Fahrwasser kollektivistischer Identitätspolitiken, die er eigentlich vermeiden wollte. Die intendierte Abgrenzung gegenüber paternalistischen Gruppenrechten wird damit aufgeweicht. Kymlicka muss selbst eingestehen, dass auch seine externen Schutzmaßnahmen zu internen Freiheitsbeschränkungen führen können (Kymlicka 1997: 40 f). So bleibt ihm nur die Trivialisierung von Unterdrückungen als „unvermeidbare Nebenprodukte", die „selbst nicht als wünschenswert betrachtet werden" und auf „keinerlei öffentliche Unterstützung" stoßen (Kymlicka 1996: 16) - eine letztlich zum Scheitern bestimmte Strategie, die eher Einwände provoziert als sie zu beruhigen.

Doch der Kurzschluss von der Identität zur Legitimität von Sonderrechten kann nicht nur innerhalb der geförderten Gruppe zu Nachteilen für einzelne Mitglieder führen, sondern er erweist sich im Verhältnis zwischen den Gruppen als Quelle von Ungerechtigkeit. Während „nationalen Minderheiten" weitreichende Förderungsmaßnahmen und Selbstverwaltungsrechte zugesprochen werden, müssen sich „ethnische Gruppen" mit temporären Unterstützungen abfinden und darüber hinaus ihre Integrationsbereitschaft permanent unter Beweis stellen. Diese unterschiedliche Behandlung wird nun aber nicht mit der strukturellen Benachteiligung der nationalen Minderheiten begründet - was der Logik des Differenzprinzips entsprechen würde –, sondern mit ihrer spezifisch unterschiedlichen „Natur" bzw. „Beschaffenheit" (Kymlicka 1997: 10). Kymlickas diesbezügliches Argument lautet: Weitgehende kollektive Rechte und Unterstützungsmaßnahmen verdienen nur solche Kulturen, die in der Lage sind, die individuelle Autonomie ihrer Mitglieder zu fördern. Um diese Funktion zu erfüllen, müssen Gemeinschaften über eine „reiche und sichere kulturelle Struktur" verfügen (vgl. Kymlicka 1991: 165). Reichtum und Sicherheit einer Kultur ergeben sich dabei aus folgenden Faktoren: Ein objektiv sichtbares Institutionengefüge, eine gemeinsame Sprache und die Lokalisierbarkeit der Kultur in einem abgegrenzten Territorium (Kymlicka 1997: 76 ff). Dies treffe auf „nationale Minderheiten" zu, aber nicht auf „ethnische Gruppen".

Nun sind bereits die gewählten Kriterien ziemlich fragwürdig. Weder gibt Kymlicka eine präzise Definition an, noch klärt er die Frage ihrer Gewichtung (Frank 1998: 402, 414 f). Nehmen wir einmal das Beispiel des Territoriums: Hier schwankt Kymlicka unentwegt zwischen geographischer Konzentration und nationalstaatlicher Grenzziehung, wobei unklar bleibt, ob ein eigenständiges Territorium überhaupt eine unverzichtbare Voraussetzung für eine „sichere und reiche" Kultur ist. Zu denken wäre hier an nomadisierende Kulturen und Völker, deren kulturelles Selbstverständnis gerade darauf beruht, ohne territoriale Festlegungen auszukommen.

Ähnliche Probleme ergeben sich aus der gemeinsamen Sprache. Hier bleibt zunächst offen, was mit „Sprache" eigentlich gemeint ist (vgl. Kymlicka 1997: 218, Fn. 29); nicht nur etablierte Kultursprachen, sondern auch Dialekte sind gemeinschaftsfördernd. Unabhängig davon ist nicht einzusehen, weshalb der Sprache ein derart relevanter Stellenwert zur Definition einer Kultur zugeordnet werden sollte. Unterschiedliche Sprachen schaffen nicht notwendiger Weise distinkte Kulturen oder Lebenszusammenhänge; jedenfalls dann nicht, wenn diese Sprachgemeinschaften wie in der Schweiz durch eine gemeinsame Geschichte verbunden sind. Ebenso wenig führt eine gemeinsame Sprache zu einer gemeinsamen Kultur, wenn sich die Gruppen, wie im Fall der Amish in den USA, durch religiöse und ethische Traditionen fundamental unterscheiden.

Wenn also weder Sprache noch Territorium für sich allein hinreichende Kriterien darstellen (vgl. auch Kymlicka 1997: 218, Fn. 29), woran will Kymlicka dann die Grenze einer bestimmten partikularen Kultur zu einer anderen bestimmen? Wer gehört eigentlich zu welcher Kultur, und wer nicht? Für Kymlicka, der ein Konzept kultureller Minderheitenrechte zu entwickeln beansprucht, das die Chancengleichheit zwischen kulturellen Gemeinschaften gewährleisten soll, sind solche Zuordnungsfragen nicht nur unausweichlich, sondern auch in normativer Hinsicht unumgänglich. Nicht nur an den Rändern einer Kultur, sondern auch im Hinblick auf Mischehen, Konversionen und geographische Mobilität (Frank 1998: 403). In diesen Fällen führt jede falsche Gruppendefinition zwangsläufig zu illegitimen Härten und Ungleichheiten (vgl. Offe 1996: 36 f). Eine zu „weit" gefasste Gruppendefinition birgt das Risiko, eine Vielfalt unterschiedlicher Menschen durch juristische Kategorisierung gegen ihren Willen zu homogenisieren, was mit dem Prinzip der freiwilligen Vergemeinschaftung kollidiert. Basieren umgekehrt die politischen Maßnahmen auf einer zu „engen" Gruppendefinition, dann werden Subkulturen und Personen unberechtigterweise von den ihnen zustehenden Kompensationsmöglichkeiten ausgeschlossen, also im Extremfall doppelt diskriminiert.

Kymlicka erliegt hier den klassischen Problemen und Unwägbarkeiten jeder nationalistischen oder ethnischen Einordnung menschlicher Individuen, die bereits von Ernest Gellner (1995) und Eric Hobsbawm (1998) detailliert diskutiert wurden. Ohne Zweifel sind Sprache, Religion, Institutionen und Territorium kollektive Güter, in denen sich reale Zugehörigkeiten manifestieren und stabilisieren; und mit Sicherheit stiftet jedes einzelne dieser Kriterien Gemeinsamkeiten, die im makropolitischen Maßstab zur Herausbildung von Nationen und ethnischen Gruppen wirksam werden können und konnten. Aber: Keine einzige dieser „protonationalistischen" (Hobsbawm 1998: 59) Spielarten von Zugehörigkeit kann als „notwendig" oder konstitutiv bei der Definition der kulturellen oder nationalen Identität betrachtet werden (Gellner 1995: 74).

Kritikwürdig an dieser ethnonationalistischen Merkmalspflege ist nicht nur die empirische Schwäche der Kriterien, sondern der Versuch Kymlickas, diese historisch kontingenten Gegebenheiten zur Legitimation von Rechten heranzuziehen. Der Grund der Unterscheidung ist ja kein rein deskriptiver, sondern es geht Kymlicka darum zu zeigen, warum bestimmte Merkmale der nationalen Minderheiten es rechtfertigen, Rechte auf Selbstverwaltung und Selbstbestimmung zuzugestehen, die den ethnischen Gruppen verweigert werden. Offe hat diese problematische Argumentationsstrategie von Kymlicka zurecht als „soziologischen Realismus" (Offe 1996: 38) kritisiert und damit zugleich auf die normative Gehaltlosigkeit hingewiesen (vgl. Frank 1998: 414).

Noch nicht einmal die liberale Pointe von Kymlickas Mitgliedschaftstheorie, der Beitrag einer Kultur zum individuellen Wohlergehen, kann diese Kriterienauswahl unterstützen. Anstelle dessen tritt die Ambivalenz der kulturellen Zugehörigkeit und ihrer unfreiwilligen „formativen Effekte" in den Vordergrund, die gerade dann am sichtbarsten ist, wenn eine kulturelle Gruppe über eine institutionell verfestigte Homogenität verfügt (Gerdes 1996: 65; Kukathas 1992a; 1992b; Lukes 1974: 24; Offe 1996: 36, 39 f; Waldron 1999).

Das einzige normativ relevante Kriterium in Kymlickas Unterscheidung ist die Frage nach der Freiwilligkeit des Minderheitenstatus. Erstaunlich ist nun die Leichtfertigkeit, mit der Kymlicka Migration und Freiwilligkeit gleichsetzt (Brunner und Peled 1998: 380; Frank 1998: 408 ff; Gerdes 1996: 66 f; Kymlicka 1997: 15, 95 f). Vor dem Hintergrund der Wertthese, in der Kymlicka selbst auf die enormen Kosten und Nachteile hingewiesen hat, die mit einem Verlust der eigenen Herkunftskultur verbunden sein können, ist vollends unverständlich, weshalb er gleichzeitig annimmt, dass Menschen dies ohne ersichtlichen Zwang in Kauf nehmen. Biographische Brüche und Unsicherheiten, Artikulationsprobleme, soziale Deklassierung durch ein fremdes Statussystem und die Nichtanerkennung von Bildungs- und Berufsabschlüssen, der Verlust relevanter Netzwerke, oft auch der Verlust von Rechtsansprüchen; all dies sind Nachteile, die nur dann akzeptiert werden, wenn das Verbleiben im Herkunftsland die eindeutig unvorteilhaftere Alternative darstellt. Dies gilt nicht nur im Fall von Flüchtlingen und Asylbewerbern, sondern auch für so genannte „Wirtschaftsflüchtlinge", die sich aufgrund materieller Zwänge genötigt sehen, ihr Herkunftsland zu verlassen.

Noch unverständlicher ist nun Kymlickas weiterführende Interpretation, dass ethnische Gruppen mit ihrer Migrationsentscheidung freiwillig auf spezielle

Förderungsmaßnahmen im Aufnahmeland verzichten. Das rege Leben von Migrantennetzwerken selbst widerlegt diese Idee (Castles und Davidson 1999; Cohen 1987; Hannerz 1996; Pries 1998a; 1998b; Rex 1996). Eine Migrationsentscheidung als solche dokumentiert weder Abscheu gegenüber der Herkunftskultur noch die Bereitschaft, diese aufzugeben. Denjenigen, die bereit sein mögen, ihre Herkunft abzustreifen, steht eine große Zahl von Menschen gegenüber, die emigriert sind, um in ihrer eigenen Kultur leben zu können.

Die Fehlerhaftigkeit dieser Unterscheidung zwischen nationalen Minderheiten und ethnischen Gruppen zeigt sich wohl am deutlichsten an den ungerechten Konsequenzen, die mit ihrer Verwirklichung verbunden wären: einer eindeutigen Benachteiligung von Migrantengruppen, obwohl diese nicht nur im Verhältnis zur Mehrheit, sondern auch zu territorial und organisatorisch stärkeren nationalen Minderheiten erheblich im Nachteil sind. Diejenigen, die am meisten unter dem Verlust ihrer kulturellen Bezüge leiden, weil weniger politische Zusammenhänge im Einwanderungsland existieren, werden durch dieses Schema zusätzlich diskriminiert (Gerdes 1996: 62). Gewinner wären die nationalen Minderheiten, deren Charakterisierung darauf schließen lässt, dass sie aufgrund ihrer institutionellen Mittel und Organisationsfähigkeit über genügend Macht verfügen, um ihren eigenen Status gegenüber der Mehrheit abzusichern. Kymlickas Multikulturalismus würde so zu einer Privilegierung politisch starker und durchsetzungsfähiger Gruppen führen, deren Förderungsbedürftigkeit angesichts der bestehenden Machtpotenziale in Zweifel gezogen werden muss.

2 Identität statt Differenz. Zu den grundbegrifflichen Aporien des Mainstream-Multikulturalismus

2.1 „A condensed concept of culture-in-society": Zum totalitätsorientierten Kulturbegriff des Multikulturalismus

Im Zentrum der vorangegangenen Auseinandersetzung stand der „kommunitaristische Fehlschluss", eine Argumentationsfigur, die sich durch den illegitimen Schluss vom konstitutiven Primat der kollektiven Identität auf den normativen Vorrang der Gemeinschaft auszeichnet. Er resultiert aus dem kommunitaristischen Affekt gegen jede theoretische Abstraktion und folgt dem Anspruch auf eine grundsätzliche Kontextualisierung der Sozialtheorie. In politischer Hinsicht äußert sich dies im Versuch, die liberale Fragmentierung des sozialen Kontextes in Ethos, Ethnos und Demos wieder rückgängig zu machen. Methodologisch wird dieses Unterfangen durch ein leidenschaftliches Plädoyer für eine hermeneutische Herangehensweise unterstützt. Der politische und der methodische Kontextualismus begünstigen sich gegenseitig.

In moraltheoretischer Hinsicht versucht der Kontextualismus, die Grundsätze einer praktischen und politischen Situationsbeurteilung nicht aus Prinzipien zu gewinnen, sondern aus dem Selbstverständnis der Akteure selbst zu erschließen (Reese-Schäfer 1993: 307). Darin folgen die Kommunitaristen der hermeneutischen Wissenschaftskritik, die einer Übernahme der Teilnehmerperspektive den Vorzug vor der reinen Observanz gibt (Alexander 1990: 3 ff): im Unterschied zur Natur liege der Eigensinn der Kultur (als einer sozial strukturierten Wirklichkeit) in den Erzeugungsregeln, mit deren Hilfe die Subjekte ihren gesellschaftlichen Lebenszusammenhang hervorbringen. Deshalb kann der „Sinn" dieser kulturellen Phänomene nicht aus einer rein äußeren Betrachtung erschlossen werden.

Beschränkt sich der Wissenschaftler auf die reine Beobachtung von Tatsachen, dann nimmt er nur die physischen Substrate der sozialen Welt wahr, ohne sie zu „verstehen". Das Verstehen hingegen erfordert die Rekonstruktion der „Bedeutung", wie sie die Akteure diesen Phänomenen zuschreiben. Hierzu muss sich der Sozial- und Kulturwissenschaftler auf die Innenperspektive der beteiligten Akteure einlassen, die im Rahmen von Kommunikation und Interpretation ihre kulturelle Wirklichkeit erschaffen. Die „Lebenswelt" öffnet sich nur demjenigen, der sich auf das vortheoretische Wissen ihrer Angehörigen einlässt. Sozial- und kulturwissenschaftliche Tätigkeit erfordert eine „performative Einstellung" zu ihrem Gegenstand, um das „Verstehen" zu ermöglichen. Sinnverstehen ist gleichsam der privilegierte Erfahrungsmodus der Angehörigen einer bestimmten Lebenswelt (dazu Habermas 1981/1988a: 152 ff).

So konstruktiv die hermeneutische Kritik an der reinen Observanz ist, als so problematisch erweist sich doch das schiere Beharren auf der „performativen Einstellung", sobald diese Perspektive zum einzigen wissenschaftlichen Standpunkt erhoben wird. Denn sie versagt dem Interpreten die kritische Distanz gegenüber den Gegebenheiten und führt zum schlichten Fürwahrhalten des Bestehenden.

Unter Bedingungen von Identitätskämpfen wird dieses Dilemma besonders virulent. Damit Gruppen voneinander unterscheidbar und ihre Ansprüche durchsetzungsfähig werden, müssen sie danach streben, die Kontingenz und Willkürlichkeit ihrer kulturellen Identitäten zu verschleiern und stattdessen Einmaligkeit und Ursprünglichkeit simulieren. Diese teils strategisch-rationale, teils aber auch internalisierte Essentialisierung der eigenen Kultur wäre von Seiten der Wissenschaft kritisch zu hinterfragen. Kontextualistisch orientierte Interpretationsmodelle legen jedoch nahe, die Essentialisierungen der Akteure kritiklos wiederzugeben. So wird trotz besseren Wissens um die Konstruiertheit der Identitäten die alltagsweltlich geglaubte Substantialität übernommen und verstärkt.

Die einseitige Orientierung der Multikulturalisten am essentialisierenden Wunschdenken der Betroffenen stellt die Weichen für einen Kulturbegriff, der durch Totalitätsvorstellungen geprägt ist. Damit reihen sich die Multikulturalisten aller methodischen Unterschiede zum Trotz in die Tradition der amerikanischen Sozialwissenschaftler ein, die in der ersten Hälfte des 20. Jahrhunderts im Anschluss an Edward B. Tylor (1871) den nachkolonialen Rahmen der Interpretation absteckten (vgl. Wicker 1998). Auch sie pflegen einen Zugang zum Bereich kultureller Normativität, durch den Werte, Institutionen, Praktiken und individuelle Handlungsorientierungen einander gleichgesetzt werden (Cohen 1993), und beschränken Kultur auf den Bereich der „verkörperten" bzw. institutionalisierten Wertvorstellungen. Außen vor bleiben dagegen alle nicht durchgesetzten kulturellen Narrative. So wird die Vielfalt und Heterogenität kultureller Sprachspiele auf in sich geschlossene, homogene Gemeinschaften reduziert; Sinngrenzen werden als Kollektivgrenzen gefasst. Diese begriffliche Identifikation von Kultur und Gesellschaft hat bereits Talcott Parsons als „condensed concept of culture-and-society" kritisiert und zurückgewiesen (Parsons und Kroeber 1958).

Für den begrifflichen und politischen Zugang zur Differenz ist dies folgenschwer. Der homogenitäts- und totalitätsorientierte Kulturbegriff reduziert Differenz auf die Vielfalt *zwischen* kulturellen Kollektiven, ohne die Heterogenität *innerhalb* dieser ausreichend zu berücksichtigen. Multikulturelle Gesellschaften in diesem Sinne sind lediglich „Gruppengesellschaften" (Reese-Schäfer 1996b), eine Multiplizierung mehrerer „Mono"-Kulturen, „die jeweils als vorausgesetzte Einheit von Personengruppe, homogenem Sinnhorizont, gemeinsamer Lebensform und einer Selbstidentifizierung als Kollektiv gegenüber anderen Kollektiven einander gegenüberstehen" (Reckwitz 2001: 183).

In politischer Hinsicht gibt es kein Jenseits der bestehenden Praktiken, keinen Standpunkt, von dem aus die eigene Kultur kritisch hinterfragt werden könnte. Dies reduziert letztlich die Auseinandersetzung mit Kultur auf ihre bloße Deskription. So bleibt jede kommunitaristische Wertinterpretation im besten Fall „entweder konservativ oder leer" (Cohen 1993: 1018), im schlimmsten Fall führt sie zur kritiklosen Reproduktion von ideologischen und strategischen Interessen im Kampf um Anerkennung. Denn indem der reine Kontextualismus jede kritische Infragestellung methodisch immunisiert, wird alles ausgeblendet, was von außen auf die soziokulturelle Lebenswelt einwirkt. Der Multikulturalismus verfällt damit dem „hermeneutischen Idealismus" (Habermas 1981/1988b: 182 ff), der die Gruppenegoismen durch eine nachträgliche wissenschaftliche Weihe legitimiert und zu ihrer Verfestigung beiträgt.

2.1.1 Der Kulturbegriff von Charles Taylor

Eine Kritik am kulturtheoretischen Vorverständnis der Multikulturalisten muss bei Charles Taylor beginnen, da dessen Anerkennungsmodell auf einer komplexen Anthropologie und Kulturtheorie basiert, wie sie bei den anderen Protagonisten des Multikulturalismus nicht zu finden ist. Inspiriert von der modernen Phänomenologie und Hermeneutik betrachtet Taylor das Sinnverstehen als konstitutive Bedingung menschlichen Handelns.

Konzeptioneller Ausgangspunkt ist die Idee vom Menschen als einem „self-interpreting animal" (Taylor 1985e): Erst im Vollzug der Sinn- und Bedeutungszuschreibungen findet das Subjekt zu einem Verständnis seiner selbst. Nur indem wir den Dingen einen Sinn zuschreiben, bestimmen wir uns als handlungs- und zurechnungsfähige Persönlichkeiten im empathischen Sinne des Wortes:

> „An agent can be a respondent, because things matter to it in an original way. What it responds out of is the original significance of things for him" (Taylor 1985b: 99).

Damit distanziert sich Taylor deutlich von jedem strategischen Rationalitätsbegriff. Das Zentrum der menschlichen Persönlichkeit liegt für ihn nicht in der instrumentellen Kompetenz zur Zweck-Mittel-Reflexion, sondern in der Offenheit für „certain matters of significance" (Taylor 1985b).

Zugleich weist er die Perspektive des moralischen Universalismus zurück, die seiner Ansicht nach den Begriff der moralischen Person auf das allgemein Menschliche reduziert. Ganz bewusst spricht Taylor weniger von Identität als vielmehr von „Authentizität" - ein Begriff von Johann Gottfried Herder, den er zusammen mit dessen romantischer Kritik an Kants Persönlichkeitskonzept übernimmt. Im Gegensatz zur Kant'schen Persönlichkeit, die durch die Fähigkeit zur vernünftigen Zwecksetzung definiert wird - also eine Kompetenz, die allen vernunftbegabten Subjekten gemeinsam ist –, hebt Identität als Authentizität die spezifische Originalität und Einzigartigkeit der Person hervor:

> „There is a certain way of being human that is *my* way. I am called upon to live my life in this way, and not in imitation of anyone else's. But this gives a new importance to being true to myself. If I am not, I miss the point of my life, I miss what being human is for *me*" (Taylor 1991: 28 f).

Authentizität und konstitutive Bedeutungszuschreibung werden nun im Begriff der „starken Wertungen" zusammengeführt (Taylor 1985e:65 ff; 1985g: 15 ff). Bei diesen „strong evalutions" oder „second-order desires" handelt es sich um moralische Bewertungen, die auf die Differenz zwischen dem „richtigen", also „authentischen" gegenüber dem „verfehlten", bloß „nachgeahmten" Leben bezogen sind. Das Entscheidende an diesen moralischen Urteilen ist für Taylor, dass sie nicht Resultate einer subjektiven bzw. existenzialistischen Wahl sein können (Taylor 1985g: 29 ff). Starke Wertungen setzen die Vorgängigkeit eines normativen Horizonts voraus: „the existence of a pre-existing horizon of significance, whereby some things are worthwhile and others less so" (Taylor 1991: 38). Unter diesem sicheren „Hintergrundwissen" versteht die hermeneutische Tradition ein System von Unterscheidungen und Sinnmustern, aus denen der Einzelne seine Sinnsetzungen schöpft, in den Worten Taylors „sources of authenticity" (Taylor 1991: 25 ff) oder „sources of the self" (Taylor 1989), die als übersubjektive „Gegebenheiten" oder auch „größere Ordnungen" in unsere praktische Vernunft hineinragen.

Nun liegt bereits in dieser Betonung des normativen Primats der Traditionsbestände und Wertorientierungen die problematische Tendenz, die Sinnsetzungen des Einzelnen auf den bloßen Nachvollzug des Gegebenen und Bestehenden zu reduzieren. Um diesen Umschlag in den Primat einer normativen Substanz zu vermeiden, stellt Taylor die Sprache in den Mittelpunkt seiner Wert- und Kulturtheorie. Das „self-interpreting animal" ist immer ein „language animal", das sich erst im Vollzug seiner Sprechakte realisiert (Taylor 1985d: 233, 216). Wenngleich auf Basis kultureller Gegebenheiten generiert, werden alle Setzungen und Zuschreibungen sprachlich verflüssigt und somit intersubjektiv reflektiert. Allerdings schränkt Taylor selbst diese kritischen und partizipatorischen Aspekte des Sprachspiels durch seine holistische Konzeption desselben wieder ein. Das Sprachspiel ist für ihn ein Ganzes, ein „Gewebe" (the web), in dem alle Teile aufeinander bezogen sind (Taylor 1985d: 231). Kultur als Sprachspiel ist ein in sich kohärentes Geflecht aus verschiedenen Wissensbeständen und Symbolsystemen, das durch die Individuen konsensuell bestätigt wird. Entsprechende Formulierungen wie „some substantive agreement on value" oder „a sufficient intellectual homogeneity" (Taylor 1991: 52) belegen diesen unterstellten normativen Konsens.

Vor diesem Hintergrund erklärt sich Taylors Affekt gegen jede Subjektivierung und Diversifizierung, die er vorschnell als „Problem" pathologisiert. Für ihn stellt sich die Geschichte der Menschheit, die er in *Sources of the Self* in dekadenztheoretischer Manier nachzeichnet, als eine Geschichte des Wertverlusts und des Zusammenbruchs kohärenter, homogener Wissenshorizonte dar. Insbesondere der moderne Individualismus fördere einen „moral subjectivism" (Taylor 1991: 18 f, 21 f, 55 ff) und „anthropocentrism" (Taylor 1991: 68), der auf Dauer zur Zerstörung des menschlichen Eingebundenseins in eine „kosmische Ordnung" führt. Während sich der vormoderne Mensch noch als Teil in der „großen Kette des Seins" erleben durfte, gesichert und gefestigt durch die hierarchische Ordnung und die darin enthaltenen Bedeutungen und Anweisungen (Taylor 1991: 3), sieht sich der moderne Mensch zunehmend auf seine subjektiven Zwecke und Neigungen zurückgeworfen (Taylor 1991: 4 ff, 19 ff). Die auch von Taylor beschworenen Folgen dieser Entwicklung sind uns aus konservativen Modernitätskritiken hinreichend bekannt: der moderne, vereinzelte Mensch kreist nunmehr atomisiert um sich selbst, verdammt zu einer narzisstischen, Ich-bezogenen Existenz (Taylor 1991: 4 ff).

Abhilfe für diese besorgniserregende Situation der modernen Kultur kann nur die politische Wiederherstellung der ursprünglichen Einheit von Individuum und Kollektiv leisten (Taylor 1991: 2, 7, 10 f, 13). Entsprechend beschränkt sich Taylor in seinem Rekurs auf Herder nicht nur auf dessen ganzheitliche Sicht kultureller Wissensbestände, sondern er teilt auch dessen Kritik an Kants Trennung von Kultur und Gesellschaft. Wie Herder will auch Taylor diese Trennung dadurch überwinden, dass Kultur immer auf die konkrete Lebensform eines Kollektivs bzw. „eines Volkes" bezogen wird (vgl. Taylor 1993: 20). Kulturelle Deutungsmuster werden deshalb mit der konkreten politischen Gemeinschaft kurzgeschlossen:

„Common meanings are the basis of community. Intersubjective meaning gives *a people* a common language to talk about social reality and a common understanding of social norms (...). These are objects in the world that everybody shares. This is what makes community" (Taylor 1985c: 39, Herv.v. A.B.).

Hier bringt Taylor Parsons' „condensed concept of culture-and-society" exemplarisch auf den Punkt: Kulturen sind konkrete, nach außen abgegrenzte, politisch institutionalisierte Lebensformen, d. h. „eine Gesellschaft mit ausgeprägten kollektiven Zielsetzungen" bzw. mit „besonderem Charakter", deren Fortbestand um ihrer selbst willen angestrebt wird (Taylor 1993: 53, 55). Normative Aussagen wie: „Es gibt *andere* Kulturen, und *wir* müssen mit ihnen zusammenleben" (Taylor 1993: 70, Herv. v. A. B.) beziehen sich ganz offensichtlich nicht auf symbolische Sprachspiele, sondern können nur vor dem Hintergrund einer verfestigten Innen-Außen-Grenzziehung zwischen konkreten sozialen Gruppen verstanden werden. Die Grenzen zwischen kulturellen Wissensvorräten werden mit den Grenzen zwischen konkreten Personengruppen identifiziert, wobei davon ausgegangen wird, dass einzelne Personen oder Gruppen immer „Träger eines und nur eines Sinnhorizontes" sind (Reckwitz 2001: 183).

2.1.2   Der Kulturbegriff von Michael Walzer

Unter den genannten Autoren geht Michael Walzer noch am stärksten auf kritische Distanz zur politischen Romantik des Kommunitarismus. Nicht ohne Grund betrachten viele Autoren seinen Ansatz als scharfe Kritik am Mythos von der „Stammesgemeinschaft", den er als Annäherung an Dogmatismus und Nationalismus entlarvt (Reese-Schäfer 1994: 161 ff; Walzer 1992: 115 ff; 1996: 86 ff). Dies zeigt sich deutlich an seiner im Unterschied zu Taylor explizit konflikttheoretischen Version des Sprachspiels. Weil Kultur immer als konkretes Gespräch, als „Rede von Vielen, von vielen Tatsächlichen" gedacht wird (Walzer 1990: 58), besteht sie nicht nur aus Zuspruch, sondern gerade auch aus dem Einspruch und dem Widerspruch anderer, womit sich das kritische Potenzial des Sprachspiels entfaltet.

Trotzdem steht auch bei Walzer das hermeneutische Modell kultureller Gemeinsamkeit und Gemeinschaftlichkeit im Zentrum seiner sozialtheoretischen Grundlegung. Das sichere moralische „Zuhause" der „Zeichenbenutzer", d. h. die schlicht gegebene, uns „vertraute" „moralische Welt", muss trotz aller Konflikte gewährleistet bleiben (Walzer 1990: 14, 22). Auf Dauer soll der Kampf um Anerkennung nicht zur Spaltung, sondern vielmehr zu einer Beziehung zwischen „vertrauten Gegenspielern" führen. Die Auseinandersetzung ist letztlich ein „Ritual der Einheit" (vgl. Walzer 1992: 195).

Dieses Anliegen führt bei Walzer zu Konsensunterstellungen, die weder mit seiner konflikttheoretischen Sicht auf Kultur vereinbart werden können, noch mit seinem Wissen um die Gefahren, die mit den kommunitaristischen Gemeinschaftssehnsüchten verbunden sind. Deutlich wird dies im Kontext seines güterethischen Pluralismus: Wenngleich Walzer in *Sphären der Gerechtigkeit* (Walzer 1998) für den Eigensinn einer Vielfalt von „Gütern", „Distributionsverfahren, Distributionsagenten und Distributionskriterien" eintritt, die einen „singulären Zugangspunkt" zu Fragen der Verteilungsgerechtigkeit im Vorab ausschließen (Walzer 1998: 27), herrscht innerhalb der Sphären ein unbegründetes Einvernehmen zwischen den Akteuren über die Verteilung von Gütern und Chancen. Die Existenz „gemeinschaftlicher Bedeutungen" und eines „gemeinschaftlichen Verständnis von den Dingen" wird fraglos unterstellt (Walzer 1996: 43 ff; 1998: 32, 61).

Diese Prämisse begründet sich auch bei Walzer durch die Identifikation von subjektiven Wertungen mit gesellschaftlichen Institutionen und Praktiken (Cohen 1993). So nimmt er schon den schieren Gehorsam der Gesellschaftsmitglieder gegenüber den institutionalisierten Werten als Beleg für ihre normative Zustimmung, ohne zu berücksichtigen, dass Gehorsam gegenüber einer politischen Ordnung viele Gründe haben kann: Angst, Desinteresse, Selbstinteresse, mangelndes Wissen über Alternativen etc. sind ausreichende Motive, mit den bestehenden Verhältnissen seinen Frieden zu machen, ohne einem normativen Konsens zu folgen. Nur im Fall der moralischen (Selbst)-Verpflichtung scheint es korrekt zu behaupten, dass die Mitglieder die in der Gesellschaft verkörperten Werte teilen (Cohen 1993: 1014).

Walzer braucht offensichtlich den Rückhalt in dieser systematisch inkonsistenten Gemeinschaftlichkeit als Notbehelf, um die Risiken des konfliktären Pluralismus in Grenzen zu halten. Ohne diesen Rückgriff auf eine Art Kollektivbewusstsein bliebe nur noch ein prozeduraler Begriff von Integration, die einzig durch die Partizipation an Verhandlungen hergestellt werden könnte. Dies wäre freilich ein Eingeständnis gegenüber der Überlegenheit des prozeduralen Universalismus und würde das ganze Konzept einer kommunitaristischen Liberalismuskritik unterlaufen. Trotz aller konflikttheoretischen Vorsprünge gegenüber Taylor überwiegt am Ende doch die „kommunitaristische Sehnsucht" (Rössler 1993) nach der kollektiven Einheitlichkeit - ohne jeden Hinweis, wie im Konfliktfall die Integration ohne einheitsstiftendes Substrat stattfinden soll.

Virulent wird dieses durchweg vormoderne Modell von Gemeinschaftlichkeit nicht zuletzt durch die Analogie zwischen politischer Gemeinschaft und „nationaler Familie" (Walzer 1998: 77 ff), mit der Walzer in die Nähe einer ethno-nationalistischen Semantik rückt, die sich schon in Taylors Volksbegriff abzeichnete:

„Zulassung und Ausschluss sind der Kern, das Herzstück von gemeinschaftlicher Eigenständigkeit. Sie sind es, die der Selbstbestimmung ihren tieferen Sinn verleihen. Ohne sie gäbe es keine spezifischen Gemeinschaften, keine historisch stabilen Vereinigungen von Menschen, die einander in einer speziellen Weise verbunden und verpflichtet sind und die eine spezielle Vorstellung von ihrem gemeinsamen Leben haben" (Walzer 1998: 106).

Politische Mitgliedschaft wird hier mit kultureller Zugehörigkeit gleichgesetzt, womit das Modell Walzers hinter die liberale Idee vom Bürger als souveränem Inhaber politischer Rechte zurückfällt (Ellrich 1993).

2.1.3 Der Kulturbegriff von Will Kymlicka

Im Unterschied zu Taylor und Walzer zeigt Kymlicka nur wenig Interesse an einer Kulturtheorie. Stattdessen richtet er seine Aufmerksamkeit auf die Konflikte zwischen bestehenden kulturellen und ethnischen Gruppen. Dennoch finden sich auch bei ihm Spuren einer inneren Auseinandersetzung mit dem Kulturbegriff, die sich in einem terminologischen Wechsel von einem differenzorientierten zu einem totalitätsorientierten Verständnis kultureller Identität niederschlägt.

Anfänglich geht Kymlicka auf Distanz zum Kollektivismus des reinen Identitätsarguments, was sich in *Liberalism, Community, and Culture* (1991) in der strikten Unterscheidung zwischen der „kulturellen Struktur" (cultural structure) und dem „Charakter" einer Kultur (character of culture) äußert (Kymlicka 1991: 165 ff). Der Begriff „kulturelle Struktur", mit dem Kymlicka an Dworkins liberales Argument für die Notwendigkeit kultureller Traditionen und Institutionen anschließen wollte (Dworkin 1985: 228, 231), bezeichnet gemeinsame kulturelle Hintergrundbedingungen - wie Sprache und Geschichte –, die den unverzichtbaren Kontext individueller Entscheidungen (context of choice) darstellen. Im Unterschied dazu umfasst der „kulturelle Charakter" konkrete Normen, Werte und Institutionen; er ist nicht die Voraussetzung, sondern das Resultat von Entscheidungen (choices) (Kymlicka 1991: 165 ff).

Man fühlt sich nicht zufällig an die Differenz zwischen Form und Inhalt erinnert, und eben diese Assoziation lässt zumindest ahnen, was Kymlicka mit diesem Begriffspaar intendierte: ein Verständnis von Kultur zu entwickeln, das Wandel und Identität gleichermaßen ermöglicht und damit nicht mit den politischen Prinzipien des Liberalismus kollidiert. Während sich der „Charakter" permanent und auch in dramatischer Weise verändern kann, bleibt die „Struktur" erhalten.

Durch die Einschränkung der Stabilität und Identität auf den Bereich der kulturellen Struktur wollte Kymlicka sich zunächst von dem konservativen Nativismus bestimmter Kommunitaristen absetzen, insofern diese wie Taylor und Sandel mit einer „politics of the common good" die Züchtung eines partikularen Nationalcharakters beabsichtigen (Kymlicka 1991: 74 ff; 1997: 91). Als Liberaler wollte Kymlicka dagegen lediglich die Struktur als Möglichkeit und Option unterstützen, so dass eine fortwährende Veränderung von kulturellen Inhalten und Traditionen ermöglicht bleibt und der freie Gestaltungswille der Gruppenmitglieder in die Begründungsstrategie integriert ist. Davon versprach er sich eine emanzipatorische Version der Kultur als Freiheitsressource, die sich der pauschalen Kritik der Liberalen am Multikulturalismus entgegenstellen ließ: Kultur und Freiheit könnten auch dann eine Verbindung eingehen, wenn sich die Gesellschaft nicht als primordiale, homogene, in sich geschlossene Gemeinschaft darstellt.

Später, in *Multicultural Citizenship* (1997), verliert das Begriffspaar Struktur versus Charakter seinen prominenten Platz. Der Begriff „kulturelle Struktur" wird aufgegeben und zunächst durch die Formel „the culture itself" bzw. „the culture as a distinct society" (Kymlicka 1997: 105) ersetzt. Die klärende Assoziation zum Gegensatz von Struktur und Inhalt entfällt damit. Weil jedoch „the culture itself" letztlich zu unklar und unbestimmt ist, wird dieses terminologische Vakuum später durch einen neuen prominenten Kulturbegriff gefüllt: den Begriff der „sozietalen Kultur".

Dieser Wechsel führt nun mit bemerkenswerter Klarheit zur Einschränkung des Kulturbegriffs auf konkrete Institutionen und Praktiken: Als sozietale Kulturen werden solche verstanden, „whose practices and institutions cover the full range of human activities, encompassing both public and private life. These societal cultures are typically associated with national groups" (Kymlicka 1997: 75). Diese Konfundierung von Kultur und nationaler Gemeinschaft wird an anderer Stelle auf den Punkt gebracht:

> „I am using ‚a culture' as synonymous with ‚a nation' or ‚a people' - that is an intergenerational community, more or less institutionally complete, occupying a given territory or homeland, sharing a distinct language and history" (Kymlicka 1997: 18).

Damit erfolgt ohne Umschweife die Identifikation von Kultur, kollektiver Lebensform und konkreter Gemeinschaft.

2.2 Das Scheitern des totalitätsorientierten Kulturbegriffs

2.2.1 Kultureller Platonismus

Trotz unterschiedlichster Motive und Ausgangspositionen gehen alle genannten Autoren davon aus, dass Kultur als „Ganzheit", als „Totalität" gefasst werden kann, in der individuelle Sinnsetzungen, kulturelle Symbolsysteme und gesellschaftliche Institutionen zu einem „Wir" verschmelzen (Reese-Schäfer 1996b; auch Skinner und Staudacher 1996: 611 ff). Es scheint, als bedeute die Prägung aller Individuen durch gemeinsame Sprache und Kultur gleichsam eine Garantie für deren restlos erfolgreiche Verständigung (Joas 1996: 365).

Indem das kommunitaristische Modell der kulturellen Verständigung die interne Konflikthaftigkeit der Kultur ausschließt, erscheint Kultur und Identität gelegentlich nur noch als die historische Verkörperung fester, unveränderlicher kultureller Muster bzw. mythischer stabiler Kerne, die wie platonische Ideen jenseits des sozialen Wandels angesiedelt sind. Dieser „kulturelle Platonismus" (Giesen 1999: 19) lässt jede Einsicht in die Konstruiertheit kultureller Identitäten hinter sich und übernimmt anstelle dessen die Unterstellungen der beteiligten Akteure, ihre Kultur sei sicher, beständig und unveränderbar.

Der Konservatismus des multikulturalistischen Kulturbegriffs ist ein „Konservatismus aus Komplexität" (Luhmann, zit. in Marquard 1979: 385). Identität wird immer dann zum Thema, wenn die gesellschaftliche Einheit ihre Fraglosigkeit verliert. Identitätsdiskurse gelten in der Regel dem Versuch, das „Unverrückbare" oder „Natürliche" als Bollwerk gegen den kulturellen Wandel zu beschwören (Giesen 1996: 14). Hochkonjunktur hatte dieses Thema während der Romantik. Die romantische Suche nach der Gleichheit in der Verschiedenheit resultierte unmittelbar aus dem Gewahrwerden der zunehmenden Heterogenität der Gemeinschaftsbezüge. Die Idee der Gemeinschaftlichkeit suggerierte einen festen Boden für die freigesetzte Subjektivität. Man könnte auch sagen: Erst durch die sichernde Idee der Gemeinschaftlichkeit konnte sich die Vorstellung individueller Autonomie bilden und entfalten (Giesen 1999: 11).

Der zeitgenössische Multikulturalismus übernimmt diese kompensatorische Funktion des Diskurses über Kultur und kulturelle Identität: Je mehr in modernen, komplexen Gesellschaften Herkunfts- und Zukunftsfragen virulent werden, desto intensiver die Versuche, diesen Verlust von Sicherheiten durch wissenschaftliche Konstrukte auszugleichen (Böhme 1996; Marquard 1979). Das wundersame „Wir" fungiert als „Fixpunkt", der beschworen wird, wenn der Rückgriff auf Institutionen und Prozeduren nicht mehr den sicheren Halt verspricht (Reese-Schäfer 1996b: 633).

Es gibt ohne Zweifel das Bedürfnis nach kontinuierlicher Identität, nach einer kohärenten und konsistenten Geschichte, die als Synonym für die Suche nach dem „Sinn" im Leben betrachtet werden kann. Doch gerade wer sich der Idee des narrativen Selbstkonzepts verschreibt, der sollte die Vielfalt narrativer Identitäten und Selbstbeschreibungen adäquat wiedergeben (Fivush und Haden 2003; Holstein und Gubrium 2000; Rosenwald und Ochberg 1992). Es gibt viele Erzählformen, durch die Individuen und Gruppen zu einer eigenen oder gemeinsamen Geschichte gelangen und damit ihren „Sinn" im sinnlosen Kosmos konstruieren. Neben der „romantischen" Erzählung im Sinne des gelungenen Bildungsromans gibt und gab es immer die „tragische" Erzählung vom dauernden Scheitern aller Versuche; die „ironische" Form, in der die eigene Stellung permanent relativiert wird; die „satirische" Form, die schonungslos die Schwächen und Brüche der Identitätskonstrukte demaskiert; und schließlich die „humoristische" Form, in der das Leben zu einem offenen Spiel der Identitäten wird (Reese-Schäfer 1996b: 626 ff). Die Multikulturalisten scheinen jedoch nur die Romanze der Selbstsuche zu kennen. Die unausgesprochene Präferenz für eine bestimmte Erzählweise und Metaphorik verhindert im Vorab eine Auseinandersetzung mit den modernen Weisen, das Leben als Geschichte zu beschreiben.

Nicht nur für die individuelle Biographie ist die Vorstellung der in sich geschlossenen stabilen Ganzheit verfehlt. Die konzeptionelle Rückbesinnung auf eine Form von „Kollektivbewusstsein" (Durkheim 1992: 166 ff, 256 ff), das problemlos zur gesellschaftlichen Integration genutzt werden kann, orientiert sich an einem Gemeinschaftsbegriff, der weder den realpolitischen Problemen noch dem Stand der theoretischen Reflexion gerecht zu werden vermag (Vorländer 1995: 257 f). Gemeinschaftlichkeit wird hier weitgehend durch eine verklärte Vorstellung vormoderner, traditionaler Kleingruppenkohäsion geprägt, „an image of wholeness, completeness and integration (...) without any problematic conflict between the private and the public domain" (Holton und Turner 1989: 72), das als harmonieträchtiger Gegenentwurf zur fragmentierten Moderne fungiert.

Belege für diese unterstellte „analoge Selbigkeit" zwischen Individuum und Gemeinschaft (Pieper 1990: 90) in vormodernen Gesellschaften will Taylor durch seine „geisteswissenschaftliche Methode" herausarbeiten: Durch ausgewählte literarische und philosophische Autoren und Meinungen soll die kulturelle Kohärenz und Harmonie vergangener Epochen belegt werden. Diese äußerst selektive Rekonstruktion ausgewählter „Höhenkammtexte" basiert allerdings auf „seltsamen Generalisierungen, die ohnehin nur in den künstlich-gepflegten Gewächshäusern eines bestimmten philosophischen Diskurses lebensfähig waren" (Reese-Schäfer 1996b: 622 f).

Ethnologische und historische Studien liefern ein deutlich anderes Bild vom Zustand traditioneller Kulturen. Sie belegen die Heterogenität der „alten" Identitäten, die intern so differenziert sind, dass von kultureller Homogenität nicht die Rede sein kann (Diawara 1998; Shimada 1998; Wagner 1998). Eisenstadts historische Analysen zur Konstruktion kollektiver Identitäten im Mittelalter weisen in die gleiche Richtung. Er zeigt, dass Identitätskonstruktionen höchst konfliktäre Bildungsprozesse sind, geprägt von zwei zentralen Spannungspolen: Dem Konflikt zwischen primordial-partikular und religiös-universalistisch auf der einen Seite, der Spannung zwischen Politischem und Kulturellem auf der anderen Seite. Beides führt bereits im Mittelalter zu permanenten Konflikten (Eisenstadt 1996: 26, 31; Eisenstadt 2003: 333 ff).

Exemplarisch zeigt sich diese konfliktäre Dynamik bei der Herstellung der „großen Traditionen": Während die Träger in den dominanten kulturellen Zentren die Einverleibung der „kleinen" subkulturellen Interpretationen anstreben, wird diese Tendenz durch die stete Profanisierung der „großen" Tradition durch die Träger der „kleinen" Tradition in der Peripherie unterlaufen. Bereits die mittelalterliche Kultur muss als ein „konfliktträchtiges Arrangement" betrachtet werden, gekennzeichnet durch vielseitige Außenorientierung und innere Aufgliederung in eine Vielzahl semi-autonomer Zentren, Peripherien und divergierenden Interpretationen (Eisenstadt 1996: 27; 2003: 333 ff). Nicht homogene Stabilität, sondern Wandelbarkeit und Flexibilität sind die feststellbare Eigentümlichkeit traditionaler Gesellschaften: Die Traditionen, die das Fundament der historischen Identität bildeten, mussten wandelbar sein, sie durften gerade nicht in gelehrter Fixierung zum antiquarischen Wissen absinken, sondern mussten die Fähigkeit beweisen, permanent bei veränderter Lage umgeformt zu werden (Ehlers 1996: 88).

Diese interne Pluralität und Divergenz von Deutungen ist auch dann nachweisbar, wenn kleine Gemeinschaften mit hoher Kommunikationsdichte und ausgeprägter sozialer Kontrolle betrachtet werden. Amy Gutmann zitiert in einem anderen Zusammenhang Quellen, aus denen beispielsweise die chronische Uneinigkeit der Mormonen zur Frage der Polygamie hervorgeht (Gutmann 2001: 276 f). Diese Heterogenität lässt sich selbst in der Phase der größten Hingabe an die „Pflicht der Polygamie" (1856-57) aufzeigen, also kurz nachdem der Religionsgründer Joseph Smith die Polygamie als essenziellen Bestandteil mormonischer Gläubigkeit bezeichnet hat (Van Wagoner 1986). Obwohl die mormonische Religionsgemeinschaft gemeinhin als Inbegriff einer intern homogenen, kommunitären Kultur betrachtet wird (vgl. Bloom 1992: 91), lässt sich zu keiner Zeit ein singuläres, von allen geteiltes Verständnis dieser zentralen Frage ausmachen, weder heute noch zu irgendeiner anderen geschichtlichen Periode.

Offenheit und kultureller Wandel sind deshalb möglich, weil kulturelle Sprachspiele zu keinem Zeitpunkt fensterlose semantische Monaden waren (Geertz 1986: 262), sondern in sich fragmentierte und heterogene Gebilde, voller Konflikte und Widersprüche, offen und durchlässig gegenüber anderen, fremden Sprachen und Interpretationen. Unter diesen Gegebenheiten bestand und besteht für die Mitglieder einer Kultur immer die Möglichkeit und auch der Zwang, den eigenen kulturellen Horizont zu hinterfragen, zu erweitern und zu revidieren. Geertz' „possibility of quite literally, and quite thoroughly, changing our minds" verdankt sich gerade diesem Zwang zur permanenten Veränderung, zum Teil ausgelöst durch das Fremde und Andere von außen, doch viel häufiger verursacht durch die unvermeidbaren Risse und Fragmentierungen innerhalb des eigenen „Wir" (Geertz 1986: 264 ff).

Gerade die phänomenologische Soziologie hat gezeigt, dass die gemeinsame Wirklichkeit nie restlos gemeinsam ist, sondern das Gemeinsame ist immer zugleich durch die individuellen Perspektiven der Akteure differenziert. Insofern sind alle Gesellschaften und Gemeinschaften durch „sub-universes" (William James) oder „provinces of meaning" (Alfred Schütz) gekennzeichnet (vgl. dazu Luckmann 1979: 313). Homogenität ist die Ausnahme und nicht die Regel. Gemeinsamkeit und Kollektiv werden vielmehr durch „Ordnungen von Ab- und Ausgrenzungen innerhalb und zwischen diskursiv vielfältig konstituierten Kollektiven überlagert" (Wagner 1998: 50).

Die konzeptionelle Ignoranz gegenüber der Vielfalt und Andersheit ist nicht nur empirisch verfehlt, sondern auch politisch gefährlich. Mit der schlichten Verdopplung der gesellschaftlich implementierten Kultur wird das vorherrschende kollektive Verständnis distanzlos übernommen, wenngleich es sich hier lediglich um eine partikulare Interpretation jener gesellschaftlichen Gruppen handelt, die qua Definitionsmacht ihre spezifische Deutung nach außen als „die" Identität und Tradition darstellen können. Die institutionalisierte Interpretation ist oft die Interpretation der „Mächtigen", die aufgrund ihrer privilegierten Stellung in Sozialisations- und Bildungsinstitutionen die kollektiven Überzeugungen der Gemeinschaft formen (Gutmann 2001: 277). Indem der Multikulturalismus diese herrschende Interpretation als „authentisch" betrachtet, leistet er einen kritikwürdigen Beitrag zur Legitimation bestehender Ungleichheitsverhältnisse. Multikulturalismus tendiert deshalb nicht zuletzt dazu, die Vorherrschaft der dominanten kulturellen Eliten zu bestärken. Allen emanzipatorischen Ansprüchen zum Trotz werden reale Ungleichheitsverhältnisse mit nachträglichen Weihen versehen.

Zugleich belohnt jede multikulturalistische Identitätspolitik die Homogenisierungsleistungen dieser Eliten. Wenn Gruppen ihre Interessen umso erfolgreicher durchsetzen, je geschlossener sie gegenüber anderen auftreten, dann wird

damit die Tendenz der Eliten zur Durchsetzung einer widerspruchslosen Interpretation prämiert. Homogenisierung wird zum strategischen Vorteil, während
Gruppen, die offen gegenüber Heterodoxie und Vielfalt bleiben, systematisch
durch den Ausschluss von Sonderrechten „bestraft" werden. Die befürchteten
„internen Restriktionen" (Kymlicka 1997: 35 ff) gegenüber abweichenden Traditionen und Interpretationen werden vor diesem Hintergrund als rationale Investi-
tion gefördert. Der intendierte Schadensausgleich erzeugt letztlich erneute Diskriminierung, die beabsichtigte Freiheitsverbürgung schlägt um in ungewollten
Freiheitsentzug (Kukathas 1992a; 1992b).

2.2.2 Liberaler Nationalismus

Multikulturalismus als Theorie basiert auf der Idee homogener, in sich kohärenter kultureller Gemeinschaften; das politische Pendant dieser Vorstellung ist die
Idee von der nach außen abgeschlossenen, souveränen Nation. Das kollektivisti-
sche Verständnis von Kultur ist gleichsam verschränkt mit der politischen Programmatik des modernen Nationalismus (Benhabib 1999; Brunner und Peled
1998; Young 1998). Die Nation, präziser: die Kulturnation, ist das Paradigma, an
dem sich der Multikulturalismus programmatisch orientiert. Die Grundlage der
politischen Einheit sind immer gemeinsame Sprache und Geschichte, Traditionen und Erfahrungen. Sie konstituieren „lebendige Identifikationsgemeinschaf-
ten" mit „gemeinsamem Schicksal" (vgl. Taylor 2002: 25 ff, 150 ff).
    Mit dem Nationalismus teilt der Multikulturalismus die These, dass Ge-
meinsamkeiten wie Sprache, Religion, ethnische Herkunft, Geschichte usw., die
die Mitglieder einer Gruppe miteinander teilen, eine Einheit hergestellt haben,
die ihrerseits die Grundlage besonderer Selbstbestimmungsrechte sein soll. In
der Verbindung von kultureller Identität mit politischen Rechtsansprüchen imi-
tiert der multikulturalistische Diskurs die klassische Idee der „Volkssouveränität", in der das Zugeständnis von Rechten und Pflichten an die konkrete Gestalt
der „gewollten Nation" gebunden ist (Habermas 1996a; 1996b).
    Aufgrund dieser geistigen Verwandtschaft bezeichnet Iris Marion Young
den Multikulturalismus als „liberalen Nationalismus" (Young 1998): Zwar
stimmen die Multikulturalisten mit den Nationalisten darin überein, dass die
kulturelle Gemeinschaft durch besondere Bindungen zwischen den Angehörigen
gekennzeichnet ist, die ihrerseits Gegenstand und Grundlage besonderer Rechte
und Pflichten darstellen (Young 1998: 434), dennoch sei der Multikulturalismus
insofern „liberal", als die Autoren durchweg einen „rassisch" oder „völkisch"
begründeten Begriff der politischen Gemeinschaft ablehnen und anstelle dessen
die Unverzichtbarkeit liberaler politischer Institutionen wie Freiheit, Gleichheit

und politische Entscheidungsverfahren in den Blickpunkt setzten. Insofern sei die Einsicht in die Konstruiertheit aller Nationen und Kulturen durch menschliche Gestaltungsfreiheit konzeptionell anerkannt.

Allerdings gibt es gute Gründe, diese Liberalität in Zweifel zu ziehen. Sicher ist, dass die referierten Multikulturalisten eine grundbegriffliche Distanz zu jedem „völkischen" Verständnis von Gemeinschaft einnehmen (Kymlicka 1997: 23; Taylor 2002; Walzer 1992: 115 ff, 140 ff).[11] Dennoch zeigt sich bei dem von ihnen verwendeten Begriff der Kulturnation, dass die Autoren oft die Grenzen zwischen dem Kultur- und dem Ethnizitätsbegriff verwischen. Die Wirkmächtigkeit von Sprache, Territorium und Tradition beruht trotz aller Distanz zur „Volksgemeinschaft" auf transpolitischen Identifikationen, wodurch die Übergänge zum „Stammesverwandtschaftsglauben" (Weber 1980: 237, 241) fließend werden.

Diese abgeschwächte Version des „ethnischen Gemeinschaftsglaubens" (Weber 1980: 235 ff), der auf vorpolitische, vordemokratische Vorstellungen von Vergesellschaftung setzt, widerspricht letztlich der kritischen Einsicht in die Konstruiertheit aller Identitäten und Gemeinschaftsbezüge. Anders als das Konzept der Staatsbürgernation, die durch gleiche Bürgerrechte und Partizipation primär politisch integriert wird, basiert der Zusammenhalt der Kulturnation auf unvermeidlichen essenzialistischen Unterstellungen: Geglaubt wird, dass die kulturellen Gemeinsamkeiten gegeben, nicht erfunden sind; geglaubt wird weiterhin, dass die politischen Forderungen dem bereits vorhandenen Volkswillen nur zum Ausdruck verhelfen und diesen nicht erst hervorrufen. Nur aufgrund dieser „Aura nachgeahmter Substantialität" (Habermas 1996b: 168) erscheint die kulturelle Gemeinschaft als „zweite Natur", als objektiv und unverfügbar, letztlich jeder persönlichen Entscheidbarkeit und Veränderbarkeit enthoben (Assmann und Friese 1998: 12).

Durch die geistige Verwandtschaft zum Nationalismus übernimmt der Multikulturalismus auch seine unvermeidlichen Inkonsistenzen und Paradoxien. Deutlich zeigt sich dies im Fall von Kymlickas Unterscheidung zwischen „polyethnischen Gruppen" und „nationalen Minderheiten". Der Versuch der „Erfindung" (Anderson 1988) eigenständiger politischer Einheiten, seien dies Kulturen oder Nationen, basiert auf scheinbar „objektiven" Zuordnungskriterien wie Sprache und Territorium, die selbst nicht als Rechtfertigung für das angestrebte Selbstbestimmungsrecht taugen. Die Idee einer kulturellen oder nationalen Iden-

---

11 Darin besteht der entscheidende Unterschied zwischen dem angelsächsischen und dem deutschen Verständnis von „Gemeinschaft": Im englischsprachigen Raum enthält dieser Begriff weder „völkische" Assoziationen, noch wird darin ein unüberbrückbarar Gegensatz zwischen „Gemeinschaft" und „Gesellschaft" unterstellt (vgl. Beierwaltes 1995: 25 f; Frankenberg 1994b: 12; Reese-Schäfer 1996a: 5 ff; Vorländer 1995: 264).

tität bleibt ihrem Wesen nach ein Mythos, dem keine soziale Realität entspricht, und alle Bemühungen, von einzelnen kollektiven Gemeinsamkeiten auf die Bildung von eigenständigen politischen Einheiten zu schließen, zeigen, dass diese Kriterien „ihrerseits so verschwommen, wandelbar und mehrdeutig und als Anhaltspunkte ebenso nutzlos [sind] wie Wolkenformationen zur Orientierung von Reisenden im Vergleich zu Wegzeichen" (Hobsbawm 1998: 16).[12]
Dabei zeigen aktuelle Untersuchungsergebnisse, dass der definitorische Stellenwert dieser Kriterien zunehmend an Bedeutung verliert. Gerade der geglaubte Zusammenhang zwischen nationaler Identität und territorialer Einheit, auf dem die vermeintliche Rechtfertigung der nationalen Selbstbestimmung beruhen soll, erweist sich bei genauerer Betrachtung als fragwürdig. Zwei miteinander verbundene Faktoren sind für diese Deterritorialisierung verantwortlich: Die Entwicklung moderner Kommunikations- und Transportmedien und die Transnationalisierung sozialer Räume und Gemeinschaften.

Schon Benedict Anderson (1988; 1991) hat in seiner Analyse der Nation als „vorgestellter Gemeinschaft" auf die Relevanz der medialen Entwicklung bei der Herausbildung symbolischer und territorial unabhängiger Gemeinschaften hingewiesen. Bei Anderson ist es der Buchdruck, der die entscheidende Möglichkeit eröffnet, eine Vielzahl von Menschen jenseits lokaler face-to-face-Interaktionen miteinander in Beziehung zu setzen (vgl. Hannerz 1996: 20).

Die moderne „Evolution der Kommunikationsverhältnisse" (Hörning und Winter 1999b: 7) hat diese Befreiung der Kommunikation von den Beschränkungen der Geographie eindeutig verstärkt. Der Raum als differenzierendes Kriterium verliert zunehmend an Bedeutung (Carey 1989; Harvey 1989: 205). Wenn Ereignisse an einem Ort unmittelbare Auswirkungen auf sehr weit entfernte Orte und Menschen haben, dann wird die subjektiv empfundene Welt spürbar kleiner und die Distanzen erscheinen kürzer. Entsprechende ethnographische Studien zum Mediengebrauch und zur Rolle des Fernsehens haben gezeigt, wie die Medien neue, medial vermittelte „Gemeinschaften" produzieren, indem sie an sich disparate Gruppen durch das gemeinsame Fern-Sehen zusammenbringen.

---

12   Als Alternative schlägt Iris Marion Young einen relationalen, nicht substanzialistischen Volksbegriff vor (Young 1998: 441 ff). Diese Version der Verschiedenheit verzichtet auf die Zuschreibung vermeintlich „wesentlicher" Attribute oder auf die Suche nach der „Natur" einer Gruppe. Anstelle dessen wird Gruppenidentität als Resultat von Begegnungen und Interaktionen verstanden. Die eigene Sprache schafft erst dann eine eigene Identität, wenn die Gruppenmitglieder Menschen begegnen, deren Sprache sie nicht verstehen. Diese Form von kollektiver ‚Identität durch Differenz' ist nun gegenüber den substanzialistischen Zuschreibungen nicht festgelegt, sondern fluide und offen für wechselseitigen Austausch und Anpassungsprozesse. Der Begriff kann nicht nur die Verschiedenheiten innerhalb einer Gruppe in sich aufnehmen, ein solches Modell erlaubt es auch, die Überschneidungen, Mischungen und Interdependenzen im realen Austausch der Kulturen zu berücksichtigen (vgl. Connolly 1991; Minow 1990; Mouffe 1992; 1996).

Meyrowitz (1985; 1987) veranschaulicht, inwiefern die mediale Vermittlung der Erfahrungen fremder, weit entfernter Menschen bis in das Alltagsleben wirksam wird. Die Bedeutung ursprünglich ferner oder fremder Geschehnisse und Erfahrungen, die „auf der Bühne jedes Wohnzimmers aufgeführt werden können", nimmt in enormem Maße zu; in Relation dazu verlieren unmittelbare, konkrete Interaktionen an Relevanz und Einfluss (Meyrowitz 1987: 95). Analog zu Charles de Gaulles' Rede vom Fernsehgerät als dem „Gesicht der Regierung im Wohnzimmer" erweisen sich die globalen Medien als Instrumente zur Dramatisierung symbolischer Gemeinschaften, die nicht mehr auf natürliche Räume fixiert sind (Morley 1999: 462 ff).

Zuhören (Rundfunk) und Zusehen (Fernsehen) werden zu neuen Formen der Teilnahme, die tendenziell die Defizite politischer Teilhabe kompensieren. Das Fernsehen wird zum eigentlichen Faktor in der „Politik des Dabeiseins" (Morley 1999: 466), das eigene Wohnzimmer zum zeremoniellen Raum, in dem sich die einzelnen Mitglieder der konkreten Kleingruppen bewusst sind, dass unzählige andere Gruppen das Gleiche zur gleichen Zeit in ähnlicher Form tun (Dayan und Katz 1987: 194). So funktionieren Fernsehereignisse analog zu „diasporischen" Zeremonien, in denen wie beim jüdischen Seder-Ritual zu Pessach eine transnationale, grenzüberschreitende Schicksalsgemeinschaft konsolidiert wird: Eine kollektive Zeremonie ohne zentrale Kultstätte, die aus einer Vielzahl gleichzeitiger, ähnlich gestalteter, im familiären Rahmen durchgeführte Mikro-Ereignisse besteht (Dayan und Katz 1987: 195).

Das Fernsehen produziert „metaphysische Arenen" und „psychologische Nachbarschaften", die eine gemeinsame Wirklichkeit erzeugen, die relevant für die alltägliche Praxis und die kulturelle Identität der Akteure ist (Meyrowitz 1987). Ort und Raum verlieren zusehends an Abgrenzbarkeit; sie erweisen sich als prozesshafte Interaktionsräume, in denen Identitäten aus verschiedensten, „einheimischen" und „fremden" Ressourcen geschaffen werden. In diesem Konstitutionsprozess greifen Fragmentierung und Homogenisierung kultureller Praktiken und kultureller Erfahrungen wechselseitig ineinander. Der lokale Konsens Konsens wird durch die Vielfalt fremder Einflussfaktoren zunehmend vielschichtiger und vieldeutiger, während auf der anderen Seite eine globale Sphäre entsteht, die die lokalen und kulturellen Disparitäten nivelliert. Von Identität und Authentizität kann damit, wenn überhaupt, nur noch a posteriori gesprochen werden; sie sind eine Angelegenheit lokaler Wirkungen, aber nicht unbedingt lokaler Ursprünge (Morley 1999: 460).

Diese Deterritorialisierung wird durch die zunehmende Implementierung sogenannter „transnationaler" Räume und Gemeinschaften verstärkt. Gemeint sind damit nicht die freiwilligen und oft erzwungenen Wanderungsbewegungen, die seit Menschengedenken üblich sind: die Völkerwanderung, die Flüchtlingsströme nach Kriegen und Vertreibungen, die gezielte Ansiedlung fremder Arbeitsmigranten, der „pränationale Kontinentalismus" (Swaan 1995: 110) der Eliten im Mittelalter, etc. Gemeint ist hier Übergang von bislang unidirektorialen oder einmaligen (Ein- und Aus-)Wanderungen zu komplexen, dauerhaften Pendlerströmen von Menschen, Waren und Informationen, der sich seit den 1960er Jahren abzeichnet. Diese Pendler, deren Leben sich zwischen mehreren geographischen Räumen aufspannt, werden von der neueren Migrationsforschung als „transmigrants" (Glick-Schiller et al. 1997) bezeichnet. Im Unterschied zu klassischen Einwanderern handelt es sich um Personen, „whose daily lives depend on multiple and constant interconnections across international borders and whose public identities are configured in relationship to more than one nation-state" (Glick-Schiller et al. 1997: 121; Hannerz 1996: 98 ff).[13]

Transnationalisierung und Mediatisierung greifen hier ineinander, verstärken und erzeugen sich gegenseitig. So wie die Transnationalisierung den Bedarf an einem schnellen Ortswechsel von Gütern, Informationen und Personen erzeugt hat, so ist auch die Entwicklung der modernen Medien von enormer Relevanz für die Verstetigung der transnationalen Beziehungen. Nur durch den schnellen und weitgehend unproblematischen Austausch von Informationen und Gütern ist der gleichzeitige Kontakt zu Ziel- und Herkunftsregion möglich. „In der Fremde" bleiben sie mit den „Daheimgebliebenen" und dem alltäglichen Leben dort verbunden, und „in der Heimat" können sie dennoch den Kontakt zu den wichtigen Personen und Institutionen in der Zielregion aufrechterhalten (Faist 2000a: 38 ff; Pries 1998b: 462, 467).

Die Transmigranten zwischen Herkunfts- und Zielort stellen traditionelle Raumvorstellungen und Identitäten in Frage. Im Kommen und Gehen erzeugen sie auf Dauer neue soziale Wirklichkeiten jenseits der geographisch-räumlichen Separierung von Herkunfts- und Ankunftsregionen. Diese „transnationalen sozialen Räume" können in Anlehnung an Norbert Elias als „soziale Verflechtungszusammenhänge" (Elias 1970) bezeichnet werden, die über den sozialen Einzugsbereich des Territorialstaats hinausweisen.

---

13   Beispiele hierfür sind die transnationalen Räume zwischen Mexiko und den USA (Pries 1998a; 1998b), aber auch zwischen Deutschland und der Türkei (Faist 1995; 2000c). Bei den Transmigranten handelt es sich übrigens um einen eigenen Migrationstyp und nicht, wie manche behaupten, um „verhinderte Immigranten", die eigentlich eine Einwanderung beabsichtigen, aber die Aufnahmegesellschaft wegen Arbeitsplatzverlustes oder Schwierigkeiten mit der Einwanderungsbehörde wieder verlassen müssen. Pries (1998a: 144 ff) hat die Wanderungsgründe von mexikanischen Pendlern zwischen USA und Mexiko anhand 998 Erwerbsereignissen untersucht und kommt zu folgendem Ergebnis: Die Befragten nehmen die Beschäftigung in den USA auf, um (mehr) Geld zu verdienen. Sie verlassen die USA aber nicht wegen Aufenthaltsproblemen (nur vier von 994 Ereignissen), sondern vorwiegend aus familiären Gründen (449 von 998 Ereignissen).

Wenngleich geographisch-räumlich diffus bzw. „delokalisiert" (Pries) oder „plurilokal" (Faist), sind diese Verflechtungszusammenhänge dennoch keine transitorischen sozialen Räume, sondern sie konstituieren sich durch eine stabile Referenzstruktur sozialer Positionen und Positionierungen, die durch hohe Dichte, Häufigkeit und Langlebigkeit gekennzeichnet sind (vgl. Faist 2000a: 10, 13; Pries 1998a: 137 ff, 141; 1998b: 467).[14] Bestehende transnationale Zusammenhänge dienen als „Knoten", die ihrerseits neue kumulative Migrationsprozesse dadurch in Gang setzen, „dass sich stabile familiäre und nicht-familiäre Netzwerke entwickeln, die die Wirtschaftsaktivität und die Lebensbedingungen in den Herkunfts- und Ankunftsregionen der Migranten immer stärker miteinander verschränken und dadurch synergetisch und akzelerierend auf die Wanderungsdynamik selbst wirken" (Pries 1998b: 459).

Mediale Deterritorialisierung und Transnationalisierung stellen die Relevanz eines abgegrenzten Territoriums für die Genese kultureller Identitäten sichtbar in Frage. Damit bricht nicht nur der totalitätsorientierte Zusammenhang von Symbolsystem und räumlich fassbaren Gruppengrenzen auseinander, sondern auch die konstitutionstheoretische Legitimation territorialer Grenzen. Offensichtlich sind Kultur und Identitäten auch jenseits territorial begrenzter Nationalstaaten lebens- und entwicklungsfähig, und offensichtlich gibt es symbolische Räume, die dem kollektiven Bedürfnis nach kultureller Entfaltung ebenso entgegenkommen wie ein rechtlich fixiertes Territorium.

Vor dem Hintergrund dieses Bedeutungsverlusts des Territoriums lassen sich die offensichtlichen Nachteile der territorialen Selbstbestimmung kaum noch rechtfertigen. Das Verlangen nach nationaler Selbstbestimmung kann zu einer „Ethnisierungsspirale" führen, die nicht nur die Konflikte zwischen verschiedenen Gesellschaftsgruppen verstärkt, sondern paradoxerweise auch die nationalistische Selbstauslegung des betreffenden Staates herausfordert (Radtke 1990; 1992). Totalitätsorientierter Kulturbegriff einerseits und politischer Nationalismus andererseits begünstigen eine Politik, die zur Zementierung kulturell einheitlicher „Monokulturen" (Reckwitz 2001: 183) führt, anstatt multikulturelle Vielfalt zu ermöglichen.

In der Tat ist es nicht einfach, das Denken von dieser kulturtheoretischen Erblast zu befreien, das sich seit den Anfängen des modernen Nationalismus als scheinbar alternativlose Selbstverständlichkeit in den Köpfen durchgesetzt hat. Insofern ist es nicht verwunderlich, wenn selbst für renommierte Köpfe wie Samuel P. Huntington die Zukunft der Menschheit durch den „Kampf der Kulturen" geprägt sein wird (Huntington 1997). Für Huntington ist die Welt von acht Kulturkreisen geprägt, die ihrerseits durch einen Kern- bzw. Zentralstaat (Hun-

---

14 Zur Typologie transstaatlicher Räume vgl. Faist (2000a: 17 ff).

tington 1997: 211) politisch verankert sind. Dabei wird freilich ebenso wenig wie bei den Vertretern des Multikulturalismus klar, was genau unter Kultur zu verstehen ist. Auch hier „wirbeln" die Unterscheidungskriterien „munter durcheinander" (Schluchter 2003: 33). Sicher ist nur, dass auch Huntington von der Idee homogener, geschlossener und monolithisch integrierter Kulturkreise ausgeht. Seine Perspektive ist vergleichbar mit der eines Seismologen, „der die Bewegungen von großen geologischen Platten beobachtet, die sich gegeneinander verschieben, so dass immer wieder katastrophale Erdbeben entstehen" (Schluchter 2003: 34).

Dabei verfolgt Huntington mit diesem Kulturbegriff nicht nur die heuristische Absicht, die Welt in geopolitisch gut handhabbare Einheiten aufzuteilen, sondern er begreift diese zugleich als Solidargemeinschaften, die sich aufgrund ihrer internen kulturellen Gemeinsamkeiten feindselig zueinander verhalten - ein Szenario, das deutlich von Carl Schmitts „Freund-Feind-Verhältnis" beeinflusst ist (vgl. Huntington 1997: 202, 232; Riesebrodt 2000: 21; Schmitt 1987). Begegnungen an den kulturellen Rändern können aus dieser Perspektive nur kriegerischer Natur sein; es sind „blutige" Grenzen (Huntington 1997: 53). Von hier aus ergibt sich dann mit einer gewissen Zwangsläufigkeit der Vorschlag, dem Kampf der Kulturen durch eine verstärkte Strategie der wechselseitigen Abschottung zu begegnen. Außenpolitisch bedeutet dies die Reduktion von interkulturellen Begegnungen auf ein Minimum; innenpolitisch ist damit die Schaffung kulturell monolithischer Staaten gemeint (Huntington 1997: 501). Dass eine solche interne kulturelle Homogenität „letztlich nur diktatorisch realisierbar ist" und mit einem außenpolitischen „Isolationismus" verbunden ist (Riesebrodt 2000: 16), ist offensichtlich.

Allen empirischen Schwächen zum Trotz entfaltet der totalitätsorientierte Kulturbegriff, dessen ideologischen Gehalt Huntingtons Kulturkampftheorie auf den Punkt bringt, im politischen Geschehen höchste Wirksamkeit. Mitunter ist es gerade der Mangel an Komplexität, der diesen Begriff politisch attraktiv macht: Die schlichte „Wir-Sie"-Fragmentierung der Welt kann umstandslos an einen politischen Manichäismus anschließen, der im Zusammenhang mit dem Freund-Feind-Denken zu einer Politik der kulturellen Homogenisierung führt. Insofern kann man den totalitätsorientierten Kulturbegriff auch als politische „self fulfilling prophecy" betrachten: Der Begriff schafft eine politische Programmatik, durch den die unterstellte Homogenität und Kohärenz letztlich bestätigt wird.

3 Die Dekonstruktion des totalitätsorientierten Kulturbegriffs

Wie sich gezeigt hat, führt der kommunitaristische Multikulturalismus - trotz aller emanzipatorischer Intentionen und liberaler Lippenbekenntnisse - zu Kollektivismus und Paternalismus. Zwei konzeptionelle Irrtümer verursachen dieses Scheitern: In geltungstheoretischer Hinsicht ist der Schluss von der konstitutionstheoretischen zur normativen Vorgängigkeit des Kollektivs dafür verantwortlich, dass die Interessen der Gemeinschaft bzw. ihrer dominanten Eliten programmatisch legitimiert und damit politisch durchgesetzt werden können. Zusätzlich suggeriert die empirisch unangemessene Konzeption der Kultur als einer in sich homogenen und nach außen hin institutionell abgegrenzten Ganzheit eine normative Übereinstimmung zwischen den Subjekten sowie zwischen Individuen und Kollektiv, die eine Unterordnung unter Gemeinschaftszwecke letztlich als unproblematisch erscheinen lässt. Beide Aspekte greifen ineinander und ebnen den Weg für eine erfolgreiche ideologische Verschleierung der Ambivalenz identitätspolitischer Maßnahmen.

An geltungstheoretischen Auseinandersetzungen mit dem kommunitaristischen Kollektivismus besteht kein Mangel. Seit Beginn der Kontroverse zwischen Liberalen und Kommunitaristen hat der gegenseitige Austausch von Argumenten zu einer beeindruckenden Flut von Publikationen geführt, auf die an dieser Stelle nur verwiesen werden kann.[15] Im Vergleich dazu führt die kritische Auseinandersetzung mit dem zugrunde liegenden Kulturbegriff der Multikulturalisten eher ein Schattendasein. Zwar lässt sich seit den 1980er Jahren in der deutschen Kultursoziologie ein veritabler Boom an Beiträgen und Vorschlägen verzeichnen[16], die sich allesamt der Dekonstruktion des homogenitäts- oder totali-

---

15 An dieser Stelle seien nur einige wichtige Überblickswerke stellvertretend genannt: Mulhall und Swift (1992), Zahlmann (1992), Brumlik und Brunkhorst (1993), Clark (1993), Honneth (1993), Wellmer (1993), Frankenberg (1994a), Forst (1994), Brink und van Reijen (1995), Etzioni (1995), Meyer (1996), Reese-Schäfer (1994; 1997).

16 Ohne jeden Vollständigkeitsanspruch seien hier einige wesentliche kultursoziologische Richtungen genannt (vgl. Gebhardt 2001: 48 ff; auch Rehberg 1991: 255 ff): 1. Die handlungstheoretische Kultursoziologie, die an Webers ursprünglicher Fragestellung orientiert ist (z. B. Johannes Weiß, Klaus Lichtblau, Karl-Siegbert Rehberg, Winfried Gebhardt); 2. die phänomenologische Kultursoziologie, die sich an den Vorgaben von Alfred Schütz und Thomas Luck-

tätsorientierten Kulturbegriffs verschreiben, doch eine detaillierte Anwendung dieser Begriffsarbeit auf die programmatischen und politischen Dimensionen des kommunitaristischen Multikulturalismus gibt es kaum. Und die wenigen Ausnahmen (so Reckwitz 2001) konzentrieren sich auf Kymlickas Begriff der „sozietalen Kultur"[17], ohne jedoch damit einer grundsätzlichen Revision des multikulturalistischen Kulturverständnisses näher zu kommen.

Entsprechend übersichtlich ist die Zahl der konzeptionell ausgearbeiteten Gegenvorschläge. Der schlichte Hinweis auf die konstruktivistische Essentialismuskritik stellt keine hinreichende Alternative dar, um die gesamte Ambivalenz der Identitäts- und Anerkennungskämpfe analytisch aufzuarbeiten. Zwar ist die Einsicht in die Künstlichkeit aller kulturellen und nationalen Identitäten unverzichtbar, um den Essentialismus in einem ersten Schritt aufzubrechen, doch der bloße Hinweis wird der Realität der Akteure in kulturellen Konflikten und Kämpfen nicht gerecht. Tatsache ist, dass all diese Konstrukte im Moment ihrer Hervorbringung und Implementierung zu „sozialen Fakten" werden, die unabhängig von ihrer Genese das Leben und Schicksal der Akteure bestimmen und beschränken. Die distanzierte Herangehensweise des reinen Konstruktivismus ist wenig geeignet, diese Naturhaftigkeit der sozialen Tatsachen zu berücksichtigen (vgl. Benhabib 1999: 23 ff; 2002: 5 ff, 11).

Die Suche nach einem geeigneteren Kulturbegriff wird darüber hinaus durch den Sachverhalt erschwert, dass das kritisierte „condensed concept of culture and society" (Parsons und Kroeber 1958) in der Soziologie weit verbreitet ist. Die frühe Kulturwissenschaft hat ungeachtet all ihrer Verdienste eine ontologisierte Wesensbestimmung von Kultur befördert, durch die der Zugang zur internen Differenz erschwert bzw. verhindert wurde. Dies gilt sowohl für die wesentlichen Vertreter im deutschsprachigen Raum: Wilhelm Dilthey, Max Scheler, Alfred Weber (vgl. dazu Rehberg 1996: 92 ff) als auch für die prägenden Vordenker der englischsprachigen Kultursoziologie. Letztere waren von

---

mann orientiert (z. B. Hans-Georg Soeffner, Ronald Hitzler, Hubert Knoblauch, Walter L. Sprondel); 3. die an der Kritischen Theorie von Theodor W. Adorno und Walter Benjamin orientierte „philosophische Kultursoziologie" (Jürgen Habermas, Wolfgang Essbach, Michael Makropoulos, Thomas Konrad, Joachim Fischer); 4. die konstruktivistische Kultursoziologie, die phänomenologische Theorieelemente mit strukturalistischen Argumenten von Michel Foucault, Pierre Bourdieu und Niklas Luhmann verbindet (z. B. Karin Knorr-Cetina, Richard Gratthoff, Klaus Amann, Stefan Hirschauer); 5. die „deutsche Bourdieu-Schule", die Kultur in Zusammenhang mit Machtinteressen analysiert (Michael Vester, Thomas Müller-Schneider, Hans-Peter Müller, Sighard Neckel); 6. die auf Norbert Elias zurückgehende „zivilisationstheoretische" Kultursoziologie (z. B. Hermann Krote, Peter Gleichmann, Gabriele Klein, Ingo Mörth, Gerhard Fröhlich); 7. eine noch nicht strukturierte Gruppe jüngerer Soziologen (Rainer Winter, Udo Göttlich, Karl H. Hörning), die versuchen, an das Programm der Cultural Studies anzuschließen.

17   Vgl. Brunner und Peled (1998), Frank (1998), Gerdes (1996) und Kukathas (1992a; 1992b).

Anfang an auf das kulturanthropologische Modell der einfachen, integrierten Gesellschaften fixiert, womit die grundsätzliche Komplexität und Heterogenität der kulturellen Entwicklung ausgeblendet wurde. Parsons' Begriffe „cultural patterns" und „cultural heritage" stehen in der gleichen Tradition wie Emile Durkheims „représentations collectives" (Durkheim 1967b), Alfred Kroebers Idee der superorganischen Einheiten (Kroeber 1952a; 1952b) oder Ruth Benedicts „patterns of culture" (Benedict 1934; vgl. dazu Wicker 1998 und Tenbruck 1979: 402 f).

Ironischerweise ist es gerade Talcott Parsons (Parsons und Kroeber 1958), der dieses Konzept kritisiert und zugleich etabliert hat. Bei Parsons ist die Präferenz für das Modell einfacher Gesellschaften systematisch begründet: Es erlaubt, die kulturelle Dimension als funktionalen Wertkonsens Grundstock zu betrachten, der die verschiedenen Rollen, Gruppen und Institutionen integrierend überwölbt (Tenbruck 1979: 408). Diese funktionalistische Verkürzung degradiert Kultur auf eine reine Integrationsinstanz: Kultur wird zum Epiphänomen, zur abhängigen Größe vermeintlicher Tatsachen (Tenbruck 1979: 399; Gebhardt 2001: 43 f). In dem Maße, in dem sich der Strukturfunktionalismus als dominantes soziologisches Paradigma der Nachkriegszeit etabliert hat, verengte sich die Sicht auf die kulturelle Dimension.

Und schließlich ist es der Kulturbegriff selbst, der einen Großteil der Probleme verursacht. Seit dem Ende des 18. Jahrhunderts ist „Kultur" einer der herausragenden Schlüsselbegriffe zur Betrachtung menschlicher Existenz, in seiner Bedeutung mit „Gesellschaft" oder „Geschichte" vergleichbar. Wie alle großen Entwürfe durch eine gewisse Uneindeutigkeit und Unbestimmtheit gekennzeichnet, ist der Kulturbegriff als *grande idée* Schauplatz paradigmatischer und konzeptioneller Auseinandersetzungen (vgl. Thurn 1979: 422 f; Gebhardt 2001: 40; Scaff 1994).

Vor diesem Hintergrund ist die Forderung nach einem „Neubeginn der Kultursoziologie" (Lipp und Tenbruck 1979) ebenso notwendig wie schwierig. Die folgende Auseinandersetzung beansprucht weder einen vollständigen Überblick zum gegenwärtigen Forschungsstand noch einen eigenen Beitrag zur allgemeinen kultursoziologischen Debatte. Vielmehr geht es um eine problemorientierte Rezeption der Kultursoziologie, um den kommunitaristischen Multikulturalismus einer kritischen Revision zu unterziehen. Angesichts der deskriptiven und normativen Probleme des. totalitätsorientierten Kugelmodells besteht der neuralgische Punkt dieser Revisionsarbeit in der Suche nach einem Kulturbegriff, der in deskriptiver Hinsicht die Heterogenität und interne Differenz moderner Kulturen berücksichtigt und zugleich machtkritisch genug ist, um die problematischen Übergänge von der Verschiedenheit zur soziologisch relevanten Ungleichheit zu entlarven.

3.1 Zum „Neubeginn der Kultursoziologie": Max Webers Weichenstellung

Im Jahre 1979 entwickelten Wolfgang Lipp und Friedrich Tenbruck im Rahmen eines Sonderhefts der *Kölner Zeitschrift für Soziologie und Sozialpsychologie* das Profil einer neuen Kultursoziologie, in deren Zentrum die Verabschiedung des essentialistischen Kulturbegriffs stand (Lipp und Tenbruck 1979; Tenbruck 1979). Das vordringliche Ziel war die programmatische Rückbesinnung auf die Eigenständigkeit der Kultur als verursachendem und erklärendem Faktor gesamtgesellschaftlicher Aspekte. Anstelle der weitverbreiteten Segregation der Kultur in isolierte Sektoren und Bindestrich-Soziologien, wodurch die Auseinandersetzung weit abgetrennt von einer weiterführenden Perspektive im gesamtgesellschaftlichen Zusammenhang verläuft, wollten Lipp und Tenbruck die soziologische Forschung auf die kulturelle Bedingtheit des sozialen Geschehens aufmerksam machen.

Damit dies geleistet werden kann, so die Autoren, müsste sich die kultursoziologische Forschung zunächst von jeder substanziellen Reifikation des Kulturbegriffs, vor allem von der Idee des einheitlichen Ganzen, verabschieden. Kultur kann nicht als substanzielles Wesen, sondern nur als „lebendige Erscheinung" begriffen werden (Tenbruck 1979: 401). Statt der Vorstellung einer geschlossenen Totalität richtet sich der Blick auf die zugrundeliegenden dynamischen, offenen Prozesse. Dadurch verändert sich der Gegenstand kultursoziologischer Analysen in grundsätzlicher Art und Weise: Nicht „die Kultur", sondern vielmehr der „kulturelle Wandel" ist das forschungsleitende Thema (Gebhardt 2001: 46). Unter diesen Bedingungen wird jede Reduktion kultureller Phänomene auf einen integrativen normativen Konsens unhaltbar. Vielmehr eröffnet dieser Zugang den Einblick in die interne und dynamische Vielfalt der kulturellen Bedeutungssysteme, innerhalb derer sich Faktoren und Kräfte verflechten, überschneiden und auch verdrängen (Lipp und Tenbruck 1979: 396).

Welche programmatischen Forschungsfragen resultieren aus diesen Grundannahmen? Lipp und Tenbruck (1979) formulieren diese forschungsleitenden Perspektiven wie folgt:

„Sie (die Kultursoziologie - A. B.) will wissen, wie und wo und warum sich solche Ideen, Bedeutungen und Werte gebildet haben und bilden; welche symbolische Form und sachliche Logik ihnen aneignet; welche Macht sie über das Handeln der Einzelnen, über die sozialen Institutionen und über die gesellschaftliche Entwicklung ausüben. Sie will wissen, welche stummen oder ausdrücklichen Traditionen im Spiel sind, wer sie erhält und verbreitet, aber auch welche neuen Ideen und Bedeutungen entstehen oder ins Spiel gebracht werden und von wem" (Lipp und Tenbruck 1979: 395).

Kultursoziologie muss sich um eine „dichte Beschreibung" (Geertz 1983) der Bedeutungsmuster bemühen, die das Handeln der Menschen durch alle Daseinsbereiche und Institutionen prägt, um von dort aus die Suche nach den Ursachen und Orten ihrer Entstehung zu betreiben. Akteure, Strategien und Interessen sind hier ebenso relevant wie die Struktur und Organisation der Gruppen und Sozialformen, in denen kulturelle Bedeutungen generiert, stabilisiert und bisweilen modifiziert werden (Gebhardt 2001: 46 f). Der intendierte Einblick in die generative Dynamik kultureller Phänomene kann nicht durch die bloße Beobachtung geronnener Strukturen und Institutionen gewonnen werden, sondern dazu bedarf es einer interdisziplinären, vorzugsweise historischen Herangehensweise, um die Historizität der Kultur mit ihren „lebendigen, hintergründigen und spannungsreichen Bestandteilen" offen zu legen, „welche die Gegenwart noch in ihren Strukturen und Institutionen zugleich halten und forttreiben" (Lipp und Tenbruck 1979: 396 f). Eine solche Kultursoziologie überschreitet notwendigerweise die Grenzen einer Bindestrich-Soziologie und ist auf eine interdisziplinäre Zusammenarbeit mit anderen Kulturwissenschaften angewiesen.

Mit diesen programmatischen Vorgaben schließen Lipp und Tenbruck an weichenstellende Denkfiguren an, die für die Soziologie Max Webers charakteristisch sind. Es gehört zu den großen Verdiensten von Max Webers Kultursoziologie, dass er die interne Heterogenität zwischen kulturellen Wertsphären, Ordnungen und Mächten in den Mittelpunkt seiner Betrachtung stellt. Entgegen der Vorstellung eines homogenen Kollektivbewusstseins resümiert Weber die kulturelle Modernisierung als sukzessive Entfaltung des „absoluten Polytheismus" von „Wertsphären", denen institutionell verfestigte „Ordnungen" oder diffus wirksame „Mächte" zugrunde liegen (Weber 1922/1980: 507; 1988b; 1922/1980; dazu auch Thurn 1979).

„Absolut" bezieht sich hier auf den unbedingten Geltungs- und Rationalitätsanspruch, mit dem jede einzelne Wertungssphäre gegen die andere auftritt. Da in jeder einzelnen kulturellen Sphäre die Rationalisierung mit dem Ziel der inneren „Konsequenz", „Geschlossenheit" und „Widerspruchslosigkeit" (Weber 1988b: 537) durchgeführt wird, entfalten die einzelnen Wertungssphären im Prozess der Pluralisierung ihre geltungstheoretische Eigengesetzlichkeit. Dementsprechend führt die Zunahme innerer Geschlossenheit in jeder einzelnen Wertungssphäre zu einer konsequenten Steigerung der Gegensätze und Widersprüche zwischen den verschiedenen Sphären, Ordnungen und Mächten. Derart führt kulturelle Rationalisierung und Modernisierung unvermeidbar zu kulturellen Kollisionen und Konflikten, oder - in Webers Worten - zum „Kampf der Götter" (vgl. Weber 1922/1980: 605).

Gestützt und befördert durch die funktionale Ausdifferenzierung einzelner Handlungsbereiche (Politik, Religion, Wirtschaft, Kunst, Erotik etc.) zersplittert die vermeintliche „Einheit der Vernunft" in eine konfliktäre Vielfalt von Perspektiven, Standpunkten und „letzter Stellungnahmen zur Welt" (Weber 1922/1980: 499). Historisch prägt sich dieser Prozess vor allem im Zuge der kulturellen Differenzierung aus, die spätestens seit dem ausgehenden Mittelalter in allen Lebensbereichen zu einer sukzessiven Schwächung der kulturellen Homogenisierungsfähigkeit geführt haben, so dass es Weber kaum mehr sinnvoll erscheint, von der „Kultur des Abendlands" als einer „Einheitskultur" zu sprechen (Weber 1980: 713). Ausgehend von diesem realhistorischen Verlust kosmologisch und metaphysisch verbürgter Gewissheiten ist Webers Kulturbegriff unmittelbar durch die Erfahrung der Dekonstruktion geprägt (Eisenstadt 2003: 329 ff): „dekonstruiert wird, in Webers Worten, das ‚ethische Postulat: dass die Welt ein geordneter, also irgendwie ethisch sinnvoll orientierter Kosmos sei'" (Faubion 1993: 114 f).

Ihre besondere Bedeutung gewinnt Webers Kultursoziologie dadurch, dass in seinem Modell die interne Heterogenität und die damit verbundene Konflikthaftigkeit als notwendiger Bestandteil der kulturellen Entwicklung präsent sind. Am deutlichsten zeigt sich dies im Kontext seiner Religionssoziologie. Die kulturelle Entwicklung und Entfaltung der „großen Traditionen" und Weltbilder verdankt sich gerade dem unerschöpflichen Reichtum an internen Brüchen und Widersprüchen, an denen sich jede Generation erneut und vergeblich abarbeiten muss. Die Entfaltung von kohärenten, geschlossenen Weltbildern wird permanent durch soziale Gegenbewegungen oder charismatische Durchbrechungen gestört. Immer wirkt eine Pluralität von Einflussquellen mitsamt ihren Überlagerungen und Verknüpfungen, wobei jeder einzelne Faktor niemals determinierend, allenfalls „mitbestimmend" für die jeweiligen Wirkungszusammenhänge sein kann (Tenbruck 1979: 404; Rehberg 2003: 389).

Die kulturelle Bedeutungsvielfalt und das Überangebot an rivalisierenden Wertideen und Sinnvorgaben nötigen zu ständiger Überprüfung und Problematisierung kultureller Geltungsansprüche (Thurn 1979: 438 ff). Unter diesen Bedingungen wird nur ein Kulturbegriff dem Gegenstand gerecht, der formal weit genug gefasst und ausreichend breit gedacht ist, um keinen Lebensbereich präsumptiv auszuklammern. In diesem Sinn kann Weber von „politischer Kultur", „innerweltlicher Kultur", „religiöser Kultur" und vielen anderen Aspekten sprechen und einen umfassenden Begriff der „Wirklichkeit des Lebens" entwickeln, der gerade auch das „Alltagsleben" als Untersuchungsmaterial verwerten kann (Weber 1904/1980: 163, 171; Thurn 1979: 440).

Die realhistorische und ideengeschichtliche Differenzierung bricht die vermeintliche Identität von Kultur und Gesellschaft auf. Im Vordergrund stehen vielmehr die Wechselwirkungen zwischen gesellschaftlichen Strukturen und kulturellen Deutungsmustern. Weder ging Max Weber davon aus, Kultur sei von gesellschaftlichen Bedingungen und Formationen, z. B. von Klassenlagen, determiniert, noch erlag er dem idealistischen Irrglauben vieler Zeitgenossen, Gesellschaft sei einseitig von Kultur gesteuert. Ein unkritisch-totalisierender Gesellschaftsbegriff muss ebenso verworfen werden wie die vergleichbare Hypostasierung der Kultur. Für Weber ist Kultur in soziale Strukturen eingelagert, und zugleich ist alle Struktur von Kultur erfüllt. Die soziale Wirklichkeit ist ein zusammengesetzter Komplex aus sozialstrukturellen und kulturellen Elementen, deren Zusammenspiel sich immer wieder neu gestaltet (Gebhardt 2001: 40f; Rehberg 1991: 255, 259; Scaff 1994: 687).

Allein durch diese Distanz gegenüber jeder einseitigen und vereinfachenden Erklärung des sozialen Wandels gelingt es Weber, zur eigentlichen „Kernfrage der Kultursoziologie" (Lepsius 1990b: 22) vorzudringen, in welcher Art „überhaupt die ‚Ideen' in der Geschichte wirksam werden" (Weber 1988b: 82). Weber beantwortet sie in seiner vielzitierten Schlüsselformulierung mit der „Weichensteller"-Rolle der Ideen:

> „Interessen (materielle und ideelle), nicht: Ideen, beherrschen unmittelbar das Handeln der Menschen. Aber: Die ‚Weltbilder', welche durch ‚Ideen' geschaffen wurden, haben sehr oft als Weichensteller die Bahnen bestimmt, in denen die Dynamik der Interessen das Handeln fortbewegte" (Weber 1988b: 252).

Damit erkennt Weber einerseits die kulturelle Geformtheit aller Interessen an, die nicht als „sprach- und bildlose Mächte" vorzustellen sind (Rehberg 1991: 256). Zugleich betont er, dass die ideellen Deutungen der Welt sich immer in sozialen Kontexten vollziehen, im Zusammenhandeln von Gruppen verankert sind und auf diese wiederum zurückwirken. Die Verwobenheit von Ideen und Interessen zeigt sich dann besonders deutlich, wenn Ideen in normativ verbindlichen Orientierungsmustern für Gruppen Gestalt finden, also wenn sie in „Lebensordnungen" und entsprechenden Habitusformen verankert sind (Rehberg 2003: 374).

In dieser Hinsicht können Kulturelles und Soziales miteinander verschmelzen und primär lebenssteuernd wirken. Gleichwohl geht Weber nie von fixen Ordnungen aus, sondern von „Ordnungs*behauptungen* (im Doppelsinn von Anspruch und Durchsetzung)", so wie es ihm auch nie um Geltungen, sondern um „Geltungs*ansprüche*" geht, die allenfalls eine reelle „Chance" auf Institutionalisierung haben (Rehberg 2003: 384, 388). Insofern haben alle institutionellen Ordnungen auch etwas Imaginatives und Fiktionales. Weber war sich stets darüber im Klaren, dass die kulturellen Sinnsetzungen und Deutungen der Handelnden unvermeidlich über „das Gesellschaftliche" hinausreichen (Tenbruck 1979: 407).

Diese konzeptionelle Distanz gegenüber jedem Determinismus gestattet Weber nicht nur den Einblick in die kulturellen Umschichtungen und Verschiebungen zwischen alten und neuen Deutungen, sondern damit mündet seine Kultursoziologie in eine Theorie der kulturellen Macht - die Macht der Ideen zur weichenstellenden Legitimation und Interpretation diffuser Interessen, wie auch die Macht der Interessen im Prozess der ideellen Entfaltung von Weltbildern.

Kultur als Summe umkämpfter „Kulturbedeutungen", als „ein vom Standpunkt des Menschen aus mit Sinn und Bedeutung bedachter endlicher Ausschnitt aus der sinnlosen Unendlichkeit des Weltgeschehens" (Weber 1904/1980: 180), verweist grundsätzlich auf den Menschen zurück. Aus der mannigfaltigen und unübersichtlichen Daseinsvielfalt hebt die Kultursoziologie jene Dimensionen heraus, die der Mensch als „Kulturmensch" gestaltet und in ihrer Qualität bestimmt. Alle „Kulturerscheinungen" und „Kulturvorgänge" sind vom Menschen mitgestaltete Phänomenen, da nur „Kulturmenschen" mit der „Fähigkeit" und dem „Willen" ausgestattet sind, „bewußt zur Welt Stellung zu nehmen und ihr einen Sinn zu verleihen" (Weber 1904/1980: 180 f).

Damit kommt einerseits dem Menschen als kulturschaffendes Wesen, als Schöpfer *und* Geschöpf kultureller Leistungen ein zentraler Stellenwert zu (Tenbruck 1979: 401; Gebhardt 2001: 45). Die Vorstellung der Kultur als „Wirkwelt von anthropomorphen Werten und Bedeutungen" (Thurn 1979: 439) begründet zugleich die hanglungstheoretische oder „handlungsbegriffliche" Ausrichtung der kultursoziologischen Forschung. Kulturelle Leistungen sind nur als Handlungen zu verstehen, nur in praktischen Deutungen nachvollziehbar und immer bezogen auf zugrunde liegende Wertungen und Wertbeziehungen (Rehberg 2003: 373 f). Dabei ist die Weber'sche Konstruktion des „Wir" fern von jedem Voluntarismus: Auch wenn Weber die menschliche Bedingtheit aller Kulturleistungen hervorhebt, so sind sie nie nur die Tat einzelner Heroen oder Virtuosen, sondern stets die Leistung Vieler. Kultur ist als „anthropogene Gesamtleistung" stets „soziomorph" (Thurn 1979: 440).

Leider hat es Weber versäumt, seine programmatische Grundlegung der Kultursoziologie in einer systematischen „Theorie" zu entfalten. Sein Forschungsprogramm enthält eine Fülle thematischer und konzeptioneller Fragmente „in einer schillernden Vieldeutigkeit verschiedener Bedeutungsnuancen" (Pohlmann 1987: 100). Insbesondere die Frage nach dem Zusammenspiel von individueller bzw. „charismatischer" Gestaltungskraft einerseits, und ihrer soziokulturellen Bedingtheit andererseits ist ein zentraler Punkt kontroverser Interpretationen. Verschiedene Passagen in Webers Werk (Weber 1988c: 505-560; 1988b: 563, 566) begünstigen eine personalistische Deutung, womit jede Berücksichtigung überindividueller Konstellationen ausgeschlossen wäre (Hennis 1987; 1996; Stauth 1994; Stauth und Turner 1988). Aber auch Webers Rationalitätsbegriff gibt Anlass zu Missverständnissen. Vor dem Hintergrund von Webers handlungstheoretischen Nachdruck auf den zweckrationalen Idealtypus kommen manche Autoren zu einer neopositivistischen Lesart seiner Soziologie, die wiederum die einseitige Dominanz institutioneller Zwänge betont (Habermas 1981/1988a: 332 ff; Nagl 1983: 19 f). Sich dem Gegenstand der kulturellen Werte und Wertungen anzunähern lassen beide Varianten nicht zu.

Darüber hinaus ist ein unmittelbarer Rückgriff auf Weber angesichts der tiefgreifenden Veränderungen in der „Kulturgestalt der Gesellschaft" nur beschränkt möglich (Lipp und Tenbruck 1979: 394). Gemeint sind damit die bereits angesprochenen Globalisierungs- und Transnationalisierungseffekte, die der soziale Wandel mit sich gebracht hat: Internationalisierung der Intelligenz, Produktion einer internationalen Einheitskultur und die Verfestigung überstaatlicher, übergesellschaftlicher Gruppierungen (Tenbruck 1979: 417). In dem Maß, in dem durch moderne Kommunikationsmedien die „Welt" als Orientierungshorizont für die Akteure präsent ist, wird ein globaler Vergleichshorizont geschaffen, der eine soziale Dynamik freisetzt, für die Webers Fragestellung keine ausreichende Hilfestellung bietet (Schwinn 2003: 302 ff).

Aus den genannten Gründen ist ein unverstellter Rekurs auf Webers klassische Vorgaben nicht sinnvoll, um das ambitionierte kultursoziologische Programm von Lipp und Tenbruck mit der anvisierten Radikalität umzusetzen. Wenngleich die Kultursoziologie nicht hinter Webers Weichenstellung zurückfallen kann, so bedarf es zugleich einer darüber hinausgehenden „Explikation" (Schluchter 1998: 58, 331), in der die Stichworte und Fragmente des Weber'schen Denkens aufgenommen und durch einen konstruktiven Vorgriff auf andere Theorien verbessert und erweitert werden.

Im Licht der Weber'schen Weichenstellung sind nicht alle kultursoziologischen Herangehensweisen geeignet, den geforderten Beitrag zu einem entessenzialisierten und zugleich kritischen Kulturbegriff zu leisten. Die Kulturanalysen aktueller Vertreter der phänomenologischen Soziologie neigen dazu, Kultursoziologie auf das kleine Format subjektiver Sinnkonstruktionen und interpersoneller Sinnverhandlungen zu beschränken. Trotz animierender Befunde geraten damit jedoch die kollektiven Vorgaben und Grenzsetzungen allzu leicht aus dem Blick (Neidhardt 1996: 10). Derartige Kulturanalysen sind wenig geeignet, um die Kultursoziologie aus dem Status einer Bindestrich-Soziologie herauszuholen (vgl. Winter 1999: 148). Während die konstruktivistische Richtung eine zu große Distanz zur Teilnehmerperspektive der Akteure einnimmt, krankt die an der Frankfurter Schule orientierte „philosophische Kultursoziologie" an der grundlegenden Abwertung der so genannten „Massenkultur" gegenüber den „authentischen" bzw. „auratischen" Kulturwerten, womit der Gegenstandsbereich ideologisch beschränkt wird. Reste dieses Dualismus finden sich auch noch in Habermas' Unterscheidung zwischen System und Lebenswelt, in der Kultur vom Bereich gesellschaftlicher Zwänge abgetrennt und zur Sphäre herrschaftsfreier Kommunikation ontologisiert wird (Rehberg 1996: 103; Gebhardt 2001: 43).

Ergiebiger, um eine kritische handlungstheoretische Kultursoziologie auf den Weg zu bringen, sind vor allem zwei Herangehensweisen: Zunächst die „Cultural Studies"[18] und deren Spezifizierung im „Postkolonialismus"[19], die in der Tradition des „cultural turn" in der englischsprachigen Literaturwissenschaft stehen (Bronfen et al. 1997; Hörning und Winter 1999b; Drexler et al. 2003). In diesem Diskurs wurden die zentralen Begriffe der „Hybridität" und „Kreolisierung" als Alternativen zum homogenitäts- und totalitätsorientierten Kulturbegriff herausgearbeitet. Zum anderen ist die Kultursoziologie von Pierre Bourdieu zu nennen, dessen zentrale Leistung darin besteht zu zeigen, wie kulturelle Praktiken gleichermaßen strukturbildend wie strukturabhängig sind. Dadurch kann die Kulturtheorie mit einer kritischen Soziologie der strukturierten Kulturkämpfe kurzgeschlossen werden. Die erfolgreiche Integration beider Forschungsansätze ermöglicht es, Kultur als lebendigen, offenen Prozess zu begreifen, in dem die Vielfalt der Identitäten aus dem beständigen Kampf der Ideen und Interessen um die legitime Deutung der „Welt" resultiert.

---

18 Vgl. Baldwin (1998), During (1993), Grossberg (1999), Grossberg et al. (1992), Hall (1992; 1999a), Hörning und Winter (1999b), Munns et al. (1995), Punter (1986), Spillman (2002), Werbner und Modood (1997).

19 Vgl. Barker et al. (1994), Chaturvedi (2000), Gandhi (1998), Hawley (2001), Moore-Gilbert (1997), Moore-Gilbert et al. (1997), Poddar und Johnson (2005), Rajan und Mohanram (1995).

3.2 Von der Totalität zur Hybridität: „Cultural" und „Postcolonial Studies"

3.2.1 Kultur als „Lebensweise": Die methodische Weichenstellung

Der Name „Cultural Studies" wurde 1964 im neu gegründeten „Birmingham Centre for Contemporary Cultural Studies" geprägt. Die Anfänge des Projekts gehen allerdings schon auf die britische „New Left" Ende der 1950er Jahre zurück, insbesondere auf die Studien zur (Arbeiter-)Kultur von Richard Hoggart (1957), Raymond Williams (1958; 1961) und Edward P. Thompson (1964).[20]

Die Bezeichnung „Postkolonialismus" taucht später im englischsprachigen Raum auf und bezog sich zunächst auf eine Reihe von kulturkritischen Arbeiten, angefangen mit der Kolonialismuskritik in den 1940er und 1950er Jahren, die in den 1970er Jahren durch die Imperialismustheorie weitergeführt wurde. Aufbauend auf den Vorarbeiten der „Cultural Studies" konzentrieren sich die „postkolonialen" Autoren seit den 1980er Jahren auf die Themen Diaspora, Migration und Rassismus, wobei die Kulturen in ehemaligen europäischen Kolonialgebieten im Mittelpunkt stehen, die durch die politischen, ökonomischen und soziokulturellen Folgen des kolonialen Erbes geprägt sind (Steyerl und Gutiérrez Rodríguez 2003a).

Eine Definition der „Cultural" und „Postcolonial Studies" zu geben, ist, wie Lawrence Grossberg zurecht bemerkt, eine äußerst „heikle Angelegenheit" (Grossberg 1999: 43). Der offene Charakter gegenüber unterschiedlichsten Herangehensweisen und Themen hat inzwischen zu einer fast unüberschaubaren Vielzahl von Ansätzen geführt, deren gemeinsamer Nenner nur schwer zu präzisieren ist (vgl. Denzin 1999: 118 f; Hall 1999a; Hörning und Winter 1999a). Viele Vertreter dieser Richtung weigern sich, eine enge Definition abzugeben, um die eigene Offenheit und Entfaltungsmöglichkeiten nicht zu beschränken. Trotz aller Bemühungen wird auch der folgende Präzisierungsversuch eher skizzenhaft bleiben; ein vorläufiger Versuch, Klarheit zum Preis problematischer Verkürzungen zu schaffen.

Zentraler Bestandteil für eine Definition der „Cultural Studies" ist die konzeptionelle und methodische Interdisziplinarität, die von Wolf Lepenies als „Mischung aus Soziologie und Literaturkritik" charakterisiert wird (Lepenies 1985: 236; auch Winter 1999). Diese Synthese war bereits in der Frühphase durch den wissenschaftlichen Werdegang der Gründerväter Frank R. Leavis (1930; 1933), Raymond Williams (1958; 1961; 1993) und Richard Hoggart (1957) vorgegeben.

---

20 Einen sehr guten Überblick über die Geschichte und die verschiedenen Phasen der Entfaltung der Cultural Studies bietet Winter (1999).

Alle drei waren von Haus aus Literaturkritiker, die kulturkritische Analysen mit den politischen Impulsen der „New Left" integrierten und soziologisierten.

Beide intellektuelle Koordinaten stellen die Weichen für eine Kulturtheorie, die sich zwar als Kulturanalyse in politisch-emanzipatorischer Absicht versteht, aber zugleich jeden ökonomischen bzw. vulgärmarxistischen Determinismus ablehnt und anstelle dessen für die Eigenbedeutung oder „Eigengesetzlichkeit" der Kultur eintritt (Winter 1999: 150 ff). Bereits hier sind die grundlegenden Parallelen zur Weber'schen Kultursoziologie erkennbar, nämlich die „Zentralität der Kultur" (Winter 1999) für die gesellschaftswissenschaftliche Analyse. Grundlegend ist die Einsicht, dass kulturelle Phänomene nicht einfach als Resultat der Sozialstruktur bzw. der „ökonomischen Basis" betrachtet werden können, sondern als eigene Größen gesehen werden müssen.[21]

Als Opposition gegen die residuale oder nur wiederspiegelnde Rolle, die dem Bereich des Kulturellen durch Strukturalisten und Neomarxisten zugewiesen wird, ernennen „Cultural Studies" die spezifische soziale „Praxis" oder „Lebensweise" der Subjekte zum eigentlichen Gegenstand der Betrachtung. Kultur bezeichnet in diesem umfassenden Verständnis sowohl die Bedeutungen und Werte auf Basis gesellschaftlicher Bedingungen und Beziehung, welche innerhalb spezifischer sozialer Gruppen und Klassen entstehen, als auch die gelebten Traditionen und Praktiken, in denen die Deutungen verkörpert sind. In den Worten von Stuart Hall: Kultur wird verstanden als die „sinnliche menschliche Praxis, als die Aktivität, mittels deren Männer und Frauen ihre Geschichte gestalten" (Hall 1999a: 24).

Um diese zu analysieren, wird der „Erfahrung", also dem direkten Zugang zum kulturellen Kontext, der methodische Vorrang gegenüber abstrakten Gesetzmäßigkeiten zugewiesen. Der „radikale Kontextualismus" (Grossberg 1999: 56) erscheint auf den ersten Blick als eine prägnante Parallele zwischen „Cultural Studies" und Multikulturalismus. Doch im wesentlichen Unterschied zum Multikulturalismus betrachten „Cultural Studies" und Postkolonialismus den kulturellen Kontext nicht als homogenes oder harmonisches Ganzes. Kultur ist weder *eine* Institution noch *eine* soziale Praxis oder Lebensweise, sondern sie „schlängelt sich durch alle sozialen Praktiken und ist die Summe ihrer Beziehungen untereinander" (Hall 1999a: 18).

Aus dieser „streng anti-reduktionistischen" (Grossberg 1999: 61) Definition der Kultur als Lebensweise oder Praxis ergibt sich zunächst der Verzicht auf die

---

21 Die geistige Verwandtschaft zu den geistigen Vätern der deutschen Kultursoziologie wurde ab der Gründung des „Birmingham Centre for Contemporary Cultural Studies" (1964) durch eine intensive Rezeption von Webers Kultursoziologie, Simmels Studien und den Ergebnissen der interpretativen Soziologie von Alfred Schütz und Berger/Luckmann vertieft (vgl. Winter 1999: 169).

einseitige Analyse literarischer „Kammhöhentexte" aus akademischen Diskursen zugunsten der kulturellen Praxis, die ohne elitäre Selbstzensur wahrgenommen wird (Hall 1999a: 14 f).[22] Grossberg, Nelson und Teichler präzisieren dies wie folgt:

> „Cultural Studies is typically interpretative and evaluative in its methodologies, but unlike traditional humanism it rejects the exclusive equation of culture with high culture and argues that all forms of cultural production need to be studied in relation to other cultural practices and to social and historical structures" (Grossberg et al. 1992: 4).

Seit Williams' Credo: „Culture is ordinary" (Williams 1993) wird Kultur demokratisiert und redefiniert als die „ganze Lebensweise" (a whole way of life), als Summe gemeinsamer Beschreibungen, mit deren Hilfe gesellschaftliche Subjekte ihre gemeinsamen Erfahrungen sinnhaft erleben und gestalten (vgl. Winter 1999: 158 ff). Durch diesen erweiterten Kulturbegriff, der auch die Wissens- und Bedeutungsbestände der sozialen Alltagspraxis umfasst, werden manche Interpretationen (Sub- und Populärkulturen) aus ihrer marginalisierten Randexistenz herausgeholt, während bislang privilegierte Aspekte (wie die so genannte „Hochkultur") ihre kanonisierende Stellung einbüßen und nur noch ein Teil des allgemeinen Prozesses sind, der Traditionen und Institutionen schafft (Williams 1961: 55).

Die Folge ist ein enormer Realitätsvorsprung für die kultursoziologische Betrachtung, der durch die verwendeten Methoden und Materialien ergänzt wird. Im Unterschied zu den Multikulturalisten, die sich bei ihren Analysen weitgehend auf Texte beschränken, arbeiten die Postkolonialisten mit ethnographischen Methoden, mit teilnehmender Beobachtung und verschiedenen Befragungsmethoden, durch die erst jene Produktionsprozesse und -konflikte sichtbar werden, die dem Text zugrunde liegen. Damit steht nicht das fertige Produkt, sondern die Produktion desselben stehen im Vordergrund. Durch diese erfahrungsgesättigte Herangehensweise wird es möglich, Kultur als einen polyphonen, umstrittenen und komplexen Prozess der Konstruktion von Bedeutungen und Identitäten sichtbar zu machen (Hörning und Winter 1999b: 10).[23]

---

22 Zu denken ist hier insbesondere an die theoretischen Analysen der Alltags- und Arbeiterkultur bei Hoggart (1957) und Thompson (1964).

23 Diese Differenz zwischen integrationsfixiertem Multikulturalismus und konflikttheoretischen Cultural Studies lässt sich zum Teil aus den unterschiedlichen historischen Entstehungskontexten erklären. Der Multikulturalismus wird stark durch die us-amerikanische Tradition dominiert, besonders durch den Einfluss der Chicago School, die während einer Zeit rascher Modernisierung, Urbanisierung und Immigration mit den Herausforderungen fortschreitender gesellschaftlicher Fragmentierung zu kämpfen hatte. Die Kernfrage der us-amerikanischen Sozialwissenschaft bestand darin, einen Weg zu finden, die Gemeinschaft, die „great commu-

3.2.2 Kultur als kreatives Spiel: Die emanzipatorische Dimension

Der wesentliche Vorsprung der „Cultural Studies" für die Genese eines neuen, angemessenen Kulturbegriffs besteht darin, dass die Vertreter dieser Denkrichtung konsequent jede Homogenitäts- und Totalitätsvorstellungen aufgeben. Die Wahrnehmung kultureller Phänomene und Identitäten ist gekennzeichnet durch die Charakteristika der Dezentrierung, der Fragmentierung und der Zerstreuung (dislocation) (Hall 1999b: 394 ff, 400 ff). Damit wird der Mythos naturhafter Zugehörigkeiten und Identitäten aufgebrochen und die konfliktäre Konstruiertheit, Historizität und Temporalität der menschlichen Existenz sichtbar (Grossberg 1999: 53).

Um diese Aspekte zu erfassen, braucht es neue kulturtheoretische Begrifflichkeiten: Statt der Homogenität und Totalität wird die „Hybridität" von Identitäten und Traditionen fokussiert. Kultur resultiert aus „Kreolisierungen" , womit alles bezeichnet wird, „was sich einer Mischung von Traditionslinien oder Signifikantenketten verdankt, was unterschiedliche Diskurse und Technologien verknüpft, was durch Techniken der collage, des samplings, des Bastelns zustande gekommen ist" (Bronfen und Marius 1997: 14).

Die Begriffe „Hybridität" bzw. „Hybridisierung" gehen auf den russischen Semiotiker Michail Bakhtin (Bakhtin und Holquist 1981) zurück, der damit die Kombination zweier oder mehrerer Sprachen oder Zeichensysteme benannt hat.[24] Homi Bhabha hat dieses Konzept in die „Cultural Studies" und den „Postkoloni-

---

nity" wiederherzustellen. Insofern ist diese Richtung der Kultursoziologie unmittelbar vom politischen Interesse an Integration und Ordnungssicherung geprägt (vgl. Hörning 1999: 86; Denzin 1999: 121 ff).

Der britische Kontext der Cultural Studies war ein ganz anderer. Die Frage war nicht der Verlust der Gemeinschaft. Im Gegenteil: Williams führt in seinen Studien zum modernen Dorf aus, dass es dort mehr echte Gemeinschaft gäbe als zu irgendeiner anderen Zeit (Williams 1973: 195). Die Auseinandersetzung mit der Kultur resultierte hier vielmehr aus der mobilitätsbedingten persönlichen Erfahrung der Distanz zwischen Gemeinschaft und Kultur, zwischen dem Zusammengehörigkeitsgefühl und der Intelligenz, zwischen Klasse und Wissen (Williams 1973: 179, 207; Grossberg 1999: 50). Kultur wurde hier als Problem der Teilnahme, des Ortes und der Zugehörigkeit betrachtet, wobei die erfahrene Distanz an die Klassenstruktur gebunden war. Von hier aus ergab sich eine ganz andere Betrachtungsweise, die nicht nur die Identifikation von Kultur mit Gemeinschaft samt aller homogenitätsorientierter Implikationen ausschloss, sondern von Anfang an die Dialektik zwischen Kultur und Sozialstruktur mitbedachte (vgl. Grossberg 1999: 48 ff).

24   Bakhtin unterscheidet dabei zwischen unbewussten („organischen") und bewussten Hybridisierungen: Der Normalfall sind erstere, also nicht wahrgenommenen Überlagerungen und Vermischungen von Sprachsystemen, während die bewusste Hybridisierung als spezifisch postmoderner Spezialfall betrachtet werden kann, etwa im Sinne der privilegierten „Kosmopoliten" (vgl. Beck-Gernsheim 1998; Hannerz 1990; Waldron 1999), die virtuos und experimentell mit kulturellen Versatzstücken jonglieren.

alismus" integriert und für die Beschreibung multikultureller Konstellationen fruchtbar gemacht. In der *Verortung der Kultur* (Bhabha 1997c; 2000) zeigt er, inwiefern kulturelle Kollektivphänomene als Ergebnis komplexer und heterogener Überlagerungsprozesse entstehen; ein Prozess, den er als „Überlappen und De-Plazieren" präzisiert (Bhabha 1997c: 124).

Entscheidend an diesen Überlagerungen ist, dass sie nicht als harmonische Hinzufügung oder unverbundenes Nebeneinander von Deutungen und Interpretationen zu verstehen sind. Hybridität meint nicht die Verschmelzung von Kulturen, sondern eher das Nebeneinander und das sich ständig verschiebende, miteinander koalierende Moment der Identifikation (Gutiérrez Rodríguez 2003: 28). Die Hybridisierung treibt, so Bhabha, „eine spaltende Öffnung" in die vereinheitlichten und verallgemeinerten kulturellen Deutungsmuster, wodurch ein „dritter Raum" (third space) der Kommunikation und Übersetzung entsteht und jede angestrebte Gleichförmigkeit permanent herausgefordert und zerstört wird. Aus der Perspektive des Kohärenzdenkens ist Hybridisierung ein Akt der Verfremdung (Bhabha 1997b: 182 ff).

Hybridität entsteht im Gespräch; sie basiert auf dem Aushandeln von Identitätspositionen in Interaktionen. Hybride Identitäten haben keinen ontologischen Status außerhalb der Interaktionen, in denen sie konstruiert werden (Tate 2003: 178 ff). Um diesen Prozesscharakter der Hybridität, die immanente Verflüssigung und ständige Transformation im Identifikationsprozess hervorzuheben, hat der Schriftsteller Aimé Césaire den Begriff des „Kreolischen" eingeführt (vgl. Gutiérrez Rodríguez 2003: 22). „Creole" ist die Sprache in den ehemaligen französischen Kolonien in der Karibik. Sie besteht in einer eigentümlichen Mischung aus dem von den Kolonialherren aufgezwungenen Französisch mit Elementen afrikanischer Sprachen und einer eigenen, vom Französischen abweichenden Grammatik. Das Kreolische steht in Césaires Erinnerungen an das kolonialisierte Martinique für die heteroglotte Welt der Karibik, in der kulturelle Bindungen zerschnitten und anders wieder verknüpft werden, in der kollektive Symbole durch Aneignung fremder Einflüsse entstehen und kulturelle Identität nicht in althergebrachten Traditionen, sondern in Transformationen und Vermischungen ‚wurzelt', insbesondere in der Vermischung von Sprachen und Stilen. In diesem Sinne enthält die Kreolisierung immer das Moment der „Transgression" (Foucault), d. h. der Infragestellung der Grenzen, die die binäre Logik von Identität und Andersheit vorgibt. Hybridisierungen und Kreolisierungen stören die Autorität innerhalb von Diskursen und zeigen die Grenzen der Vereinheitlichung (Tate 2003: 177 ff).

Der Kerngedanke der hybriden oder kreolisierten Kultur lässt sich denn auch treffend als eine Kombination aus Vielfalt, Vernetzung und Innovation im Kontext der globalen Zentrum-Peripherie-Verhältnisse beschreiben (Hannerz

1996: 67). Insofern sind hybride Identitäten, die in diesen „Zwischen-Räumen" der „Überlappung" entstehen, immer zugleich vom „Anderen", vom „Fremden" durchsetzt: „Nationale" Kulturen tragen die Spuren ihrer Minderheiten in sich, so wie die Minderheiten durch die Vorgaben der nationalen Mehrheitskultur geprägt werden (Bhabha 1997c: 129 f). Nationen enthalten in sich „nationale Gegen-Geschichten", welche ständig die Grenzen unterlaufen und die ideologischen Essentialisierungen stören (Bhabha 1997b: 163).

Menschen, die sich der Hybridität ihrer Identität und Kultur bewusst sind, müssen die Ambition aufgeben, zu irgendeiner kulturellen „Reinheit" oder „Authentizität" zurückzukehren. Es sind Identitäten,

> „die natürliche Grenzen durchschneiden und durchdringen und die von Menschen entwickelt wurden, die für immer aus ihren Heimatländern zerstreut wurden. Solche Menschen erhalten starke Bindungen zu den Orten ihrer Herkunft und zu ihren Traditionen. (...) Sie tragen die Spuren besonderer Kulturen, Traditionen, Sprachen und Geschichten, durch die sie geprägt wurden, mit sich. Der Unterschied ist, dass sie nicht vereinheitlicht sind und sich auch nie im alten Sinne vereinheitlichen lassen wollen, weil sie unwiderruflich das Produkt mehrerer ineinander greifender Geschichten und Kulturen sind und zu ein und derselben Zeit mehreren ‚Heimaten' und nicht nur einer besonderen Heimat angehören" (Hall 1999b: 435).

James Clifford (1997; 1999) präzisiert diese hybride Daseinsweise mit den Begriffen des „Übersetzers" und des „Reisenden", wobei „Reisen" in diesem Kontext nicht auf die wörtliche Bedeutung beschränkt wird, sondern sich auf alle Kräfte bezieht, die einen starken Einfluss ausüben, auch wenn sie einen Ort nur durchqueren: Medien, Touristen, Waren, Armeen etc. Die Reise wird selbst konstitutiv, denn was immer sich von einem Ort zum anderen bewegt, wird stets durch die Reise selbst verformt (Grossberg 1999: 68).

Dies zeigt auch, dass das Phänomen der Hybridität keineswegs neu ist. Sowohl die Reiseliteratur als auch die Ethnographie bezeugen viele, sehr früh dokumentierte Beispiel für die Figur des „Hybriden", z. B. ein Indianer namens Squanto, der 1620 nach einem längeren Aufenthalt in Europa die neu ankommenden Pilger in Massachusetts in bestem Englisch begrüßte und ihnen durch seine Sprach- und Ortskenntnisse durch den ersten harten Winter half. Die gleiche Hybridität gilt mit Sicherheit für die Informanten, die den Anthropologen zur Seite standen. Auch sie waren selten nur Einheimische, zumindest einige von ihnen waren Reisende, Pilger, Entdecker, Missionare, Konvertiten, Mischlinge, Wanderarbeiter, die wie die Ethnographen „Spezialisten für große Entfernungen" sind (Clifford 1999: 478, 489 ff, 500 ff; Eickelmann und Piscatori 1990; Helms 1988).

Sicher, der „Squanto-Effekt" ist nicht die Norm. Viele Menschen ziehen es bis heute vor, ihre Mobilität selbst einzuschränken, weil sie das Vertraute als „Zuhause" schätzen; mindestens ebenso viele werden durch repressive Kräfte und Mangel an Möglichkeiten an einen Ort festgehalten (Clifford 1999: 498 ff). Und es muss erwähnt werden, dass manche Reise nicht aus freien Stücken angetreten wurde und wird. Die Mobilität von Flüchtlingen und Wanderarbeitern ist eine erzwungene, sei es durch politische Disziplinarmaßnahmen, sei es durch ökonomische Repressionen; von der Geschichte der transatlantischen Versklavung ganz zu schweigen (Rediker 1987; Clifford 1999: 502).

Und dennoch kann angesichts der Fortschritte im Bereich der Transport- und Kommunikationsmedien und vor dem Hintergrund der Transnationalisierung von kulturellen Identitäten gesagt werden, dass der „Squanto-Effekt" an Bedeutung und Häufigkeit zugenommen hat. Auch wenn manche Reiseerfahrung vielleicht nur eine indirekte ist, basierend auf Reiseberichten anderer Menschen, die seit Jahrhunderten weitergegeben wurden. Doch auch diese medial vermittelten Erfahrungen prägen die Identitätsprozesse in entscheidenden Maße.

Ob direkt oder indirekt, ob gewollt oder erzwungen, die Erfahrung der Mischung und Hinterfragung, des Dissenses oder gar des Zusammenbruchs kultureller Lebenswelten sind unvermeidbare Bestandteile kultureller Entwicklung, die nicht nur im Multikulturalismus sträflich vernachlässigt wurden. Es gehört zu den Verdiensten der „Cultural Studies", diese Hybridität der Kulturen in den Vordergrund zu stellen. Erst durch diese grundbegriffliche Vorentscheidung kann sich eine Kultursoziologie von der unkritischen Deskription und Reproduktion kollektiver Selbstbeschreibungen und Kohärenzwünsche befreien. Zugleich zeigt sich die Fokussierung der Hybridität als notwendige Bedingung, um den kultursoziologischen Blick auf jene Faktoren zu richten, die diese realen Zerstreuungen und Fragmentierungen kultureller Identitäten beständig beschleunigen und verstärken.

3.2.3   Kultur als Ideologie: Die machtkritische Dimension

Im Wissen um die konfliktreiche Genese der kulturellen Traditionen muss die Vorstellung der Kultur als einem integrativen „Kitt" aufgegeben werden. Im Bereich der Kultur herrscht weder Homogenität noch Harmonie, sondern der Produktionsprozess kultureller Texte und Traditionen ist beherrscht vom permanenten Aufbrechen oder Fehlen eines Konsenses in Wert- und Bedeutungsfragen. Kultur ist nicht stabil, homogen und festgefügt, sondern durch Offenheit, Widersprüche, Aushandlungen, Innovationen und Widerstand strukturiert. Erst unter diesen Bedingungen werden die alltäglichen Formen kultureller Produktivität sichtbar, die sich im Aufbrechen von Routinen, in der Entfaltung von Möglichkeiten und im Hervorbringen neuer Artikulationsformen äußern. Es zeigt sich aber auch die Dimension des Konflikts und der Konfrontation zwischen verschiedenen Lebensweisen und Interpretationen (Hall 1999a: 21).

Schon Raymond Williams entwirft gegen Ende seiner historischen Semantik des Kulturbegriffs in *Culture and Society* (Williams 1958: 399) das Bild eines Kampfes um Bedeutungen. Es ist der nie endende Konflikt über Sinn und Wert von Traditionen, Erfahrungen und Praktiken, der die Analysen bestimmt (Hörning und Winter 1999b: 9). Deshalb muss jede Kulturanalyse mit einer Analyse der zugrunde liegenden Machtverhältnisse verbunden werden (Grossberg 1999: 70 ff; Hall 1999a: 26; Winter 1999: 164 ff).

Es gehört zu den besonderen Verdiensten der „Postcolonial Studies", jede romantisierende Ästhetisierung des Subalternen und Hybriden durch den Hinweis auf die strukturellen Machtasymmetrien im Bereich der Repräsentation zu korrigieren. Im Zentrum stehen die vielfältigen Erfahrungen der Marginalität und Unterdrückung, der Herrschaft und Subalternität, die auch nach der formalen Entkolonialisierung prägend und andauernd sind. „Postkolonialismus" ist vor diesem Hintergrund nicht als chronologischer Epochenbegriff zu begreifen, sondern es handelt sich um eine politisch motivierte Analysekategorie, die dem Phänomen des unabgeschlossenen Kolonialdiskurses nachspürt (vgl. Ha 1999; Hall 1997): unabgeschlossen, weil das Vermächtnis der kolonialen Vergangenheit bis heute fortwirkt, sei es in Form institutionalisierter Schrift-, Wissens- und Kulturtraditionen, die im Zuge der Kolonialisierung implementiert wurden, sei es in Form eines kolonialisierten Bewusstseins der Subjekte, denen sich die Erfahrungen der Stigmatisierung eingeschrieben haben (vgl. Grossberg 1999; Hall 1999a; Hörning und Winter 1999a).

Bereits Ernest Renan (1882) hat auf die immanente Gewaltsamkeit hingewiesen, die allen kulturellen und nationalen Identitäten zueigen ist: Gewalt im Sinne der Unterdrückung und Marginalisierung derer, die sich nicht dem Bedürfnis nach Kohärenz und Homogenität gefügt haben. In diesem Sinne sprechen die postkolonialen Autoren von „Eigentumsrechten", mit denen Kultur und auch Sprache durchsetzt sind. Kultur, Sprache, Wahrheit und Geschichte sind Sphären der Macht: die Macht zu benennen, zu identifizieren, zu klassifizieren, zu domestizieren, zu vereinnahmen und andere zum Schweigen zu bringen (Bhabha 1997a: 97; Chambers 1997; 1999).

Diese Macht ist sowohl den Herrschenden als auch den Beherrschten geistig und körperlich eingeschrieben. Frantz Fanon hat in seiner Monographie *Peau noire, masques blancs* (Fanon 1952) diese Prägung der Menschen anhand der psychischen Effekte des „weißen Blicks" im Subjektivierungsprozess des

„schwarzen Mannes" herausgearbeitet.[25] An diesen Gedanken anknüpfend veröffentlichte 1978 Edward Said seine Studie *Orientalism* (1978), die sich mit der Vielzahl diskursiver Repräsentationstechniken befasst, mit deren Hilfe der „Okzident" den „Orient" als „seinen" Gegensatz implementiert hat. Saids Untersuchungen werden als Meilenstein der gesellschaftskritischen „Postcolonial Studies" angesehen, insofern er den Beitrag der Kultur zu einem „epistemischen Gewaltsystem" herausgearbeitet hat (Steyerl und Gutiérrez Rodríguez 2003a). An diese Weichenstellung haben spätere Vertreter des Postkolonialismus wie Gayatri Chakravorty Spivak angeschlossen. Spivaks „worlding" (Welt machen) bezeichnet den zentralen Vorgang, in dem durch die Aufoktroyierung von Schrifttraditionen die diskursive Unterwerfung einer kulturellen „Welt" erfolgt (Gutiérrez Rodríguez 2003: 24 ff; vgl. Spivak 1987; 1999; Spivak und Harasym 1990).

Kultur aus postkolonialer Perspektive ist keine frei schwebende Sphäre, die sich den ökonomischen und politischen Zwängen und Interessen entziehen kann. Kultur ist nicht nur Medium der Bindung und symbolischen Identifikation, sondern auch eingebettet in die Struktur symbolischer Macht (Hall 1999b: 420 ff). In dem Maße, in dem die Frage nach den repressiven und manipulativen Konstitutionsbedingungen von Subjektivität ins Zentrum rückt, muss auch die Erfahrung als Zugang zur Kultur kritisch gebrochen werden. Angesichts der Verstrickungen des Menschen in Ideologien und Zwänge ist die Erfahrung selbst keine authentische Quelle, sondern sie ist auch „ein Produkt der Macht", so dass „was am offensichtlichsten ist und am wenigsten in Frage gestellt wird, oft am stärksten von Machtbeziehungen durchdrungen ist" (Grossberg 1999: 52, 65 f). Dadurch ergibt sich für die „Cultural Studies" ein Dilemma zwischen hermeneutischem Zugang und kritischer Absicht. Lawrence Grossberg formuliert dieses Problem zwischen Erfahrung und Distanz sehr treffend: „Cultural Studies müssen in gewisser Hinsicht darum ringen, der Kultur zu entfliehen, wenn sie die Macht der Kultur entdecken wollen" (Grossberg 1999: 82).

Erreicht wird diese kritische Korrektur der hermeneutischen Binnenperspektive durch den Einfluss strukturalistischer und diskurstheoretischer Ansätze (vgl. Hall 1999a; Kögler 1999: 221; Winter 1999: 170 ff). Der Ideologiebegriff nimmt hier eine Schlüsselrolle ein (Althusser 1977): Die ganze Lebensweise ist immer auch durchsetzt und geprägt von ideologischen Repräsentationssystemen, die Erfahrungen konstruieren, Subjekte positionieren und Identitäten definieren. Diese kritische Einsicht wird durch die Rezeption von Ernesto Laclau (1977) und Michel Foucault (1971) weitergeführt.[26] In diesem Sinne ist Kultur nicht mehr

---

25   Im Hinblick auf Deutschland siehe Ferreira (2003).
26   Der Einfluss von Ernesto Laclau besteht insbesondere in der Kritik an Louis Althussers abstraktem und universellem Ideologiebegriff und der Rückbindung der Kulturkritik an die

nur Ressource von Handlungsfähigkeit, sondern enthält die Dimensionen des Zwangs und der Regulation. Der kulturelle Text kann nur verstanden werden, wenn man ihn auf diese repressiven Strukturen des Kontextes zurückbezieht (Grossberg 1999: 70) und die oft impliziten und nicht-semantischen Wissensbestände und Umgangskompetenzen hervorholt, die als gemeinsame Vorannahmen den Alltagspraktiken unterliegen (Hörning 1999: 88).

Auch wenn der Kontext nie von den kulturellen Praktiken getrennt wird, so muss gesehen werden, dass sich die „Cultural Studies" nur im ersten Schritt mit den kulturellen Praktiken befassen, gleichsam als Einstieg in den Kontext der ungleichen Machtbeziehungen. Trotz aller Fragwürdigkeit einer objektivistischen Sicht der Welt wird an der „Wirkkraft der Objektwelt" festgehalten, um jeder „kulturalistischen, oft selbstverliebten Binnenmatrix" vorzubeugen (Hörning 1999: 93 f). Der Kontext ist für die Vertreter der „Cultural Studies" nicht einfach gegeben, sondern er ist eine „soziale Formation" (Hörning 1999: 91), der durch politische Kräfte und soziale Kategorien definiert wird.

Kulturelle Praktiken sprechen insofern nicht für sich, sondern müssen im Wechselspiel mit materiellen Realitäten betrachtet werden, woraus sich „Allianzen" zwischen Kultur und Macht ergeben, die sowohl hermeneutisch als auch politisch rekonstruiert werden müssen (Grossberg 1999: 59, 62 f). Es geht also nicht so sehr um die Praktiken als vielmehr um diese „Allianzen", um die Beziehungsgeflechte zwischen den Praktiken und Kontexten, in den Macht (re)-produziert wird (Grossberg 1999: 81).

Diese Allianzen entstehen nicht zufällig, sondern sie sind das Ergebnis bestimmter „Bahnungen" (Grossberg 1999: 62 f), durch die Texte, Traditionen und Praktiken verbunden werden. Die Idee der „Bahnung" erinnert offensichtlich an Webers Konzept der „Weichenstellungen" durch Ideen, und genau wie in der Weber'schen Kulturtheorie findet sich auch bei den „Cultural Studies" die Vorstellung des dynamischen Wechselspiels zwischen Ideen und Interessen. Weder wird die Kultur auf Macht reduziert, noch wird behauptet, bestimmte Machtbeziehungen seien in kulturellen Praktiken vorgegeben (Grossberg 1999: 48).

So gelingt es den Vertretern der „Cultural Studies", einerseits die Ungleichheiten und Marginalisierungen im kulturellen Bereich durch Herrschafts- und Ideologiekritik sichtbar zu machen, andererseits jeden „Opfermythos" zurückzuweisen, der im Diskurs um kulturelle Sonderrechte oft als Legitimation instrumentalisiert wird. Dies aus zwei Gründen: Erstens weisen die Vertreter der „Cultural Studies" konsequenter Weise jede homogene Vorstellung der „Herrschenden" zurück, und zweitens konzentrieren sie sich auf die subversiven und

---

Foucault'sche Diskursanalyse. Dadurch findet die Vorstellung der Pluralität und Geschichtlichkeit von Ideologien Eingang in unzählige Forschungsarbeiten (Foucault 1971; Laclau 1977; Kögler 1999; Winter 1999: 17 ff, 180).

kreativen Potenziale der „Beherrschten" im Kampf um Anerkennung. „Radikale Kontextualität" versteht sich als Programm einer Herrschaftskritik, die nicht nur die Unterdrückung, sondern auch die Handlungsmöglichkeiten der Akteure betonen will, um den Stimmlosen Gehör zu verschaffen (Hörning 1999: 91).

Aus diesem Grunde wird jede monolithische Konzeption von Herrschaft und Macht von den Vertretern der „Cultural Studies" abgelehnt (Fiske 1999: 253 ff). Diese Distanz gilt besonders für Althussers Rede von der „großen" hegemonialen Kultur, die als dominante Ideologie alle Subjekte vereinnahmt und unterwirft. Spätestens seit Laclaus Vorstellung einer Pluralität konkurrierender Ideologien (Laclau 1977) geht die Mehrheit der Vertreter der „Cultural Studies" davon aus, dass der zentrale Widerspruch in postmodernen Gesellschaften nicht der zwischen Klassen ist, sondern auf der Ebene „sozialer Formationen" stattfindet. Als soziale Formationen werden taktische Zweckbündnisse auf Basis einer Reihe strategischer Interessen bezeichnet, mit deren Hilfe die Akteure versuchen, ihre eigenen Bedürfnisse zu artikulieren und durchzusetzen.

Zwar wird der Konflikt zwischen den sozialen Formationen durch eine gewisse Polarisierung zwischen dem „power-bloc" und „the people" (Fiske 1999; Winter 1999: 182 ff) dominiert, doch trotz der oberflächlichen Ähnlichkeit zum Marx'schen Klassenantagonismus handelt es sich bei den sozialen Formationen nicht um feste, klassenähnliche Segmente: Sie legen nicht die Identität ihrer Mitglieder fest, sondern resultieren aus aktuellen Tätigkeiten; sie sind nicht durch die Beziehung zu Produktionsmitteln definiert, sondern durch ihren Bezug auf diskursive Ideologien und die Opposition gegenüber denselben; und sie führen als soziale Unterschiede nicht zur Stratifikation, sondern zur Auseinandersetzung. Soziale Formationen bilden sich in Übereinstimmung mit situativen Bedingungen und lösen sich danach eventuell wieder auf (Fiske 1999: 255).

Durch diesen Perspektivenwechsel gelingt es, die Fixierung auf die Makroperspektive der institutionalisierten, verfestigten Kulturen und Ideologien aufzulösen zugunsten der Berücksichtigung der unzähligen Begegnungen, in denen auf der Mikroebene Bedeutungen produziert und generiert werden. Weil herrschende Interessen nach der Implementierung auf der Makroebene streben, also auf der Ebene der Struktur, sind Theorien der Makro-Ebene nur geeignet, die strukturellen Strategien der Herrschenden zu analysieren. Zur Analyse der „unterworfenen" Kultur müssen jedoch die generativen Praktiken auf der Mikroebene in Beziehung zu den institutionalisierten Kräften gesetzt werden:

„In der Tat ist die Schnittstelle zwischen Praxis und Struktur eine der Schlüsselstellen, an denen Menschen in die sozialen und semiotischen Kämpfe eintreten. (...) Sie ist ein entscheidender Schauplatz des Hegemonieprozesses, und sie kann nur mittels einer Theorie analysiert werden, die den Partikularitäten eine größere Bedeutung zukommen lässt, als dies kritische Theorien der Makro-Ebene tun" (Fiske 1999: 262).

In der Spannung zwischen verschiedenen ideologischen Mustern entstehen Schwachstellen und Freiräume im hegemonialen Diskurs, in denen sich Widerstand, Kreativität und potentielle Autonomie entfalten kann (Hörning 1999: 100). In dem die „Cultural Studies" auf die Friktionen und Spaltungen innerhalb der dominanten hegemonialen Ideologien hinweisen, gelingt es ihnen, neben den „Strategien der Mächtigen" zugleich auf die „Taktiken der Schwachen" einzugehen (vgl. Certeau et al. 1980): Die Kreativität des ganz normalen Kulturmenschen, seine listigen und flexiblen Formen der Anpassung, seine Fähigkeit, die Ordnungen durch das wachsame Ausnutzen günstiger Gelegenheiten zu unterlaufen (Morley 1999: 448 ff). Darin besteht die zweite Zurückweisung des „Opfermythos".

Anders als die Frankfurter Schule, die in Begriffen wie dem „eindimensionalen Menschen" (Marcuse 1967) und der „Kulturindustrie" (Adorno 1975; Adorno und Tiedemann 1977) einseitig die vereinheitlichenden Merkmale der kulturellen Modernisierung betont hat, kollabieren die „Cultural Studies" nicht in einer pessimistischen bzw. elitistischen Kulturkritik. Und gerade deshalb gelingt die produktive Fortführung des Erkenntnisinteresses der frühen Frankfurter Schule (Fiske 1999: 261; Kögler 1999): beiden gemeinsam ist das Interesse an der Kultur als Verschränkung von Macht und Subjektivität, durch die eine „kritische Hermeneutik des Subjekts" entwickelt werden kann (Kögler 1999). Für beide Perspektiven steht die Frage im Zentrum, wie soziale Praktiken der Macht mittels kultureller Sinnproduktion auf das Selbstverständnis der Subjekte einwirken - und wie die Subjekte wiederum auf die kulturellen Praktiken Einfluss nehmen können. Es geht beiden um die „Frage nach der symbolischen Konstruktion des Subjekts" (Kögler 1999: 196), einerseits um zu erklären, warum diese sich mit den z. T. repressiven Lebensformen identifizieren, andererseits um zu analysieren, wie unter diesen Bedingungen der Anpassung und Identifikation der Widerstand der Subjekte gegen die existierenden Machtpraktiken zu denken ist.

Darin sehe ich einen wichtigen Beitrag der „Cultural Studies" zu einem Verständnis von Differenz und Identität: weil Kultur weder nur als Integrationsmedium noch nur als Resultat von Herrschaftsverhältnissen betrachtet wird, ermöglichen die „Cultural Studies" einen unverkürzten Begriff, durch den gerade die widerspenstigen und kreativen Praktiken in den Blick kommen (Hörning und Winter 1999b: 8, 11). Die Sprache ist nicht nur Medium der Standardisierung, sondern sie birgt zugleich Potenziale der Reflexion und der Subversion, in denen die Möglichkeiten zur Überschreitung und Kritik der Macht enthalten sind. Dies scheint mir der Sinn von Certeaus Unterscheidung zwischen den „Strategien" der Mächtigen und den „Taktiken" der Schwachen zu sein (Certeau et al. 1980): Wenngleich die „Strategien" der Mächtigen das Spektrum der Institutionen und Ressourcen dominieren bzw. kontrollieren, sind doch die „taktischen" Schwachen nie völlig machtlos. Innerhalb des eingeschränkten Spektrums der Möglichkeiten sind sie kreativ und rebellisch. So entwickelt sich ein Wortschatz von Taktiken, der reich und komplex genug ist, um eine unterscheidbare und wiedererkennbare Ästhetik zu bilden. Eine subversive Ästhetik des Tricksens, des Lesens, Sprechens und Schlenderns, des Einkaufens und Wünschens: gescheite Tricks, überraschende Manöver, polymorphe Situationen, spaßige Entdeckungen, poetisch wie militant.

Dadurch setzen sich „Cultural" und „Postcolonial Studies" grundsätzlich von jedem kulturtheoretischen Nostalgiediskurs ab, der in seiner Kritik an der westlichen Konsumgesellschaft letztlich (ungewollt) auf die Illusionen einer „authentischen" Kultur zurückfallen muss.[27] Was aus der Perspektive von einander abgrenzbarer, in sich „ursprünglichen" Kulturen als Entwurzelung und Verfremdung gilt, kann nun als Hervorbringung neuer Differenzen geschätzt werden, als Umwertung und Redefinition: „raw material, composed for new orders of difference" (Clifford 1988: 15). Vermischung und Verschiebung, kurz: alle Prozesse kultureller Deplatzierung werden nicht mehr als bloß bedauernswertes Sonderschicksal von Minderheiten gehandelt, sondern als Potenzial des kulturellen Wandels erkannt.

Die Kolonialisierten, oft nur als passive Opfer kolonialer Herrschaft oder erzwungener Modernisierung betrachtet, geraten damit mit ihrer aktiven Fähigkeit zur Transformation, Improvisation und Übersetzung von ‚eigenen' und ‚fremden' Traditionen ins Bild. Beides wird durch die Praktiken der Nachahmung und Karikatur (mimicry and mockery) in den Prozess der „cross-identification" involviert, der zu hybriden, kontaminierten Positionen und Identitäten führt (Gandhi 1998: 129 ff). Ihre Sprachen und Ausdruckweisen sind, wie das Kreolische, nicht nur Ausdruck von kultureller Unterwerfung und aufgezwungener Geschichte, sondern auch Zeugnisse einer kreativen und subversiven Vereinnahmung der Fremdherrschaft - eine Form des Widerstands, der sich in jedem Sprechakt wiederholt.

---

27 James Clifford (1998: 14) nennt Claude Lévi-Strauss' Traurige Tropen (1955) als Beispiel einer solchen Verlustgeschichte, in der die verbliebenen lokalen Kulturen zu bedrohten Authentizitäten stilisiert und die Produkte der Hybridisierung als Zeichen des kulturellen Niedergangs betrachtet werden.

3.2.4 Kultur als Text: Die Schwächen der „Cultural" und „Postcolonial Studies"

Trotzdem muss die subversive Kreativität der „Schwachen" immer mit herr-schaftskritischem Blick betrachtet werden. Auch wenn Hybridisierung, Kreoli-sierung und „collage" neue, veränderte Artikulationsformen ans Licht bringen, so finden diese Prozesse keineswegs im freien Spiel der Kräfte statt. Die mediale Durchdringung von Globalem und Lokalem führt weder zum freien Zugang noch zur freien Verfügbarkeit von Chancen und Ressourcen zur Lebensgestaltung. (vgl. Hannerz 1996: 67).[28]

Die ungleiche Verteilung von ideellen und materiellen Ressourcen prägt auch das Feld der kulturellen Identitätsbildung, was wiederum in Hierarchien kultureller Mischformen und Genres zum Ausdruck kommt. Bestimmte kulturel-le Spielarten werden eindeutig privilegiert und für ihre Konsumenten zu „Luxus-Subjektivitäten" stilisiert, während andere Formen der Andersheit als sogenannte „Abfall-Subjektivitäten" marginalisiert werden (vgl. Steyerl 2003: 44). In vor-geblich grenzenlosen Mischungen werden oft nur alte Klischees und Stereotypen revitalisiert, die durch kulturelle Accessoires signalisiert werden. Diese eurozent-rischen Hierarchisierungen verfestigen die Marginalisierung bis in die ästheti-sche Wahrnehmung hinein und stabilisieren auf Dauer massive kulturelle Aus-grenzungsmechanismen, die wie strukturelle Exklusionen die Lebenschancen beschränken. Jeder romantische Begriff von Kultur, der einseitig zum Ausdruck freier Subjektivität stilisiert wird, muss entsprechend korrigiert werden (Gross-berg 1999: 53).

Trotz aller herrschaftskritischen Vorhaben zeigt sich doch in der Rezeption der „Cultural Studies" die Tendenz, das „Hybride" allzu voreilig zum Ort der Freiheit und der reinen Selbstverwirklichung zu stilisieren. Auch wenn die „Cul-tural Studies" zu Recht auf die aktive und kreative Rolle des Konsumenten hin-weisen, so besteht bei manchem Autor die Tendenz, ihn als Widerständler gegen die „großen Erzählungen" aufzuwerten (Hörning 1999: 105). Dies zeigt sich

---

28 An dieser Stelle müssen die Einschränkungen im Hinblick auf Globalisierung erwähnt werden, auf die Kevin Robins (1991: 25) hingewiesen hat. Die Globalisierung schlägt zwar überall durch, aber in unterschiedlichem Ausmaß, mit unterschiedlichem Tempo und - was keineswegs trivial ist - vor dem Hintergrund unterschiedlicher Machtverhältnisse und ungleich verteilter Chancen. Wenngleich der Tendenz nach ein allgemeines Phänomen, so sind doch die konkre-ten Auswirkungen ungleich zwischen verschiedenen Regionen und zwischen verschiedenen Bevölkerungsschichten innerhalb einer Region verteilt. Die vertikale Differenz zwischen Zent-rum und Peripherie prägt auch die Konstitution von Identitäten: Identitätswechsel und Kreoli-sierungen sind in den Zentren und Metropolen des globalen Systems sicherlich stärker verbrei-tet als in der Peripherie. Hybridisierung ist mit Sicherheit in der Peripherie eher ein Produkt postkolonialer Zwänge als in den kulturellen Zentren.

besonders deutlich in bestimmten Bereichen der „Zuschauerforschung".[29] Trotz aller berechtigter Kritik an der reinen Makroebene der Analyse besteht hier die Gefahr, diese durch die Mikroperspektive zu ersetzen, womit die Fragen nach Ideologie und Macht außen vor gelassen werden. Unter diesen Bedingungen verkommt die kultursoziologische Analyse zur kritiklosen Inventarisierung von Konsumprozessen und Lebenswelten, ohne die Konturen der sie umgebenden und prägenden Formationen zu erfassen (vgl. Murdock 1989).

Die Schwierigkeiten, die aus dieser Verklärung des Konsumenten resultieren, werden durch die fragwürdige Universalisierung des Begriffsarsenals verstärkt. Wenn postkoloniale Vordenker wie Edward Said (1993) den Exilanten als Ideal des unbehausten und deshalb befreiten Intellektuellen feiern, dann wird die Situation einer kleinen kosmopolitischen Flüchtlingselite vorschnell verallgemeinert; vergessen und vernachlässigt wird damit die Mehrheit der oftmals gewaltsam vertriebenen Migranten, die der Not gehorchend versuchen, ihren Verlust an Heimat und Zugehörigkeit produktiv umzusetzen. Bilder wie die multikulturelle „Club-Nacht, in der nationale und (sub)-kulturelle Differenzen als einige unter vielen anderen möglichen produktiv eingesetzt werden können" (Bronfen und Marius 1997: 12), verstellen den Blick auf die konkreten Formen von Subalternität, und die professorale Begeisterung für die postkolonialen Schriftsteller als die „neuen Ureinwohner des Weltdorfes" (Beck-Gernsheim 1998: 163 ff) ist wenig geeignet, um der wirklichen Marginalität vieler Migranten auch nur annähernd gerecht zu werden.

Die Gefahr, die Kulturkämpfe auf einen spielerischen Umgang mit Texten zu trivialisieren, zeigt sich auch in den Ausführungen von Homi Bhabha. Wenngleich er die „autoritative Macht des Benennens" (1997a: 97) und die „Strategien der Repräsentation und Machtaneignung" (1997c: 124) in den Mittelpunkt seiner Analysen stellen will, steht doch das „Schreiben" (1997a: 107), die „Textur" oder die „Textualität" (1997a: 110) im Vordergrund der Betrachtung. Nationen, Kulturen, Identitäten, alles wird als reine „Narration" betrachtet (1997b: 150).

Aufgrund der Reduktion des Menschen auf ein „literarisches Geschöpf" (Bhabha 1997c: 139) beschränkt Bhabha die Rekonstruktion der sozialen Realität subalterner Minderheiten auf die Interpretation ausgewählter literarischer

---

29 Zur Kritik an der romantischen Lesart der Konsumentenrolle siehe Grisprud (1989), Brunsdon (1989), Murdock (1989), Morris (1990); zur Kritik an der Validität der „Zuschauerforschung" siehe Clifford und Marcus (1986) sowie Hartley (1987). Die Gefahr der romantischen Verklärung wird durch den eingeschränkten Technikbegriff der Cultural Studies gefördert. Die Untersuchungen zum Technikgebrauch der Konsumenten beschränken sich auf Massenmedien bzw. Techniken, die umstandslos und ohne größeres Vorwissen von jedem verwendet werden können. Anspruchvolle und voraussetzungsvolle Techniken werden ausgeblendet. Damit laufen die Cultural Studies Gefahr, den Zusammenhang zwischen Technik und Bildung aus dem Blick zu verlieren.

Quellen von postkolonialen Autoren. Auch wenn seine Quellenauswahl nicht ganz den Elitismus von Charles Taylor kopiert, so ist es doch naiv, die unterschiedlichen Klassen- und Lebenslagen zwischen postkolonialen Intellektuellen und der stummen „Masse" zu ignorieren. Anthony Appiah vermutet, dass gerade die metaphorische Sprache seiner Werke dazu verführt, die Lebensbedingungen der Diaspora und des Exils unnötig zu verklären (Appiah und Gutmann 1996). Eine Ästhetisierung, die zu einer herrschaftsrelativierenden und ahistorischen Betrachtung gesellschaftlicher Phänomene verleiten kann.

Bhabha und Said sind keine Einzelfälle. Viele Vertreter des Postkolonialismus sind von Haus Literaturwissenschaftler und damit aus professionellen Gründen anfällig für die Illusion, „Kultur als Text" (Bachmann-Medick 1986) zu deuten. Besonders durch den Einfluss von Ricœur hat sich ein Kulturverständnis etabliert, das den prinzipiellen „Lesbarkeitscharakter" menschlichen Handelns unterstellt. Damit werden alle Arten von Einschreibungen, die menschliches Handeln in Zusammenhängen überdauern, zum „Text": Institutionen, Gegenstände, Landschaften, technische Anlagen, Städte, Gebrauchanweisungen, Computerprogramme, Aufzeichnungen und Pläne in jeder Form. Und diese lesbaren Objektivierungen sind auch in gleichen Maße interpretierbar, und zwar ohne Rücksicht auf die ursprünglichen Intentionen der jeweiligen „Autoren" und den zugrundeliegenden soziohistorischen Zusammenhängen (vgl. Ricœur 1972: 263).

Durch diese Textanalogie wird die Wirkkraft der „sozialen Tatsachen" verschleiert. Auch wenn eine objektivistische Sicht auf die soziale Welt durch Hermeneutik und Poststrukturalismus zurecht fragwürdig geworden ist, so läuft doch eine so missverstandene Distanz zum Positivismus Gefahr, in Mentalismus abzugleiten. Die Welt ist kein Text, nicht alles ist lesbar und noch weniger ist das Lesbare „jedem zugänglich, der lesen kann" (Ricœur 1972: 267). Weder das nicht-artikulierte, eingeübte Wissen und Können noch die implizite Fraglosigkeit unserer Vorannahmen und Vorurteile sind nach freiem Willen interpretierbar.

Wenn Konzepte wie kulturelle Hybridität und Deplatzierung wirklich gewinnbringend in Anschlag gebracht werden sollen, um den traditionellen Kulturbegriff zu verabschieden, dann gilt es, jede unreflektierte Verallgemeinerung von Exil-Diskursen zu vermeiden und die Einseitigkeit essenzialistischer Kulturvorstellungen nicht durch eine ebenso einseitige Mystifikation von Entwurzelung und Nomadismus zu ersetzen. Die subversive Kraft der Deplatzierung muss konzeptionell mit dem Spannungsfeld sozialer, ökonomischer und politischer Zwänge verbunden werden.

3.3 Von der horizontalen zur vertikalen Hybridität: Pierre Bourdieus Soziologie der „Kulturkämpfe"

3.3.1 Kulturelle Identität als „Habitus"

Damit Kultursoziologie nicht zur „multikulturellen Staffage im neo-liberalen Supermarkt der Diversität" (Gutiérrez Rodríguez 2003: 29) wird, ist es unerlässlich, die „vertikale" Dimension in den Artikulationsformen, Praktiken und kulturellen Texten nicht nur nachzuzeichnen, sondern systematisch mit den Prozessen der Hybridisierung und Kreolisierung zu verbinden. Die teilnehmende Beobachtung der kulturellen Lebensweise muss mit einer Analyse des sozialstrukturellen „management of meaning" (Hannerz 1996: 69 ff) verbunden werden.

Ein derart umfassender analytischer Zugang findet sich in der Kultursoziologie von Pierre Bourdieu. Nicht erst *Die feinen Unterschiede* (Bourdieu 1984), sondern bereits seine frühesten Arbeiten kreisen um jene Form von Herrschaft, die er als „symbolische Herrschaft" oder „symbolische Gewalt" bezeichnet: gemeint sind Formen der Herrschaft, die über Kultur, also über die Sichtweisen der Welt und über die Selbstverständlichkeiten unseres Denkens ausgeübt werden.

Gerade vor dem Hintergrund der zunehmenden Kulturalisierung gesellschaftlicher Konflikte und Ungleichheiten (vgl. Fraser 1997b; 2003) ist Bourdieus kritische Entlarvung der Kultur als einer subtilen Form von Herrschaft unverzichtbar. Verschiedene Vertreter der „neuen" Theorien sozialer Ungleichheit (Beck 1986; 1994; Schulze 1990; 1992) betonen auf einseitige Art und Weise die konzeptionelle Relevanz der kulturellen Dimension, um von dort aus die „Entstrukturierung" (Beck 1986; Beck und Sopp 1987; Berger 1996; Berger und Hradil 1990) der Gesellschaft zu behaupten. Diese Soziologie der „Kulturgesellschaft" (Michailow 1994) konzentriert sich fast ausschließlich auf die subjektive Wahrnehmung der „individualisierten" und „pluralisierten" Lebensumstände. Zwar werden materielle Ungleichheiten nicht geleugnet, doch unter Bezugnahme auf den so genannten „Fahrstuhleffekt" wird unterstellt, die strukturelle Dimension habe an Bedeutung für die soziale Situation der Akteure verloren (Beck 1986; 1994). Statusunterschiede verlagern sich nach ihrer Ansicht zunehmend in den Bereich wählbare Lebensstile, kultureller Präferenzen und subjektiver Selbstverwirklichung im Rahmen einer „Erlebnisgesellschaft" (Lüdtke 1989; Schulze 1990; 1992)

Dieser Interpretation halten die Vertreter der modernisierten Klassentheorien entgegen, dass hier die Eigenständigkeit der Kultur überschätzt wird (Brock 1993; Ritsert 1987; 1998). Die analytische Fokussierung auf das Individuum und

seine Präferenzen führe zu einem „subjektivistisch verklärten Blick der Sozialstruktur" (Geißler 1996), der die fortbestehende ungleiche Verteilung von Güter
und Chancen ignoriert. Die Stilisierung von Kultur als einer „freischwebenden"
Variable verkennt die Tatsache, dass Kultur in die Kämpfe um knappe Güter und
Chancen verwoben ist. Vor diesem Hintergrund wird Kultursoziologie zur Ideologie, die erfolgreich den Primat individualistischer Selbstgestaltung beschwört
und gleichzeitig die Trivialisierung der sozioökonomischen Zwänge vorantreibe
(vgl. Michailow 1994: 124).

Solange der soziale Raum hierarchisch strukturiert und durch Herrschaftsverhältnisse gekennzeichnet ist, kann Kultur nicht nur als kulturelle „Ausdrucks-
form" betrachtet werden, sondern sie muss im Zusammenspiel mit anderen sozialstrukturellen Kategorien (das System gesellschaftlicher Positionen, die Wirtschaftsstruktur, das Rechtssystem, etc.) betrachtet werden. Leider wird dieser
Anspruch von den wenigsten klassentheoretischen Ansätzen adäquat umgesetzt.
Während die kulturalistische Perspektive einseitig das Bewusstsein der Akteure
und die gemeinsam geteilten Milieus betrachtet, fixiert der strukturalistische oder
klassentheoretische Zugang den Fortbestand der materiellen Ungleichheiten und
Herrschaftsverhältnisse, die „an sich" - jenseits des Zugriffs der Akteure - die
soziale Lage dominieren. Damit werden kulturelle Differenzen zu „horizontalen
Disparitäten" degradiert, die ohne eigenen Erklärungsbeitrag quer zu den her-
kömmlichen vertikalen Differenzierungen liegen und diese ergänzen bzw. über-
formen. Kulturelle Minderheiten werden dann vorschnell zu „Randgruppen",
deren Situation durch „Nebenwidersprüche" gekennzeichnet ist, deren systematischer Stellenwert gegenüber dem Hauptwiderspruch zwischen Arbeit und Kapital verblasst (vgl. Geißler 1982; 1983; Geißler und Marißen 1990).

Was beide Positionen übersehen, ist die Funktion von Kultur als „kultureller
Klassifikation", die nicht nur ökonomische Ungleichheiten legitimiert oder über-
formt, sondern von sich aus erzeugt. Die Betrachtung von Kultur als „kultureller
Klassifikation" unterscheidet sich von ihrer Interpretation als „horizontaler Dis-
parität" dadurch, dass Kultur selbst als Gliederungs- und Exklusionsprinzip erkannt wird, und damit als eigenständige vertikale Dimension sozialer Ungleichheit. Kulturelle Klassifikationen verursachen selbst massive Asymmetrien in der
Ressourcenausstattung und den Lebenschancen der betroffenen Gruppen (Weiß
2001a; Weiß et al. 2001: 10 ff).

Genau an diesem Punkt setzt Pierre Bourdieus Kultursoziologie an. Wenngleich er als „Marxist" (Honneth 1984: 147) bezeichnet wird, der einen der um-
strittensten Teile der Marxschen Theorie, das Konzept des Klassenkampfes nämlich, zum Kernstück seiner eigenen Untersuchungen gemacht hat, ist sich Bourdieu von Anfang an darüber im Klaren, dass eine kritische Kultursoziologie, die
diese Verwobenheit zwischen Macht und Kultur zum Thema macht, weder an

einer makrosoziologischen Fixierung auf verfestigte Ideologien festhalten kann noch auf die mikrosoziologische Naivität der reinen Hermeneutik zurückfallen darf.

In seiner bissigen Pauschalkritik am symbolischen Interaktionismus und an der Ethnomethodologie (vgl. Müller 2002: 162 f) macht Bourdieu zunächst die Gründe für seine Ablehnung der subjektphilosophischen Position deutlich. Ausschlaggebend ist die methodologische Voreinstellung des symbolischen Interaktionismus, die auch auf den zeitgenössischen Multikulturalismus zutrifft: Weil beide Positionen die Grenzen der (soziologischen) Erkenntnis mit den Grenzen des Sprachspiels gleichsetzen, ist für beide die Lebenswelt unüberschreitbar. Dies wiederum begünstigt die Fixierung auf die interaktionistische Binnenperspektive, von der aus alle gesellschaftlichen Beziehungen auf Kommunikation reduziert werden und die „Illusion der Transparenz" vermittelt wird. Von hier aus ist keine Distanz zur lebensweltlichen Selbstbeschreibung zu erwarten (vgl. Schwingel 2003: 44 ff). Die soziale Struktur, so sie überhaupt betrachtet wird, erscheint aus dieser Perspektive bestenfalls als situativer Faktor, was zu einer Vorstellung des Handelns als freiem, schöpferischen Akt verführt (Bourdieu 1979: 140 ff). In der Konsequenz lieffert eine so konzipierte Soziologie lediglich eine Bestandsaufnahme des Gegebenen (vgl. Bourdieu 1979: 150) und zementiert den bestehenden Status quo.

Um diese hermeneutische Unmittelbarkeit kritisch zu überwinden, braucht es ein unverzichtbares Mindestmaß an methodischer Objektivität. Darin liegt die Berechtigung der strukturalistischen Modelle: Nur wissenschaftliche Objektivität im Sinne einer distanzierten Haltung des Wissenschaftlers gegenüber den Gegenständen seiner Erkenntnis gewährleistet den „epistemologischen Bruch", um die Primärerfahrung kritisch zu hinterfragen und mit der subjektphilosophischen „Illusion einer unmittelbaren Erkenntnis" (Bourdieu 1987: 273) zu brechen.

Gleichzeitig wird der Rekurs auf den naiven Strukturrealismus ausgeschlossen. Trotz seiner Sympathie für das strukturalistische Denken erkennt Bourdieu die Unangemessenheit des strukturalistischen Determinismus (Müller 2002: 160 ff; Schwingel 2003: 47 f). Objektivistisch - im Unterschied zu objektiv - wird der Strukturalismus dann, wenn der notwendige Bruch mit der alltäglichen Handlungspraxis verabsolutiert wird, also der Fehler begangen wird, „die Primärerfahrung der Subjekte wo nicht völlig zu ignorieren, so doch als bloß sekundäre, abgeleitete und daher tendenziell vernachlässigte Rationalisierungen oder Ideologien zu begreifen" (Schwingel 2003: 48). Anstelle der subjektivphilosophischen „Illusion einer unmittelbaren Erkenntnis" tritt die objektivistische „Illusion des absoluten Wissens" (Bourdieu 1987: 273).

Beides, Strukturalismus und Kulturalismus, markieren spiegelbildlich aufeinander verweisende Einseitigkeiten: Die Subjektphilosophie kann aufgrund ihres Voluntarismus keine Vorstellung der gesellschaftlichen Strukturen bzw. ihrer Wirkungsweise entwickeln, während der Strukturalismus angesichts der Dominanz gesellschaftlicher Strukturen keine angemessene Vorstellung menschlichen Handelns entfalten kann (Müller 2002: 158 ff).

Die kritische Überwindung der falschen Dichotomie zwischen Subjektivismus und Objektivismus soll durch Bourdieus „praxeologische" Herangehensweise geleistet werden. Ziel ist es, nach dem ersten „epistemologischen Bruch" mit der Unmittelbarkeit durch einen „zweiten Bruch" (Bourdieu 1987: 52) die subjektiven Primärerfahrungen wieder einzubeziehen, einerseits durch die inhaltliche Rückbindung an die subjektiven Erkenntnis- und Wissensformen, andererseits durch die metatheoretische Herausarbeitung der grundsätzlichen Differenz zwischen der wissenschaftlichen Sicht auf die Praxis im Unterschied zu der Perspektive, die die handelnden Akteure im leiblichen Vollzug der Praxis einnehmen.

Beide Integrationsleistungen werden durch den „Habitus" geleistet. Die Habitustheorie erklärt einerseits die konstitutionstheoretische Frage, wie soziale Praxis zustande kommt; in diesem Sinne ist sie eine „Theorie des Erzeugungsmodus der Praxisformen" (Bourdieu 1979: 164). Andererseits stellt sie die Frage, wie die involvierten Akteure diese Praxis wahrnehmen, erfahren und erkennen; in diesem Sinne ist sie eine „Theorie der praktischen Erkenntnis der sozialen Welt" (Bourdieu 1979: 148).[30] Ganz allgemein versteht Bourdieu unter Habitusformen

„Systeme dauerhafter Dispositionen, strukturierte Strukturen, die geeignet sind, als strukturierende Strukturen zu wirken, mit anderen Worten: als Erzeugungs- und Strukturierungsprinzip von Praxisformen und Repräsentationen" (Bourdieu 1979: 165).

Darunter fallen 1. Wahrnehmungsschemata, 2. Denkschemata und 3. Handlungsschemata. Die habitualisierten Schemata umfassen den gesamten Bereich menschlicher Handlungskompetenz: die „Alltagstheorien" der Akteure, ihr spezifischer „Ethos" und ihr spezifischer „Geschmack". Wie in der Alltagspraxis sind auch im Habitus Theorie, Ethik und Ästhetik durch die generativen Schemata unauflöslich miteinander verknüpft und höchstens analytisch trennbar.

Diese habituellen Schemata sind durch die spezifische Position des Akteurs in der Sozialstruktur geprägt. Der Habitus bezeichnet das Dispositionssystem sozialer Akteure, das durch die Verinnerlichung der (klassenspezifisch verteilten) materiellen und kulturellen Existenzbedingungen entstanden ist. Insofern

---

30 Zu Entstehung und Geschichte des Habitusbegriffs siehe Krais und Gebauer (2002: 18 ff, 26 ff).

kommen in den Habitusformen sozialstrukturelle Faktoren zum Ausdruck, die sowohl den Umfang der ökonomisch und kulturell verfügbaren Ressourcen, als auch die Grenzen der Erfahrungs- und Handlungsfähigkeit festlegen. Indem das vergesellschaftete Subjekt die habituellen Vorgaben in seinen Handlungsvollzügen verwirklicht, werden die sozialen Strukturen konstituiert und reproduziert. Zwischen Habitus und Feld bzw. Habitus und Struktur besteht dementsprechend ein unauflösbares Komplementaritätsverhältnis (Schwingel 2003: 75 f).

Dieses dialektische Bedingtheitsverhältnis zwischen Feld und Habitus hat Hans-Peter Müller in der Reproduktionsformel „Struktur-Habitus-Praxis" präzisiert:

> „Vereinfacht ist der Reproduktionsprozess so vorzustellen, dass eine *Struktur* (Verwandtschaft oder Klasse) bestimmte Dispositionen (bei Individuen oder Gruppen) ausprägt, die zu praktischen Handlungen und einer strategischen *Praxis* führen, so dass die ursprüngliche Struktur wieder hergestellt und der Zirkel geschlossen wird. Die Vermittlung zwischen Struktur und Praxis leistet der *Habitus*" (Müller 1986: 163).

Der Habitus ist sowohl subjektiver Ausdruck als auch objektiver Klassenethos: Als reproduktives Prinzip oder „strukturierte Struktur" bestimmt er die individuellen Praxisformen; als generatives Prinzip bzw. „strukturierende Struktur" bringt er wiederum Praxisformen hervor (vgl. Müller 2002: 164; Krais und Gebauer 2002: 5 f, 31 ff).

> „Der Habitus ist Produkt kollektiver Geschichte und individueller Erfahrungen, stimmt objektive Chancen und subjektive Aspirationen aufeinander ab, stiftet Realitätssinn und den Sinn für die eigenen Grenzen und integriert klassenspezifische Verhaltensformen mit nutzenorientierten Strategien" (Müller 1986: 163).

Die habituellen Schemata stellen zusammen die Grundlage dessen dar, was Bourdieu als den „sozialen Sinn" bezeichnet (Bourdieu 1987; Schwingel 2003: 63 ff), der wiederum im menschlichen Körper verhaftet, also „inkorporiert" ist. Selbst die „leibliche Hexis", also Körperhaltung, Bewegung und die Art zu sprechen, sind durch den Habitus geprägt. Dadurch ragt die Sozialstruktur bis in die grundlegenden Schichten der menschlichen Existenzweise hinein: „Was der Leib gelernt hat, das besitzt man nicht wie ein wieder betrachtbares Wissen, sondern das ist man" (Bourdieu 1987: 135). Aus dieser unbewussten Übereinstimmung zwischen Habitus und sozialer Struktur erklärt sich auch, wie die alltägliche Gewissheit der Akteure über ihre soziale Wirklichkeit zustande kommt. Der „Schein der Unmittelbarkeit, mit der sich der Sinn dieser Welt erschließt"

(Bourdieu 1987: 52), ergibt sich daraus, dass die habituellen Schemata fortwährend durch ähnliche soziale Verhältnisse bestätigt werden.

Nun ist es gerade diese zentrale These von der Angepasstheit an Habitus und Struktur, die von verschiedenen Seiten als Determinismus kritisiert wurde. Zwar distanziert sich Bourdieu fortwährend vom Determinismus der Strukturalisten, weil damit die Akteure zu blinden Handlangern objektiver Strukturen degradiert würden, doch es stellt sich die Frage, ob das Prinzip der habituellen Prägung nicht letztlich die zurückgewiesene äußere Determination in eine innere transformiert. Aus diesem Grunde haben sich viele Autoren im Bereich der „Cultural Studies" explizit von Bourdieus „Habitus" distanziert; eine begriffliche Entscheidung, die den problematischen Kulturalismus und Relativismus zusätzlich forciert hat (Hörning 1999: 88; Schwingel 2003: 69 ff).

Richtig ist, dass bei Bourdieu ganz eindeutig der gesellschaftlich geprägte Akteur im Mittelpunkt steht, wodurch er die gesellschaftlichen Restriktionen der individuellen Freiheit ins Zentrum stellt. Doch der Habitus ist kein innerlich fixiertes „Handlungsprogramm", sondern die Inkorporation der äußeren Strukturen basiert immer auf deren Transformation (Krais und Gebauer 2002: 79). Bourdieu selbst entwickelt die Analogie zwischen dem Habitus und Noam Chomskys „generativer Grammatik" (vgl. Krais und Gebauer 2002: 31 ff): beides ermöglicht „unendlich viele und (wie die jeweiligen Situationen) relativ unvorhersehbare Praktiken von dennoch begrenzter Verschiedenartigkeit" (Bourdieu 1987: 104).

Die habituelle Prägung bezieht sich also keineswegs auf konkrete Praktiken, sondern sie legt lediglich den Spielraum des Möglichen und die Art und Weise fest, wie die Praktiken ausgeführt werden (Schwingel 2003: 71). Der Körper fungiert nicht als passiver „Speicher" oder „Aufbewahrungsort" gesellschaftlicher Erfahrungen, sondern er ist ein aktives Instrument bei der Erzeugung spontaner, kreativer Handlungsvariationen, die die gesellschaftliche Praxis mitkonstituieren (Krais und Gebauer 2002: 34, 61 ff, 79 f). Der Habitus ist nicht einfach die im Unbewussten verinnerlichte Gesellschaft, sondern immer auch Konsequenz individueller Interessen und Strategien (vgl. Krais 1988; Schwingel 2003: 97). Unter diesen Bedingungen manifestiert sich Individualität in dem akteurspezifischen Arrangement der materiellen und kulturellen Lebensbedingungen. Wenngleich durch soziale Strukturen und Ressourcen in seinen Variationsmöglichkeiten beschränkt, verfügt auch bei Bourdieu der Einzelne über eine „konditionierte und bedingte Freiheit", die er als „Erfinderkunst" und „Spontaneität" präzisiert (Bourdieu 1987: 103 f).

Dieser „weiche" Determinismus (Schwingel 2003: 74) in der Habitustheorie lässt Raum für Transformationen und Revolutionen. Auch ein intakter Regelkanon führt nicht zu einer uniformen Alltagspraxis (Müller 2002: 162 ff; Krais und

Gebauer 2002: 21); vielmehr ist das Unbestimmtheitsmoment im Zusammenspiel zwischen Habitus und Struktur allgegenwärtig. Bereits in seinen ethnographischen Studien über das symbolische Klassifikationssystem der Kabylen hebt Bourdieu die unvermeidbaren Unstimmigkeiten, Vagheiten und Widersprüche zwischen vorhandenen Interpretationen hervor, mit denen die Stammesmitglieder ihre soziale Realität und kollektive Geschichte ordnen. Die sprachlichen Repräsentationen der Verwandtschaftsverhältnisse oder der Stammesriten folgen keiner syntaktischen Strenge, sondern enthalten Unschärfen, die nur durch das Wirken von unterschiedlichen Interessenlagen interpretiert werden können (Honneth 1984: 148).

Wenn diese Freiheitsgrade sogar in „einfachen" Gesellschaften zu finden sind, dann umso mehr unter modernen Bedingungen der Ausdifferenzierung und Pluralisierung und der damit verbundenen Dynamik des sozialen Wandels. Modernisierung macht es wahrscheinlicher, dass ein Habitus auf Anwendungssituationen trifft, die von denen seiner ursprünglichen Genese sehr verschieden sind, sei es aufgrund sozialstrukturellen Wandels oder aufgrund individueller Mobilität (Schwingel 2003: 78). Ob durch einen Habitus die sozialen Strukturen nur reproduziert oder eher transformiert werden, kann nur im Einzelfall durch einen Vergleich zwischen den Entstehungs- und den Anwendungsbedingungen des Habitus beantwortet werden (Bourdieu 1987: 105). Jede detaillierte, über die reine Typik hinausgehende Aussage zum Verhältnis zwischen Habitus und Feld bleibt der Analyse konkreter historischer Prozesse vorbehalten (vgl. Bourdieu 1984: 210-276).

3.3.2 Kulturelle Identität als „Kapital"

Das Feld bezeichnet den strukturierten Raum, in dem der Habitus konstituiert und angewendet wird. Aufgrund des Zwangs, der von den „sozialen Tatsachen" im Feld ausgeht und der die Handlungsweisen der Akteure prägt, spricht Bourdieu auch von einem „Kraftfeld" (Bourdieu 1985: 83). Dabei ist die soziale Wirklichkeit durch eine Pluralität von verschiedenen Feldern gekennzeichnet, die allesamt über eigene Regeln und spezifische Ressourcen und Zwänge verfügen. Die grundlegenden Ressourcen bezeichnet Bourdieu als „Kapital", weil sie als akkumulierte Geschichte von Privilegien und Benachteiligungen alle zukünftigen Interaktionen und Handlungen mitbestimmen (vgl. Fröhlich 1994).

Durch diese Ausweitung des wirtschaftswissenschaftlichen Kapitalbegriffs auf alle Formen des sozialen Austauschs formuliert Bourdieu eine Grundeinsicht seiner „allgemeinen Wissenschaft von der Ökonomie der Praxis": Angesichts der Knappheit an Gütern, Ressourcen und Lebenschancen gibt es in der sozialen

Wirklichkeit keine interessenlosen und machtfreien Sphären, keinen Bereich, in dem Menschen uneigennützig und frei agieren. Im Gegenteil lässt sich zeigen, inwieweit alles gesellschaftliche Handeln durch den „kalten Hauch" des egoistischen oder ökonomischen Eigennutzes geprägt ist (Bourdieu 1983: 184).

Dabei wird der Kampf um Güter und Chancen keineswegs nur durch das ökonomische Kapital bestimmt. Der Pluralität von Feldern entspricht eine Pluralität von Kapitalien. Jede Reduktion auf das Ökonomische im Sinne eines naiven Materialismus würde die Analyse der Machtkämpfe nur beschränken, und zwar auf die offensichtlichste Erscheinungsform des Kapitals. Das ökonomische Kapital, das direkt in Geld konvertierbar ist und sich besonders zur Institutionalisierung in Form von Eigentumsrechten eignet, ist nur die sichtbarste Form der Kapitallogik gesellschaftlicher Verhältnisse. Wichtiger, weil verdeckter, sind für Bourdieu die nicht-ökonomischen Formen: das kulturelle, das soziale und das symbolische Kapital.

Das kulturelle Kapital selbst existiert in drei Unterarten (Bourdieu 1983: 185 ff):[31] Im inkorporierten Zustand erscheint es als Stilisierung des Lebens, „wie etwa Kleidung, Sprache oder Akzent und vor allem die ‚Manieren', Geschmack und Bildung" (Bourdieu 1994: 60). Entscheidend ist, dass das inkorporierte kulturelle Kapital einen unökonomischen Anschein vermittelt: Man glaubt, es handele sich „um Wesenseigenschaften einer Person, ein aus dem Haben nicht ableitbares Sein, eine Natur, die paradoxerweise zu Bildung, eine Bildung, die zur Natur, zu einer Begnadung und einer Gabe geworden seien" (Bourdieu 1994: 60).

Doch obwohl es nicht käuflich ist, so hat es doch seinen Preis. Das Geld, das Eltern in die frühe Bildung ihrer Kinder investieren, und die Zeit, vor allen die der Mütter, um eine optimale Förderung von Begabungen zu gewährleisten. Das inkorporierte kulturelle Kapital eröffnet damit den Blick auf das eigentliche Geheimnis der symbolischen Transformation: Aus ökonomischen Ungleichheiten und den vulgären „Prätentionen des nackten Besitzes" (Weber 1980: 535) wird ein exklusiver Stil, gebunden an eine distinguierte Persönlichkeit.

---

31 Neben den hier genannten vier Grundformen von Kapital (ökonomisch, kulturell, sozial, symbolisch) hat der Kapitalbegriff mit der Zeit eine inflationäre Verwendung erfahren. Im Fortgang seines Schaffens hat Bourdieu nicht nur alle verschiedenen Unterarten des kulturellen Kapitals auf diese Art präzisiert (Bildungs- und Schulkapital, intellektuelles, wissenschaftliches, philosophisches, universitäres, politisches, linguistisches), sondern auch den Bereich des ökonomischen Kapitals (finanzielles, technologisches, kommerzielles) und die Sphäre der politischen Macht (juristisches bzw. organisatorisches Kapital). Laut Schwingel (2003: 94 f) lässt sich diese „Begriffsinflation" damit begründen, dass Bourdieu seine Begriffe immer aus konkreten Forschungsvorhaben heraus konzeptualisiert hat, wobei die Grundbegriffe im Verlauf fortschreitender Forschungsarbeiten immer weiter modifiziert und differenziert wurden, abhängig vom jeweiligen Forschungs- und Erkenntnisinteresse.

Das inkorporierte kulturelle Kapital ist im Prinzip die „wichtigste" Sorte in Bourdieus Kapitaltheorie (Müller 1986: 167). Erstens, weil es „zweifellos die am besten verschleierte Form erblicher Übertragung von Kapital ist" (Bourdieu 1983: 188), denn die Funktionsfähigkeit des kulturellen Kapitals ist abhängig von der erfolgreichen „Euphemisierung" bzw. „Verschleierung" ihres Bezugs zum ökonomischen Kapital (Bourdieu 1983: 184). Nur wenn der Zusammenhang zwischen Haben und Sein verborgen bleibt, und der Beitrag der Erziehung zur Reproduktion der Sozialstruktur und zur „sozialen Vererbung" kultureller Vorteile und Benachteiligungen nicht erkannt wird, ist gewährleistet, dass der Besitz von kulturellem Kapital als „etwas Besonderes" mit einem bestimmten „Seltenheitswert" aufgefasst wird, und zur Basis von Profiten werden kann (Bourdieu 1983: 186 f).

Zweitens ist das inkorporierte kulturelle Kapital die Grundlage aller anderen Formen des kulturellen Kapitals. Kulturelles Kapital im objektiviertem Zustand, in Form von Instrumenten, Objekten, Maschinen etc. kann zwar unter Umständen gekauft werden, aber nur dann konsumiert und goutiert werden, wenn die entsprechenden inkorporierten Fähigkeiten vorhanden sind. Genuss- und Gebrauchsfähigkeit sind weder materiell übertragbar noch frei verfügbar (Bourdieu 1983: 188). Ähnliches gilt für das institutionalisierte kulturelle Kapital in Form schulischer und akademischer Titel: Auch hier spielt die Primärerziehung im Elternhaus eine weichenstellende Rolle im Hinblick auf den Schulerfolg der Kinder, entweder positiv „als gewonnene Zeit und Vorsprung", oder als negativer Faktor, „als doppelt verlorene Zeit, weil zur Korrektur der negativen Folgen nochmals Zeit eingesetzt werden muss" (Bourdieu 1983: 186). Im Wettlauf um Bildungstitel haben letztlich nur die eine Chance, die bereits mit einem in der Familie erworbenen inkorporierten Kulturkapital an der Start gehen.

Das kulturelle Kapital ist die entscheidende Ressource der „Distinktion", d. h. der gegenseitigen Unterscheidung und Abgrenzung zwischen gesellschaftlichen Gruppen nach ihrer spezifischen Lebensart und Lebensweise. Dabei geht die Distinktion über den bloßen Wunsch nach Zugehörigkeit hinaus. Dieses in der Familie angeeignete spezifische Kapital ermöglicht erstens die Aneignung von Profiten und zweitens, über die damit verbundenen Vorteile, „die Durchsetzung von Spielregeln, die für das Kapital und seine Reproduktion so günstig wie möglich sind" (Bourdieu 1983: 188; Michailow 1994: 110).

Bourdieus „Distinktion" entspricht weitgehend dem, was Weber bereits über die „ständische Schließung" gesagt hat: Formen des Güterkonsums und der Lebensführung begünstigen den Zusammenschluss von Gruppenmitgliedern zum Zweck der Monopolisierung strategisch wichtiger, materieller und symbolischer Ressourcen. Vor dem Hintergrund des gesellschaftlichen „Kampfs" um Ressourcen und Anerkennung folgt die Distinktion dem Bedürfnis der Besserstellung und der symbolischen Überlegenheit (Müller 2002: 166; Honneth 1984: 153).

Die Fähigkeit zur Distinktion ist nun nicht nur eine Frage des vorhandenen kulturellen Kapitals und seiner sozialen Wertschätzung, sondern auch ein Resultat des „sozialen Kapitals", das Personen mit ähnlichem kulturellen Kapital generieren. Hier kommt die zweite Sorte des nicht-ökonomischen Kapitals ins Spiel: Unter Sozialkapital wird die Gesamtheit aller Ressourcen verstanden, die aus dauerhaften Netzwerken mehr oder weniger institutionalisierter Beziehungen resultieren; das soziale Kapital entsteht aus gegenseitigem Kennen und Anerkennen, kurz aus der Zugehörigkeit zu einer Gruppe (Bourdieu 1983: 190 ff). Aus dieser Zugehörigkeit und Mitgliedschaft resultieren ökonomisch folgenreiche Vorteile, die Max Weber in seinem Aufsatz über die protestantischen Sekten als „Kreditwürdigkeit" präzisiert hat (Weber 1988a: 213 ff).

Dieser Distinktionsvorteil hat allerdings zur Voraussetzung, dass ein Minimum an objektiver Homogenität unter den Mitgliedern gewährleistet ist, und dass die Grenzen der Gruppe nach außen stabil sind, um den „Zauber des Geweihten" und die Besonderheit der Zugehörigkeit gegenüber anderen Gruppen und Individuen zu verteidigen. Mit jeder Öffnung nach außen riskiert die Gruppe, ihre Identität zu verlieren und den Seltenheitswert der Zugehörigkeit zu reduzieren (Bourdieu 1983: 191 ff).

Aus diesem wechselseitigen Zusammenhang zwischen der Sicherstellung des Sozialkapitals und dem kulturellen Kapital bestätigt sich erneut die fundamentale Bedeutung des Kulturkapitals. Mit der Sicherstellung der Gruppengrenzen gewährleistet die soziale Schließung nicht nur das soziale Kapital der Gruppe, sondern zugleich den Seltenheitswert und die Besonderheit des gruppenspezifischen kulturellen Kapitals. Umgekehrt ermöglicht erst ein gemeinsames kulturelles Kapital die interne Homogenität und Solidarität der Gruppe, die sowohl ihre Identität als auch ihre Attraktivität sichern.

Das Kriterium der Anerkennung führt zu einer weiteren Kapitalform, die Bourdieu teilweise als eigenständige Ressource betrachtet. Gemeint ist das symbolische Kapital, das Bourdieu definiert „als wahrgenommene und als legitim anerkannte Form der drei vorgenannten Kapitalien (gemeinhin Prestige, Renommée usw. bezeichnet)" (Bourdieu 1985: 11; vgl. 1987: 205-221). Das symbolische Kapital umfasst alle Formen sozialer Anerkennung und zeigt sich in seiner ursprünglichsten Form in traditionalen Gesellschaften als „Ehre" (Bourdieu 1979: 11-47). Das symbolische Kapital der Anerkennung durch Legitimation ist eine allen anderen Kapitalarten übergeordnete Ressource, die in allen zuvor genannten Kapitalsorten als Komponente vorhanden sein muss, um deren spezifische Effizienz und Wirksamkeit zu gewährleisten. So ist das institutionalisierte kulturelle Kapital in Form von Bildungstiteln immer auch symbolisches Kapital, da es von den anderen Akteuren des Feldes anerkannt wird; soziales Kapital ist immer auch symbolisches Kapital, da es auf Anerkennung angewiesen ist, um als Machtmittel einsetzbar zu sein (Bourdieu 1984: 396).

Feld und Kapital definieren sich auf wechselseitige Art und Weise, denn die verschiedenen Kapitalsorten (ökonomisch, kulturell, sozial, symbolisch) stellen immer auch das theoretische Kriterium zur Differenzierung der spezifischen Felder dar. Dadurch will Bourdieu die Eigenständigkeit und Eigenlogik der verschiedenen nicht-ökonomischen Felder unterstreichen, ohne deshalb die Kapitallogik als allgemeines analytisches Schema und damit den Anspruch einer „allgemeinen Wissenschaft von der Ökonomie der Praxis" aufzugeben (Bourdieu 1983: 184). Diese Eigenständigkeit der nicht-ökonomischen Felder zeigt sich am deutlichsten im Bereich der Kapitalumwandlungen: Jede Kapitalübertragung zwischen verschiedenen Feldern ist mit unvermeidbaren „Kapitalumwandlungskosten (Umwandlungsarbeit und inhärente Umwandlungsverluste)" verbunden. Die „Schwundquote" ist unter Umständen beachtlich, wenn man bestimmte Risiken ignoriert, die aus der Verschiedenheit der Felder und ihrer Spielregeln beruhen (Bourdieu 1983: 195 ff). Am deutlichsten zeigt sich die Eigenständigkeit der Kapitalsorten im Verhältnis zwischen ökonomischem und inkorporiertem kulturellen Kapital: als Seinsweise, als in den Leib eingeschriebener Bestandteil der eigenen Person, ist eine Delegation desselben bzw. die Aneignung und Weitergabe gegen Geld schlicht ausgeschlossen (Bourdieu 1983: 186 ff).

Diese nicht-deterministische Sicht auf den Zusammenhang zwischen Kultur und Struktur verbindet Bourdieu mit der Kultursoziologie von Max Weber (vgl. Schwingel 2003: 104 ff). In seinen Ausführungen über „Stände und Klassen" (Weber 1980: 178-180) sowie zur „Machtverteilung innerhalb der Gemeinschaft: Klassen, Stände, Parteien" (Weber 1980: 531-540) distanziert sich Weber von Marx' Materialismus, indem er auf die Eigenständigkeit und Unabhängigkeit der „ständischen Lage" hinweist. Wiewohl Weber durchaus den Einfluss der Klassenlage auf das Lebensschicksal der Subjekte erkennt, entgeht ihm nicht, dass neben der strukturellen Positionierung ein kultureller bzw. „ständischer" Mechanismus über die Verortung der Subjekte im sozialen Raum entscheidet.

Neben der „Klassenlage", die mit der ökonomischen „Marktlage" kongruent ist (Weber 1980: 532), besteht im Bereich der Sozialordnung eine davon unabhängige soziale Gliederung nach „Ständen", die sich durch ihre spezifische „soziale Ehre" und die entsprechende „Lebensführung" auszeichnen und damit voneinander abgrenzen (Weber 1980: 197 ff, 534 ff): Die soziale Ehre kann sich an die Klassenlage knüpfen, sie muss es aber nicht, sondern „sie steht normalerweise vielmehr mit den Prätentionen des nackten Besitzes als solchem in schroffen Gegensatz" (Weber 1980: 535).

Durch die Betonung der Kultur als eigenständigem Faktor der sozialen Ungleichheit gelingt es Weber, die einseitige Ökonomisierung der sozialen Ungleichheit aufzubrechen, was gerade im Hinblick auf die Fragen der kulturellen Identifikation und Repräsentation unerlässlich ist. Entscheidend ist nun, dass es damit gelingt, einen Einblick in die kulturellen Mechanismen der (Re)- Produktion sozialer Ungleichheit zu liefern. Denn die Zugehörigkeit zu einem bestimmten Stand ist durchaus mit „Zumutungen einer spezifisch gearteten Lebensführung" (Weber 1980: 535) verbunden, die die Handlungsspielräume der Akteure unter Umständen empfindlich einschränken. Der Grund, weshalb die Angehörigen der ständischen Gemeinschaft diese Beschränkungen in Kauf nehmen, liegt in den Vorteilen, die mit ihrer Einhaltung verbunden sind: Die ständische „Lebensführung", die auf „Exklusivität" und „Distanz" beruht, begünstigt sowohl „Ehrenvorzüge" als auch „materielle Monopole", so dass die Stände durchaus als „Mittel zur Erlangung der Macht" bezeichnet werden können (Weber 1980: 539).

Im Unterschied zu Webers Konzept der sozialen Schließung, in dem Klassenlage einerseits und ständische Lage andererseits systematisch unverbunden bleiben, versucht Bourdieu mit seiner „soziokulturellen Klassentheorie" (Müller 1986: 162) diese beiden idealtypisch unterschiedliche Gruppierungsprinzipien durch die Rekonstruktion von „Homologien" bzw. „Verdopplungen" in einen konzeptionellen Zusammenhang zu bringen (Bourdieu 1994: 58 ff). Klasse und Stand werden durch die übergreifende Kapitallogik systematisch miteinander verbunden. Im übergreifenden Klassifikations- und Distinktionsprozess erfolgt die permanente symbolische Transformation von „Haben" in „Sein", ohne deshalb die grundlegenden Differenzen zwischen den Feldern zu ignorieren (Müller 1986: 170).

Damit wird „Kultur", sichtbar und handlungsrelevant in Form einer ständischen „Lebensführung", zum eigenständigen Erklärungsfaktor sozialer Schichtung und Ungleichheit. Die „soziale" oder „ständische Schließung" ist nicht nur der entscheidende Mechanismus zur Sicherstellung sozialer und kultureller Identitäten, sondern zugleich das Instrument, durch das sich Subjekte kulturell voneinander distanzieren und damit über die Verteilung relevanter Ressourcen entscheiden. Identifikation und Ausgrenzung verweisen wechselseitig aufeinander.

3.3.3   Kulturelle Identität im „Kulturkampf"

Die konzeptionelle Integration von Identifikation und Ausgrenzung macht Bourdieus Kulturtheorie für die Analyse kultureller Identitäten attraktiv (vgl. Bauman 1992: 190 f; Hannerz 1996: 48, 22 ff). Obwohl sich Bourdieu selbst nicht explizit mit der multikulturellen Gesellschaft beschäftigt hat, so ist doch dieses Thema aufgrund seiner generellen Konzentration auf kulturelle Praktiken als Distinktionsform durchaus präsent. Kulturelle Identitäten können als eine Form von gruppenspezifischem Kapital betrachtet werden, dem Distinktions- und Reproduktionsstrategien zugrunde liegen, die ihrerseits zur Erzeugung und Aufrechterhaltung der sozialen Ordnung beitragen. Vor diesem Hintergrund lassen sich Formen kultureller Fremdheit und Prozesse kultureller Grenzziehung im Kontext gesamtgesellschaftlicher Stratifikationsmechanismen analysieren. Kulturelle Identitäten werden als „kulturelle Klassifikation" sichtbar, als eigenständiges Gliederungs- und Exklusionsprinzip, das als Ursache von sozialer und materieller Ungleichheit wirksam wird und massive Asymmetrien in Ressourcenausstattung und Lebenschancen bedingt (Weiß et al. 2001: 10 ff; Weiß 2001a). Zum ökonomischen Klassenkampf tritt der symbolische Kulturkampf hinzu; es wird nicht nur um die Verteilung von materiellen Gütern gestritten, sondern es herrscht auch ein Kampf um richtige Werte, legitime Standards und vorteilhafte Lebensstile (Müller 1986: 170). [32]

Der Kampf um die Durchsetzung legitimer Vorstellungen ist ein Kampf um die Durchsetzung des Kategorisierungsschemas, das heißt der Kampf um die Macht, Dinge zu benennen (Bourdieu 1990: 71 ff). Dabei ist nicht jede kulturelle Tradition gleichermaßen konkurrenzfähig. Vielmehr hängt die Durchsetzungsfähigkeit einer kulturellen Klassifikation von zwei essentiellen Charakteristika ab: ihrer Legitimität und ihrer institutionellen Stabilität.

Wichtig oder sogar unverzichtbar für den Kampf um „legitime Macht" ist, dass die zugrunde liegende Willkür und Gewalt erfolgreich verschleiert wird (Schwingel 2003: 117). Deshalb vollzieht sich die Legitimation der symbolischen Macht auch nicht in expliziten Auseinandersetzungen oder gar einer penet-

---

32 An dieser Parallelisierung von Kultur- und Klassenkämpfen stören sich selbstverständlich verschiedene Kritiker. So weist Axel Honneth (1984: 157, 161 f) die Vorstellung zurück, alle Formen sozialer Auseinandersetzung gehorchen der Logik von Verteilungskämpfen. Besonders der kulturelle Kampf um die soziale Geltung oder Anerkennung von Moralvorstellungen sei nicht vom Volumen an Wissen oder Reichtum einer bestimmten Gruppe abhängig, sondern werde durch die soziale Verallgemeinerungsfähigkeit und die damit verbundene normative Zustimmungsfähigkeit der moralischen Standards bestimmt (Honneth 1984: 162). Diesen Standpunkt hat er in jüngster Zeit in der Auseinandersetzung mit Nancy Fraser wiederholt und zugleich präzisiert (Fraser und Honneth 2003a). So richtig der darin formulierte Hinweis auf die prinzipielle Differenz zwischen kulturellen und ökonomischen Konflikten ist, so problematisch ist Honneths Tendenz, moralische und rechtliche Auseinandersetzungen als herrschaftsfreie Formen der Verständigung und Wahrheitssuche zu betrachten. Dies ist sicherlich auf den starken Einfluss von Jürgen Habermas' Diskurstheorie zurückführen, wobei die Idealisierungen der Diskurssituation hier von Honneth umstandslos auf die realen, von Zwängen gekennzeichneten sozialen Kommunikationsformen übertragen werden. Auch wenn das Moment der normativen Zustimmungsfähigkeit eine Rolle in Anerkennungskämpfen spielt, so ist dies weder das einzige noch das dominierende Motiv.

ranten politischen Propaganda, sondern üblicherweise in stillschweigenden und unbemerkten Vorgängen. Darin liegt die „kollektive Magie" (Bourdieu 1983: 190) der symbolischen Legitimation. Legitim erscheint eine Kultur dann, wenn sie als vollkommen „natürlich" wahrgenommen wird, wenn die entsprechende soziale Welt als evident und unveränderbar betrachtet wird (Schwingel 2003: 119).

Sozialstrukturell relevant werden diese Klassifikationen allerdings erst dann, wenn sie in der Lage sind, eine ungleiche Verteilung von Ressourcen hervorzubringen, welche so stabil ist, dass sie die Lebenschancen ihrer Besitzer beschneidet oder erweitert. Kulturelle Klassifikationen haben dann eine strukturbildende Wirkung, wenn sie mit der Kontrolle bzw. Beherrschung gesellschaftlicher Schlüsselpositionen verbunden sind. Dies ist im Wesentlichen die Leistungen der entsprechenden kulturellen Institutionen, die nicht nur Kultur produzieren, sondern auch als deren Wächter und Interpreten kontrollieren: das Bildungswesen, die Kirchen, die Institutionen der Gesetzgebung und der Rechtsprechung, der wachsende Einfluss der Medien, des Kulturbetriebs und der wissenschaftlichen „Denkfabriken", schließlich die Sprache selbst als Institution zur Etablierung und Aufrechterhaltung von Herrschaft (Krais und Gebauer 2002: 10 f).[33]

Hier nimmt der Staat eine wesentliche Rolle ein. Der Staat ist für Bourdieu der ideale Ort für die Konzentration und Ausübung symbolischer Macht (vgl. Bourdieu 1998: 91-136), denn nur er verfügt über die notwendigen Mittel zur Durchsetzung und Verinnerlichung von Wahrnehmungs- und Gliederungsprinzipien, die seinen eigenen Strukturen entsprechen. In dieser „Durchstaatlichung" des sozialen Lebens schließt Bourdieu an Foucaults Konzept der „Gouvernementalität" (Foucault 2000) an. Damit Menschen führen und geführt werden können, muss die Form des Regierens (gouverner) mit Denkweisen (mentalité) verknüpft werden können. Der Staat ist damit der Treuhänder des symbolischen Kapitals. Dadurch entsteht die präflexive Übereinstimmung, die jene erstaunliche Leichtigkeit erklärt, mit der die Herrschenden ihre Herrschaft durchsetzen.

Eine wesentliche Stütze dieser Gouvernementalität besteht in der Herstellung der legitimen Nationalkultur (Eder 2001: 55; Balibar 2002: 145). Mentale Bilder, die das Sehen und Glauben, das Kennen und Anerkennen prägen, bestimmen die legitime Gliederung der sozialen Welt und ihrer sozialen Gruppen

---

33 Von hier aus erklärt sich die Tendenz Bourdieus, Kultur im Übergang zur ethnographischen Beobachtung institutionell zu verkürzen. Deutlich wird dies am ehesten bei dem umfassenden Begriff des „kulturellen Kapitals", das gerade in seiner inkorporierten Form auch diffuse Bereiche umfasst und deshalb auf empirischer Ebene auf das institutionalisierte Bildungskapital reduziert wird. Damit bleibt leider die Funktionsweise der institutionell instabilen Exklusionsformen im nicht-kognitiven Bereich (Überfremdungsängste, vorurteilsgeleitete Formen der Wahrnehmung) trotz ihrer offensichtlichen Relevanz in den Hintergrund gedrängt.

(Bourdieu 1990: 95). Sie legen zugleich als kognitives, ästhetisches und evaluatives Muster das legitime kulturelle Kapital der Gesamtgesellschaft fest, das sich dann in den Bildungsinstitutionen institutionalisiert. Die soziale Funktion der legitimem Kultur besteht im Wesentlichen darin, den „populären" Geschmack auszuschließen. „Populär" im weiteren Sinne gilt nicht nur für bestimmte Schichten in der einheimischen Bevölkerung, sondern gerade auch für neu hinzukommende kulturelle Lebensstile. In beiden Fällen führt die „soziale Vererbung" von kulturellem Kapital zu dauerhaften Ungleichheiten: Kenntnisse der Landessprache, besonders die akzentfreie und korrekte Beherrschung in Wort und Schrift werden lange vor dem Schulbesuch in der Kindheit durch Primärsozialisation vermittelt. Darüber hinaus ist mit dieser Sprache auch ein komplexer kultureller Wissensbestand verbunden, der zwar auch innerhalb der kulturellen Mehrheit ungleich zugänglich ist, aber trotzdem die Angehörigen der kulturellen Mehrheit gegenüber den Minderheit bevorzugt.

Inkorporierte Ungleichheiten im Zugang und im Umgang mit der „legitimen Kultur" lassen sich als entscheidende Differenz in den Lebensbedingungen zwischen einheimischer und ausländischer Bevölkerung bezeichnen (Bröskamp 1993: 183 f). Dadurch wird den Mitgliedern der ausländischen Bevölkerung auf mehr oder weniger subtile Weise ein stetes Gefühl des Fremdseins und der Unvertrautheit vermittelt. Herrschaft wird über die Erzeugung von Fremdheitserfahrungen abgesichert. Wer unter diesen Bedingungen nicht den Rückzug in die eigene vertraute Subkultur antritt, sondern die Fremdheit ertragen und sich in ihr einrichten kann, der muss über ein außergewöhnliches Durchsetzungsvermögen verfügen. Damit ist sichergestellt, dass immer nur wenige die kulturellen Grenzen überschreiten (Bröskamp 1993: 201). [34]

Fremdheit und Fremdsein beschränken nicht nur die Zugangsmöglichkeiten zu den Bildungsinstitutionen, sondern auch zur rechtlichen Vollmitgliedschaft in einer Gesellschaft. In diesem Zusammenhang kommt der Staatsangehörigkeit eine herausgehobene Bedeutung zu (Bröskamp 1993: 185 ff; Weiß 2001a: 88 ff). Weil der Erwerb der Staatsangehörigkeit an spezifische Kenntnisse der Nationalkultur (Sprachtests, etc.) gebunden ist, führt dies zu einem Verhältnis zwischen Ausländern und Einheimischen, das vergleichbar ist mit dem zwischen Autodidakten und Trägern eines Bildungstitels: Von der ausländischen Bevölkerung kann ständig verlangt werden, dass sie ihre kulturelle Kompetenz unter Beweis stellen, womit implizit unterstellt wird, dass sie diese nicht besitzen. Im

---

34 Empirische Studien über die Ausbildungs- und Arbeitsmarktsituation junger Ausländer belegen die Wirksamkeit dieser kulturellen Ausgrenzung. Obwohl verschiedene Studien belegen, dass türkische Eltern und Kinder besonders hohe Bildungsaspirationen aufweisen (vgl. Nauck 1994: 71 f), sind türkische Kinder selten in höheren Schulen anzutreffen, sondern sie besuchen eher Hauptschulen (Alba et al. 1994: 217, 220; Szydlik 1996: 666 f; Seifert 1995).

Unterschied dazu wird den Staatsangehörigen diese Kompetenz mit aller Selbstverständlichkeit zugeschrieben, trotz der schichtspezifischen Unterschiede, was Sprach- und Kommunikationskompetenz betrifft.

Der fehlende Besitz der Staatsangehörigkeit begründet seinerseits den Ausschluss von elementaren Rechten. Jürgen Mackert (1998; 1999) hat diese Bedeutung der Staatsangehörigkeit im Rahmen von Anerkennungskämpfen sehr detailliert herausgearbeitet und damit jedem Inklusionsoptimismus à la Niklas Luhmann (Mackert 1998: 562 ff) erfolgreich widersprochen. Wenngleich unter Bedingungen ausdifferenzierter Subsysteme die unterschiedlichen Handlungsbereiche je spezifische Integrationsmodi anbieten, so ist dennoch der Unterschied zwischen Staatsangehörigen und Bevölkerung von existenzieller Bedeutung für die Situation eines Menschen im politischen, ökonomischen und sozialen System (Mackert 1998: 570 ff).

Gerade in demokratischen Gesellschaften ist die Frage, wer zur Nation bzw. zum Volk gehört, und wer nicht, von primärer Bedeutung für den Zugang zu knappen Gütern und Chancen (Wimmer 1995: 469 ff, 476 f). Am offensichtlichsten wird diese Asymmetrie im politischen System: Solange das Wahlrecht an die Staatsangehörigkeit gekoppelt ist, sind Ausländer von der politischen Partizipation ausgeschlossen. Indirekter und deshalb weniger offensichtlich sind die Exklusionseffekte der Staatsangehörigkeit im ökonomischen System; rechtliche Voraussetzungen produzieren deutliche Nachteile im Hinblick auf Arbeitseinkommen und Arbeitsplatzsicherheit.[35] Über diese ökonomi-

---

35   Märkte sind nur auf einen ersten naiven Blick hin offen. „Deutschenrechte" wie Freizügigkeit (GG Art. 11) und freie Berufswahl (GG. Art. 12) produzieren deutliche Vorteile für einheimische und diesen gleichgestellte Erwerbstätige, während die Arbeitsmarktchancen und vielfach auch das Arbeitseinkommen von Ausländern deutlich geringer ausfallen (Mackert 1998: 571). Seifert (1992; 1995) berichtet, dass auch die zweite Ausländergeneration in der „alten" Bundesrepublik deutlich seltener als die deutsche Vergleichsgruppe einen Arbeitsplatz findet und eine Berufsausbildung absolviert, deshalb auch häufiger und länger arbeitslos ist. Empirischen Studien zufolge üben mehr als die Hälfte der zweiten Ausländergeneration un- und angelernte Tätigkeiten aus, erhalten einen entsprechend geringeren Arbeitslohn (vgl. Dieckmann et al. 1993; Bender 1996: 482 f) und weisen ein deutlich höheres Arbeitslosigkeitsrisiko auf (Bender 1996: 475, 483 ff; Bender und Karr 1993; Faist 1993: 281 f). Entscheidend ist nun, dass dies nicht unbedingt auf geringere Ausbildung zurückgeführt werden kann. Untersuchungen zum Aspekt der Ausbildungsadäquanz (Szydlik 1996) belegen, dass 60 Prozent der qualifizierten Ausländer in einem Beruf beschäftigt sind, für den sie eigentlich überqualifiziert sind. Gerade Ausländergruppen mit einem hohen Anteil an Qualifizierten müssen besonders häufig inadäquate Beschäftigungen in Kauf nehmen (Szydlik 1996: 666 ff). Dies gilt nicht nur für die erste Ausländergeneration, deren Benachteiligung mit mangelnden Sprachkenntnissen und mit der Abwertung ihrer im Herkunftsland erworbenen Bildungspatente begründet werden kann, sondern auch, wenngleich in geringerem Maße, für zweite Ausländergeneration, die ihre schulische Laufbahn in Deutschland absolviert hat. Ausbildungsinvestitionen von Deutschen lohnen sich deutlich mehr als die von Ausländern (vgl. Szydlik 1996: 672 f).

sche Benachteiligung wirkt die Staatsangehörigkeit auch letztlich dort exkludierend, wo viele den Hauptbeitrag zur Inklusion vermuten: im System der sozialen Rechte und Ansprüche. Zwar ist hier im Prinzip jeder Beitragszahler gleichberechtigt, aber oft nur entsprechend der eingezahlten Beiträge. Insofern wird die erwähnte ökonomische Benachteiligung durch die sozialen Sicherungssysteme in Form minderer Leistungen und Zahlungen fortgesetzt (Mackert 1998: 572).

Last but not least führt die Summe an Marginalisierungen zu enormen Chancenungleichheiten im Zugang zu öffentlichen Diskursen; und dies, obwohl gerade in hochmodernen Gesellschaften, die zunehmend durch Kommunikation strukturiert sind, diese Ebene immer bedeutsamer wird. Hier erfolgen die relevanten Prozesse der Be- und Abwertung bestimmter Kapitalien, womit zugleich die Eignung des jeweiligen Kapitals als Ressource oder Restriktion von Identitätskonstruktionen festlegt wird (Schmidtke 2001: 149 ff). Vor dem Hintergrund der bestehenden Machtasymmetrien sind die öffentlichen Diskurse weitgehend „monologisch strukturiert" (Schmidtke 2001: 167): Dominante Gruppen reproduzieren kraft ihres privilegierten Zugangs ihre jeweiligen Deutungen und Wahrnehmungsmuster, während die Minderheitenmeinungen weitgehend als Objekte in der Debatte erscheinen und kaum Gehör finden. Die „ethische Imprägnierung" (Fröhlich 1994) der offiziellen politischen Kultur und der Ausschluss von Gegendiskursen kann als genuiner Ausdruck der „institutionalisierten symbolischen Macht" gewertet werden (Schmidtke 2001: 151, 167).

Diese kulturelle Benachteiligung hat wiederum Folgen für die strukturelle Situation der Exkludierten. Zunächst da die etablierten Gruppen ihre symbolische Macht dazu nutzen, die eigenen Vorstellungen vom Eigenen und Fremden durchzusetzen. In diesem Sinne führt die symbolische Macht zu einer einseitigen Stigmatisierung kultureller Identitäten. Der öffentliche Diskurs determiniert damit den Rahmen, in dem die Formen kollektiver Identität konstruiert und gruppenspezifische Ansprüche geltend gemacht werden können. Die dominanten Vorstellungen von Eigenem und Fremdem schaffen und bestätigen Grenzziehungen, die für die Durchsetzung und Verweigerung von Chancen ausschlaggebend sind (Schmidtke 2001: 164 ff).

Vor diesem Hintergrund kann man die Staatsangehörigkeit durchaus als einen „Einsetzungsritus" betrachten, worunter Bourdieu diejenigen Rituale zusammenfasst, die soziale Grenzen markieren und den Menschen bestimmte soziale Positionen zuweisen. Einsetzungsriten verleihen eine öffentliche Identität, die durch Autorität bestätigt ist und damit als legitim gelten kann. Im Staatsangehörigkeitsrecht offenbart sich dieses Zusammenwirken zwischen Wahrnehmungs- und Denkschemata auf der einen Seiten und der staatlichen Bescheinigungs- und Ernennungsmacht als ein Schlüssel zur „sozialen Magie". An der weichenstellenden Bedeutung der Staatsangehörigkeit für das soziale Schicksal von Menschen zeigt sich deutlich, inwiefern kulturelle Klassifikationen zu strukturellen Effekten führen, die weit über die schlichte Repräsentation oder Legitimierung der Verhältnisse hinausgehen, sondern vielmehr darauf abzielen, bestimmte Bevölkerungsgruppen vom Zugang zur gesellschaftlichen Definitionsmacht auszuschliessen (vgl. Schmidtke 2001).

4 Multikulturalismus zwischen Subversion und Repression

4.1 Multikulturalismus als „Taktik der Schwachen"

Bourdieus Konzept der Kultur als Mittel und Produkt von Statuskämpfen zeigt die Vielgestaltigkeit der Interessen, die sich in der (Re)- Produktion kultureller Werte und Klassifikationen ineinander verschlingen. Die Kämpfe um Kapitalien und um deren Anerkennung führen nicht zwangsläufig zur Wiederkehr des Gleichen und Bestehenden, sondern sie sind dynamisch und ergebnisoffen. Angesichts dieser Dialektik von Reproduktion und Revolution wäre es falsch, das Handeln der Akteure auf konservative „Erhaltungsstrategien" zu reduzieren. Es gibt auch „Strategien der Häresie", also der Infragestellung der etablierten Ordnung, mit deren Hilfe die Akteure versuchen, die Beherrschenden zu entmachten und selbst in die herrschende Position zu gelangen (Schwingel 2003: 98). Träger dieser häretischen Subversion sind vornehmlich kritische Intellektuelle, die der kulturellen Orthodoxie ihre heterodoxen Interpretationen entgegenstellen. Ihre besondere Rolle gewinnen sie einerseits aus ihrem Vorsprung an kulturellem Kapital, andererseits aus ihrer hybriden Position zwischen Herrschenden und Beherrschten. Als Kulturkapitalbesitzer gehören sie der dominierenden Klasse an, doch innerhalb dieser werden die Intellektuellen wegen ihres Mangels an ökonomischem Kapital durch die Besitzklassen dominiert. Hieraus erklärt sich die Neigung von Intellektuellen, für marginalisierte Gruppen Partei zu ergreifen, obgleich sie an Herrschaftsprivilegien teilhaben und an deren Bestand existenziell interessiert sind (Schwingel 2003: 125 ff).[36]

Das subversive Potenzial der Intellektuellen weist aus, dass die marginalisierte Lage von Individuen und Gruppen nicht nur ein Nachteil sein muss, sondern durchaus mit Vorteilen verbunden sein kann. Von Foucaults *Überwachen und Strafen* (1976) kann man lernen, dass jene Subjekte am individuellsten sind,

---

36 Der soziologisch wichtigste Gegenspieler zum kritischen Intellektuellen ist der so genannte „Staatsadel": Experten und Techniker, die den Herrschenden ihre intellektuelle Kompetenz zur Verfügung stellen. Diese Fraktion innerhalb der Intelligenz untergräbt das kritische Interesse durch staatliche Zensur, privates Mäzenatentum und andere Finanzierungsabhängigkeiten. Als „neue Mandarine" beanspruchen sie intellektuelle Meinungsführerschaft und avancieren zu den wichtigen Stützen der legitimen Macht (Schwingel 2003: 135 ff).

die an den Rändern der Gesellschaft siedeln, denn an ihren Rändern ist die Kultur „oft empfänglicher für Wandel und Veränderung als in ihrem Kern" (Fiske 1999: 257), und dort können die marginalisierten Intellektuellen außerhalb der Reichweite der vereinnahmenden „Tentakeln" des dominanten Diskurses agieren (Fiske 1999: 262). Hier bieten sich Freiräume, die die Genese von emanzipatorischen und subversiven Widerstandsinterpretationen begünstigen (Fiske 1999: 248).

Die wesentliche Taktik der marginalisierten Intellektuellen im Anerkennungskampf besteht darin, gegenüber den Eliten der legitimen Kultur eine Art „counter-hegemonie" zu etablieren, indem sie Identität als „Authentizität" essentialisieren. Baumann hat diesen Versuch, den Gayatri Spivak als „strategischen Essentialismus" bezeichnet (vgl. Fraser 2003: 112), in seiner Feldstudie sehr gut nachgezeichnet (Baumann 1997; Baumann 1998): marginalisierte Eliten konstruieren im „dominanten" Diskurs ethnische und biologistische Essentialisierungen, um die Stabilität und Kohärenz der Gruppe zu erzeugen, die sie zur strategischen Interessenartikulation benötigen. Dabei werden oft phänotypisch erkennbare Unterschiede aufgenommen, um die kulturelle Gemeinschaft mit „natürlichen" Grenzen zu versehen (Baumann 1998: 291 ff, 295).[37]

Diese Reifizierung entspringt nicht nur dem Bedürfnis von Individuen und Gruppen, die eigene Lebensweise zu stabilisieren, wenngleich dies mit Sicherheit hineinspielt. Genauso wichtig ist der strategische Distinktionsvorteil, der mit dieser kulturellen Selbstdarstellung verbunden ist: die Möglichkeit, den eigenen kulturellen Horizont als eine festgeschriebene „Tradition" zu bezeichnen, zeigt sich als wesentliche Bedingung für die gesellschaftliche „Anerkennung" derselben. „Tradition haben" bedeutet in gewissem Sinne „Autorität" und ist ein enormer Vorteil im Kampf um Güter und Chancen gegenüber anderen (vgl. Bhabha 1997c: 125).

Vor diesem Hintergrund erweisen sich identitätspolitische Ansprüche und Maßnahmen als Bestandteil dessen, was Certeau (1980) als die „Taktiken der Schwachen" bezeichnet. Sie produzieren offiziellen „Widerstand" gegen die

---

37   Zugleich werden „demotische" Gegendiskurse geführt, die den hegemonialen Status des dominanten Diskurses herausfordern und die Reifikationen prinzipiell in Frage stellen. Das Machtspiel zwischen legitimen Kulturvorstellungen und subversiven Strategien wird auf der Ebene der kulturellen Minderheit wiederholt, indem der demotische Diskurs die beständige Umdeutung und Redefinition der dominanten Identität bewirkt: „Dort, wo der dominante Diskurs kulturelle Identität als reifizierten Besitz einer jeden postulierten ethnischen Gruppe oder Gemeinschaft ansieht, hinterfragt der demotische Diskurs diese Gleichsetzung von Kultur und ethnischer Identität und löst sie auf" (Baumann 1998: 289, 298 ff). Wichtig ist zu sehen, dass beide Diskursformen aufeinander verweisen, dass Kultur immer eine „doppelte diskursive Kompetenz" (Baumann 1998: 305) voraussetzt, auch wenn es sich um die Genese neuer Identitäten handelt, wie Baumann an den Auseinandersetzungen um eine „asiatische Kultur" aufzeigt (Baumann 1998: 305 ff).

vorherrschenden diskursiven Strukturen und Praktiken und erzeugen zugleich Handlungs- und Artikulationsfähigkeit, die zur kulturellen Dekonstruktion der legitimen Kultur eingesetzt werden kann. Multikulturalistische Maßnahmen unterstützen insofern die Funktion der „Einmischung" und des sozialen Widerspruchs; sie widersetzen sich den falschen Homogenisierung und bringen das Kalkül von Macht und Wissen durcheinander (Bhabha 1997b: 182 ff).

Insofern überschneiden sich in der Herausbildung kultureller Narrative und Identitäten zwei sich teilweise widersprechende Interessen: einerseits das moralische Bedürfnis nach einer sicheren, stabilen Zugehörigkeit, andererseits das strategische Interesse, einen vorteilhafteren Zugang zu Kapitalien und Ressourcen zu erhalten. An der Frage, ob es sich bei kulturellen Identitäten und Zugehörigkeiten um affektiv-primordiale Bindungen oder um instrumentell eingesetzte Gruppenstrategien handelt, haben sich etliche Kontroversen entzündet. Bourdieus Habitusbegriff und die damit verbundene „praxeologische Ethnizitätsforschung" (Bröskamp 1993: 192) ermöglichen eine Position, die diese migrationstheoretische Antinomie zwischen Primordialismus und Instrumentalismus überwinden kann (vgl. Bentley 1987: 25 ff): die Mitgliedschaft in einer kulturellen Gruppe und die damit verbundene subjektive Identifikation mit den habitualisierten Reproduktions- und Distinktionsstrategien ist sowohl Ausdruck des affektiven Bedürfnisses nach Zugehörigkeit als auch die Praxis eines gesellschaftlich verschleierten ökonomischen Kalküls, das allen Formen des kulturellen Lebens zugrunde liegt.

Durch diese komplexe Sicht auf kulturelle Narrative begibt sich Bourdieu in produktive Distanz zu verschiedenen einseitigen Interpretationen kultureller Anerkennungskämpfe und Identitäten. Im Unterschied zu einer rein klassentheoretischen Herangehensweise, die dazu tendiert, die Identitätsproblematik als bloße Ideologie zu betrachten, bestätigt Bourdieu die Eigenständigkeit und Eigenheit von Anerkennungsforderungen und Missachtungserfahrungen gegenüber rein materiellen Interessenlagen. Dieses Ernstnehmen kultureller Identitäten widerspricht auch jeder rein strategischen Deutung der Identität; als habituelle Disposition kann Identität zwar strategisch eingesetzt werden, doch zugleich bleibt sie als Habitus ein inkorporierter Aspekt des jeweiligen Selbstbezugs.

Und schließlich ermöglicht es Bourdieus Blick auf die kulturellen Kämpfe und Konflikte, die Rationalität und Modernität kultureller Re-Identifikationen zu erkennen. Die kulturelle und ethnische Re-Segmentation wird hier als eine rationale Reaktion auf die Machtunterschiede zwischen Gesellschaftsgruppen und auf die Durchsetzung sozialer Schließungen im Kampf um knappe Güter erkannt (Eder und Schmidtke 1998; Esser 1988; 1996; 1997; Kreckel 1989; Nassehi 1990; Wimmer 1995). Obwohl diese Strategien durch eine Rückbesinnung auf „Tradition" gekennzeichnet sind, ist es falsch, sie als „Rückfälle in eine vormoderne Barbarei" (dazu auch Esser 1996: 65) zu trivialisieren. Dies ist, wie Habermas sagt, die eigentliche Ironie des Traditionalismus: Er ist ein genuines Produkt der Modernisierung, und nur vor diesem Hintergrund ergibt sich die Attraktivität, die „zerfallene Substantialität" nachzuahmen und zu inszenieren (Habermas 1993: 176).

4.1.1 Kulturelle Identität als Distinktionsvorteil

Wenn Migranten in ein Land einwandern und sich dort niederlassen, schaffen sie sich ihre eigenen sozialen Netzwerke. Bestimmte rechtliche Regelungen wie Familienzusammenführungen befördern diese Prozesse. Analysen, die sich mit der Produktivität von Migrantengemeinschaften beschäftigen, haben eine lange Tradition. Bereits in den 1920er Jahren hat die „Chicago School of Sociology" erste Studien in dieser Richtung unternommen (vgl. Thomas und Znaniecki, 1918/20), die später durch Analysen der Struktur ethnischer Gemeinschaften (Breton 1964) und ihrer interkollektiven Beziehungen (Gordon 1965) fortgesetzt wurden.

In jüngerer Zeit haben sich verschiedene Autoren wieder verstärkt mit der sozioökonomischen Integration von Migranten auseinandergesetzt (Faist 1993; 1995; 1996; 2000a; Portes 1995; Portes und Sensenbrenner 1993). Allen gemeinsam ist die Orientierung an Bourdieus Kapitalbegriff, der den gängigen Netzwerkansätzen vorgezogen wird. Netzwerkanalysen, die das Handeln primär aus der strukturellen Position von einzelnen Akteuren bestimmen und damit den Schwerpunkt auf die Struktur der symbolischen Beziehungen legen, gestatten kaum Aussagen über das Verhältnis zwischen den einzelnen Akteuren (vgl. Holland und Leinhardt 1979). Im Unterschied dazu erlaubt es der Kapital-Ansatz, die Ressourcen, die in den symbolischen Bindungen produziert werden, systematisch aufzunehmen. Die „Grammatik" sozialer und symbolischer Bindungen wird damit nicht auf die „Syntax" beschränkt, sondern durch eine „Semantik von Bindungen" ergänzt (Faist 2000a: 30).

Soziales Kapital wird in diesen Ansätzen als Oberbegriff für die positiven Effekte verwendet, die sich aus den sozialen Beziehungen und Netzwerken ergeben (Haug 2000: 22). Es beruht vornehmlich auf wechselseitigen Verpflichtungen und Erwartungen, die durch die Norm der Reziprozität gedeckt sind (Faist 1996: 76 ff; vgl. Putnam et al. 1993). Die Verpflichtungen können als eine Art Wechsel betrachtet werden, die Personen gegenüber anderen besitzen (vgl. Coleman 1990: 306 ff) und sich in dreifacher Weise verzinsen: Soziales Kapital erlaubt den Mitgliedern der Gruppe Zugang zu ökonomischem Kapital sowie zu vermehrten Informationen und Kontakten, die sich ihrerseits wiederum in ökonomische Chancen umwandeln lassen. Zum Dritten ermöglicht es Kontrolle, Herrschaft und Macht. Je mehr Kapital, desto mehr Kontrolle über die Verteilung von Ressourcen (Faist 2000a: 31 ff).

Die ökonomische Verzinsung dieses gruppenspezifischen Kapitals lässt sich am Beispiel der Unternehmensgründungen in Migrantengemeinschaften verdeutlichen: Am offensichtlichsten sind die Vorteile von Sprach- und Kulturkenntnissen, die den Gruppenangehörigen in ethnischen Nischenökonomien zugute kommen (Trautner 2000: 69 ff, 74 f). Darüber hinaus gewährleistet das soziale Kapital dauerhafte und stabile Loyalitäten, von denen die Unternehmer in mehrfacher Hinsicht profitieren können, im Verhältnis zur Kundschaft und zu den Beschäftigten wie auch zu potenziellen Kreditgebern. Soziales Kapital wird als „nichtvertragliche Voraussetzung von Verträgen" (vgl. Durkheim 1992: 166 ff, 256 ff) wirksam und erleichtert gerade auch den Abschluss von solchen Geschäften, die einen hohen Vertrauensvorschuss und ausgeprägte Kollektivorientierung verlangen.[38]

In diesem Sinne bieten die symbolischen Bindungen innerhalb der Gruppe die Möglichkeit, die nachteiligen Folgen der „ständischen Schließung" in „insider advantages" gegenüber den Einheimischen umzuwandeln (Faist 1996: 78 ff). Die Migrantengemeinschaften kompensieren den Mangel ihrer Mitglieder an „generalisiertem" (Esser) oder „legitimem" (Bourdieu) symbolischem Kapital, indem sie einen Handlungsraum bilden, der das gruppenspezifische Kapital protegiert.

Dennoch bedeutet die Konzentration der Migranten auf die eigene kulturelle Gemeinschaft weder ein rein kompensatorisches Rückzugsgefecht noch einen zwangsläufigen Schritt in die Ghettoisierung. Kulturelle Gemeinschaften und Netzwerke haben immer auch „transitorische" bzw. integrative Konsequenzen, schon allein weil Migrantengemeinschaften und Nischenökonomien keine geschlossenen Gesellschaften sind, sondern jede Aktivität der Mitglieder auch grenzüberschreitende Folgen hat (Rieple 2000: 90 f). Insofern ist das Kapital, das die Mitglieder in ihren Netzwerken akkumulieren, nicht nur nischen-spezifisch, sondern auch mit nischen-übergreifenden Effekten verbunden (Trautner 2000: 71). Indem Gruppen ihre eigenen Mitglieder in sozioökonomischer Hinsicht fördern, wird diesen auch der Zugang zur Aufnahmegesellschaft erleichtert und damit die externe Integrationschance erhöht (Faist 1996: 80).

---

38 Ein prominentes Beispiel für die Funktionalität von sozialen Bindungen und sozialem Kapital sind die „Kreditvereinigungen auf Gegenseitigkeit" unter chinesischen Immigranten in den USA (Faist 1996: 79; Light 1972). Die Mitglieder zahlen einen regelmäßigen Beitrag, und die Kredite werden nacheinander an jedes Mitglied vergeben. Ein solches Arrangement ist nur möglich, wenn die Bindungen nicht nur auf Eigeninteresse, sondern auch auf kollektiven Verpflichtungsgefühlen und gegenseitigem Vertrauen beruhen.

Starke soziale und symbolische Bindungen sind sowohl zur internen als auch zur externen Integration förderlich (Faist 1996: 93).[39] Dies zeigt sich deutlich, wenn man die Integrationsleistungen von Migrantengemeinschaften in den USA anführt. Hier fungieren die kulturellen Enklaven als wohlfahrtsstaatliche Arrangements, in denen die Neuzugänge beruflich und sozial „aufgefangen" werden. Die sozioökonomischen Nachteile der Migration, insbesondere die Entwertung des spezifischen kulturellen Kapitals durch Sprachprobleme und die Nichtanerkennung von Bildungspatenten, werden durch eine verstärkte Integration in der ethnischen Gruppe kompensiert.

Dies schließt allerdings die transitorische Funktion nicht aus. Gerade staatlich unterstützte Migrantengemeinschaften fungieren als Vermittler, die ein Netz von Zugangsmöglichkeiten und Bindungen zwischen Aufnahmegesellschaft und Migranten herstellen. In dieser Eigenschaft können Migrantengemeinschaften auf Arbeitgeber außerhalb der ethnischen Nische Einfluss nehmen. Dadurch werden nicht nur einzelne Gruppenmitglieder mit Arbeit zu versorgt, sondern zugleich zukünftige „gate-keeper" für kommende arbeitsuchende Gruppenmitglieder rekrutiert. Auf Dauer führt dies zu einem sukzessiven Aufbau von Bindungen und Beziehungen außerhalb der eigenen ethnischen Enklave, die wiederum ermöglichen, dass Gruppenmitglieder ihre ethnische Nische verlassen können (Faist 1996: 81 ff).

Die erfolgreiche sozioökonomische Integration in Arbeitsmarkt und Wohlfahrtssystem stärkt schließlich die Artikulationsfähigkeit der Gruppenmitglieder. Als Arbeitnehmer erhalten sie Zugang zur gewerkschaftlichen Interessenvertretung, die gerade in Deutschland einen wichtigen politischen Einflusskanal für „Gastarbeiter" darstellt (Faist 1996: 85). Als Anbieter sozialer Dienste gewinnen Migrantengemeinschaften öffentliche Anerkennung, die sie im Bereich der intermediären Institutionen in zunehmenden Einfluss auf die Durchsetzung und Anerkennung der Interessen ihrer Klientel ummünzen können. Beides stärkt das politische Kapital der Migranten und kann auf Dauer die Hegemonialstellung der einheimischen Eliten einschränken (Faist 1996: 89).

39　Externe Integration betrifft hier die Interaktion zwischen Migranten und den Bürgern der Aufnahmegesellschaft, während sich die interne Integration bzw. Binnenintegration auf die Etablierung und Aufrechterhaltung von eigenen Migrantenvereinigungen bezieht (vgl. Elwert 1992). Im Hinblick auf die integrativen Effekte unterscheidet Faist zwischen transitorischer, artikulatorischer und kompensatorischer Funktion. Transitorische Funktionen bestehen in der Erleichterung der externen Integration durch soziale Kontakte mit der Aufnahmegesellschaft, was die Anpassung erleichtert. Artikulatorische Funktionen ermöglichen einen aktiven Dialog zwischen Migranten und Aufnahmegesellschaft. Kompensatorische Funktionen sind dann der Fall, wenn die Orientierung an der Gruppe lediglich zum Ausgleich von Benachteiligungen dient. Dann wird primär die Binnenintegration gefördert, der Beitrag zur externen Integration ist gering (vgl. Faist 1996: 73).

4.1.2 Kulturelle Identität als kompensatorisches Klassenbewusstsein

Gerade im Hinblick auf die Anforderungen der politischen Mobilisierung zeigt sich die soziale Wirksamkeit des „strategischen Essentialismus". Das zeitgenössische „ethnic revival" stellt unter Beweis, dass ethnische und kulturelle Narrative außerordentlich wichtige Instrumente der politischen Artikulation und Organisation von Interessen sind, weil sie einen „Gemeinschaftsglauben" erzeugen, der der „politischen Vergemeinschaftung fördernd entgegenkommt" (Weber 1980: 237). Dieser organisatorische Vorsprung des strategischen Essentialismus wird umso bedeutsamer, je mehr die gesellschaftliche Modernisierung voranschreitet. Kontingenz und Komplexität von Zusammenhängen, vor allem die Unübersichtlichkeit von Folgen und Nebenfolgen machen die Herausbildung von gemeinsamen Interessen und kollektivem Handeln zunehmend schwieriger (Nassehi 1999: 172). Dadurch sind soziale Bewegungen in hochkomplexen Gesellschaften durch ein hohes Maß an Zufälligkeit und Unplanbarkeit geprägt.

Die Organisationsvorteile kultureller Gruppen resultieren zunächst aus der latenten Bedrohtheit ihres spezifischen Kapitals: Es ist nur solange von Wert, wie die Gruppe existiert. Das kulturelle Kapital (Sprache, Habitus, Alltagswissen, Relevanzsysteme) ist weder ohne Weiteres übertragbar noch auf andere Kontexte anwendbar. Die kulturspezifischen Typisierungen und Kenntnisse sind außerhalb der Gemeinschaft nicht immer vorteilhaft, ja unter Umständen sogar ein Makel (Dialekt, Akzent). Ähnliches gilt für das soziale Kapital, dass in konstitutivem Zusammenhang mit dem sozialen Netzwerk steht, in dem es produziert und reproduziert werden muss. Dies gilt insbesondere für die Aspekte Vertrauen, Verlässlichkeit und emotionale Solidarität, die davon abhängen, dass die Akteure immer wieder an Gemeinsamkeiten anknüpfen und eine gemeinsame Sinnwelt aufbauen können. Die Ressourcen einer kulturellen Gruppe sind „in einem wörtlichen Sinn ohne Ersatz" (Esser 1996: 66). Sie bilden das „spezifische" Kapital einer Gruppe, das im Unterschied zum „generalisierten" Kapital (Esser 1997: 877), das in der Gesamtgesellschaft nachgefragt wird, zwingend an die Existenz *dieser* Gruppe gebunden ist.

Gerade unter Bedingungen struktureller und kultureller Ungleichheit besteht für die Gruppenmitglieder immer die Gefahr, dass mit einem Male sämtliche Ressourcen der Gruppe ihren Wert verlieren, weil sie anderswo nicht zu verwenden sind (Esser 1996: 68; 1997: 877). Aus dieser Ausgangssituation ergibt sich zum großen Teil die Schubkraft kultureller Konfliktdeutungen (Esser 1996: 75; 1997: 882 ff). Die existenzielle Abhängigkeit der Gruppe vom Bestand ihres kulturellen und sozialen Kapitals ist nicht nur der strukturelle Hintergrund für die Ethnisierung von Konflikten, sondern erklärt auch die Leidenschaftlichkeit, die in solchen Auseinandersetzungen freigesetzt wird.

Von daher ist die „Ethnisierung" sozialer Konflikte nahezu strukturell angelegt. Wenn schließlich alles nur noch unter dem Gesichtspunkt der spezifischen Zugehörigkeit betrachtet wird, dann vermindert sich der Wert des generalisierten Kapitals, während das spezifische Kapital zur primären Identitätsressource avanciert. Damit rückt zugleich das Interesse der Gruppe in den Vordergrund und lässt das individuelle Risiko, das für den rationalen Akteur immer besteht, in den Hintergrund treten. Die Ethnisierung des Akteurs komplettiert die Ethnisierung der Situation, und dies funktioniert selbst dann, wenn individuelle und kollektive Interessen nicht perfekt harmonieren, so dass die Opportunitätskosten durchaus nicht gering sind (vgl. Esser 1997: 889).

Die Überwindung der Kollektivgutproblematik durch kulturelle Identitäten und Narrative verdankt sich insbesondere den kulturellen Deutungsmustern, über die eine kulturelle Gruppe verfügt: als definierende „Frames" sichern sie die Vereinfachung und Zuspitzung der Situation, und als Basis der ethnischen Solidarität fungieren sie als ordnende Meta-Präferenz und liefern das Leitmotiv, an dem die Akteure sich strategisch und normativ ausrichten können (Eder und Schmidtke 1998: 421).

Kulturelle Ressourcen, Kapitalien und Identitäten sind also in zweifacher Weise im ethnischen Konflikt wirksam. Als gefährdete Güter sind sie Anlass für Auseinandersetzungen, als spezifische Ressourcen gewährleisten sie zugleich den Vorsprung der ethnischen Gruppe im Hinblick auf Mobilisierungs- und Organisationspotenzial. Die Ethnisierung der Konflikte ist dann eine Reaktion auf soziale Schließungen. Es ist der Versuch der Minderheiten, der Monopolisierung von Gütern mit den Methoden der politischen Konkurrenz zu begegnen, indem sie eine eigene Strategie der „solidarischen Usurpation" verfolgen (Esser 1988: 240 ff; Mackert 1998: 564; Murphy 1984; 1988; Neckel 2004: 135; Parkin 1983).

Vor diesem Hintergrund können ethnische und kulturelle Identitäten als kompensatorisches Klassenbewusstsein bezeichnet werden. Auch hier besteht kein Automatismus im Übergang von kulturellen Identitäten zu einer sozialen Bewegung in einem politischen Konflikt. Kultur und Ethnizität sind Kategorien, die an sich noch kein soziales Handeln konstituieren, sondern lediglich die „Chance" zur Vergesellschaftung und Vergemeinschaftung bieten (Heckmann 1991: 57 f). Analog zur Differenz zwischen der „Klasse an sich" und der „Klasse für sich" gilt auch im Fall von Identitäten, dass aus Gemeinsamkeiten der Daseinssituation nur unter bestimmten, kontingenten Umständen ein politisch relevantes Kollektivinteresse entsteht. Für den Übergang zu einem „Gemeinschaftshandeln" im strengen Sinne genügt nicht einfach eine Benachteiligung, selbst wenn diese „typisch massenhaft" vorliegt, sondern er ist, wie Weber ausführt, abhängig von der „Durchsichtigkeit des Zusammenhangs zwischen den Gründen und den Folgen der ‚Klassenlage'" (Weber 1980: 533).

Ob die Formulierung eines Unrechtsdiskurses gelingt, hängt davon ab, ob einzelne kulturelle oder ethnische Gruppen über gebildete Mittelschichten verfügen, die sich im Verteilungskampf um staatliche Güter benachteiligt fühlen (Wimmer 1995: 469 f). Ein wesentliches Moment ist deshalb auch in diesem Fall die geistige „Führung" durch Intellektuelle, die durch ihre Rationalisierungsleistungen die Interessen bündeln, den unmittelbaren Gegner definieren und auf ein entsprechendes Handlungsziel hin ausrichten (Weber 1980: 179). Die intellektuellen Eliten verbinden dann die kulturellen Narrative mit einer „Vergeltungsethik", die ihrerseits mit der Vorstellung gesellschaftlicher Vollmitgliedschaft und Teilhabe rückgekoppelt ist (Lepsius 1990a: 42; 1990c: 109 ff).

Gleichzeitig darf diese strategische Einsatzmöglichkeit der kulturellen Narrative nicht dahingehend missverstanden werden, als wären die Identitäten reine Konstrukte im Dienst politischer Machtinteressen. Zur ethnischen Deutung von Konflikten müssen kulturell verankerte, kollektive Repräsentationen immer schon vorhanden sein, auch wenn deren Aktivierung erst dann erfolgt, wenn sie mit den Interessen der Akteure konvergieren. Dem Bewusstwerden relativer Deprivation pflegen soziale Definitionsprozesse vorauszugehen. Auch strategisch eingesetzte Identitäten sind keine „Strategien" im Sinne willkürlicher Konstrukte, die frei erfunden werden können. Selbst Esser bemerkt, dass jede Mobilisierung auf schon vorhandene, latente ethnische Selbstidentifikationen zurückgreifen muss, um ethnische Bewegungen entstehen lassen zu können:

> „Ohne Interesse einerseits und ohne irgendeine kulturelle Verankerung andererseits geschieht nichts. Ethnizität ist eben nicht aus dem Nichts heraus zu konstruieren" (Esser 1996: 86; 1997: 891 f).

Im Mobilisierungsprozess selbst werden allerdings die bestehenden kulturellen Deutungen und Interpretationen einer grundlegenden Transformation unterzogen. Aus dem *kulturellen* Deutungsmuster wird ein *politisches* Instrument zur Durchsetzung von Interessen; die ursprünglich „kulturelle" wird zur „politischen" Ethnizität (Neckel 2004). Politische Ethnizität ist weder durch primordiale kulturelle Unterschiede noch durch ökonomische Zwänge definiert, sondern sie ist das genuine Ergebnis politischer Aushandlungsprozesse (Neckel 2004: 136 f, 149 ff).

Die Transformationsfähigkeit der Ethnizität verdankt sich der Elastizität und Kontingenz der kulturellen Grenzziehungen. Ethnische und kulturelle Identitäten sind keine fixierten Größen, sondern sich wandelnde Bezugspunkte, deren

Relevanz und Inhalt sich erst im Kontext der jeweiligen politischen Auseinandersetzung konstituieren. Nimmt man mit Benedict Anderson (Anderson 1988) und Frederic Barth (Barth 1969a) eine konstruktivistische Perspektive auf Ethnizität und Kultur ein und betrachtet diese Kategorien als interpretationsoffene Zuschreibungen, dann wird verständlich, dass sich ethnische Mobilisierungen nicht umstandslos aus kulturellen Traditionen speisen, sondern in erster Linie den Erfordernissen der politischen Zwecksetzung (Koalitionsbildung, Organisations- und Konfliktfähigkeit) verpflichtet sind. Im Zuge dessen werden tradierte Muster ethnischer Zugehörigkeit dynamisiert und zu neuen Mustern umgearbeitet. Vor diesem Hintergrund ist es durchaus möglich, dass der „cultural stuff" (Sprache, Religion, Lebensgewohnheiten, Geschichtsbewusstsein etc.) als reines Material auf andere Kontexte übertragen wird. Die resultierenden Grenzziehungen sind wechselhaft und dem Wandel der Situationen und Zwecke unterworfen (vgl. Barth 1969b).

Susan Olzak hat gezeigt, dass der Erfolg ethnischer und kultureller Bewegungen gerade von der Willkürlichkeit der Zuordnungskriterien abhängt. Gerade wegen des arbiträren Charakters der Organisationsbasis ist es möglich, vielschichtige, uneindeutige, sich durchaus überkreuzende Interessen zu bündeln (Esser 1988: 243; Olzak 1983: 364). Die eigene kulturelle Zugehörigkeit wird mal tribal, mal national, mal kontinental definiert, je nachdem, wem man im Kampf um politische und ökonomische Interessen entgegentritt.[40] Besonders die „religiöse Klammer" leistet oft eine gemeinsame Interpretation trotz starker Divergenzen zwischen und innerhalb der Gruppen (Esser 1996: 86). Gerade in modernen Mehrheitsdemokratien, die nach dem Gesetz des Vorrangs der größeren Zahl funktionieren, bilden sich „panethnische" Großgruppen, denen im strengen Sinne alle kulturellen Inhalte fehlen, aber auch deshalb politisch durchsetzungsfähig sind, weil sie je nach Konflikt wechselnde Koalitionen und Gegnerschaften erlauben (Neckel 2004: 140 ff, 147 ff).[41]

Doch auch für die inhaltlich flexible „politische Ethnizität" gilt: Kulturelle und ethnische Identitäten sind trotz aller strategischen Einsatzfähigkeit weder rationale Konstrukte noch Produkte rationaler Wahl. Es müssen, mit Eric Hobsbawm gesprochen, bestimmte „Protonationalismen", d. h. Spielarten kollektiver

---

40   Diese Elastizität der kulturellen Deutungen bestätigt im Übrigen die erwähnte „Modernität" der zeitgenössischen ethnischen und kulturellen Identifikationen, denn die Offenheit der Interpretationen setzt die moderne Überwindung der segmentären Abschließungen und das Verlassen der segmentären Lebensbeziehungen voraus. Unter Bedingungen feudalistischer Segmentation gibt es weder kulturelle Identifikationen noch ethnische Vergemeinschaftungen (Esser 1988: 245).

41   Als Beispiel nennt Neckel die panethnischen Kategorien der „Asian Americans" oder „Native Americans" in den USA, in denen sich unterschiedlichste Gruppen mit zum Teil feindlicher Vergangenheit bündeln, weil es im politischen Kontext zweckmäßig erscheint (Neckel 2004: 141).

Zugehörigkeit wie Sprache oder Religion bereits vorhanden sein, die dann durch die Konstruktionstätigkeit der Akteure mobilisiert werden (Hobsbawm 1998: 21, 74, 83 ff). Diese vorgängigen Muster oder „frames" legen zwar keine politische Ethnizität im Vorab fest, doch sie schränken die Variationsmöglichkeiten ein und verhindern unter Umständen bestimmte Umdeutungen.

Die „kulturellen Fetzen und Flicken", derer sich identitätspolitische Bewegungen bedienen, um eine gemeinsame Identifikationsbasis zu entwerfen (vgl. Gellner 1995: 87), sind keine willkürlichen historischen Erfindungen, sondern es muss eine Wahlverwandtschaft zwischen den nationalen Narrativen, der vergangenen Geschichte und der antizipierten Zukunft der angesprochenen Menschen geben:

> „Sie müssen zusammenpassen, sie müssen eine Geschichte erzählen, die einen Sinn ergibt, die einleuchtend und in sich stimmig ist und die Menschen so motiviert, dass sie bereit sind, für sie ihr Leben zu opfern" (Benhabib 1999: 26 f).

Insofern sind die Geschichten und Identitäten auch keine eindeutigen, stabilen Kollektivgüter, an denen sich die Präferenzen der individuellen Nutzenfunktion ausrichten (Eder und Schmidtke 1998: 423). Das Reservoir an kulturellen Deutungen, die zur Transformation und Mobilisierung zur Verfügung stehen, ist immer durch Heterogenität gekennzeichnet. Diese hat zwar den strategischen Vorteil der Anpassungsfähigkeit, allerdings erkauft durch den Nachteil der prinzipiellen Unsicherheit. Welche Spielart in einer bestimmten Situation zum Material wird, welche Transformationen und Variationen vorgenommen werden, dies lässt sich nicht im Voraus eindeutig bestimmen. Die Herausbildung der politischen Ethnizität ist immer ein relationaler und strukturorientierter Prozess (Eder und Schmidtke 1998: 427), geprägt durch den Kontext der politischen Auseinandersetzung mit allen damit verbundenen Restriktionen. Eine freie Wahl von „ethnic options" (Waters 1990) besteht nur auf horizontaler Ebene, bezogen auf ethnische Identitäten mit gleichem Prestige und gleicher Anerkennung (Neckel 2004: 148 f).

4.2 Multikulturalismus als „Strategie der Mächtigen"

Im Vorangegangenen stand die kulturelle Identität als Ressource oder Kapital im Mittelpunkt, sei es als Distinktionsvorteil oder als kompensatorisches Klassenbewusstsein marginalisierter Minderheiten. Diese Interpretation der Identitätspolitik als einer „Taktik der Schwachen" könnte für sich genommen als Beleg für die emanzipatorischen und subversiven Effekte des Multikulturalismus betrachtet werden. In der Tat setzen nicht nur Vertreter identitätspolitischer Bewegungen, sondern auch kritische Stimmen im Diskurs auf die befreienden Potenziale des „strategischen Essentialismus". Gerade auch Autoren wie Gayatri Spivak verbinden mit dieser Taktik die Hoffnung, dass diese Essentialisierungen langfristige Veränderungen des gesellschaftlichen Machtgefüges bewirken und zur vollständigen Transformation und Dekonstruktion der kulturellen Klassifikationen führen können.

Diese Hoffnung setzt allerdings voraus, dass nicht nur die wissenschaftlichen Beobachter, sondern die Akteure selbst eine instrumentelle und distanzierte Haltung zu ihrer Identität einnehmen. Überzeichnet formuliert: nur wenn sich die Subjekte nicht mit ihrer Identität identifizieren, können sie vom „strategischen Essentialismus" profitieren. Gerade diese Voraussetzungen sind aber angesichts der Emotionalität und Ausschließlichkeit kultureller und ethnischer Grenzziehungen außerordentlich unwahrscheinlich. Der leidenschaftliche und eben deshalb distanzlose Glaube der Betroffenen an die durch nichts ersetzbare Relevanz ihrer Zugehörigkeit ist schließlich nicht erst die Folge, sondern die Voraussetzung aller ethnischen Situationsdeutungen. Je stärker die Identifikation mit den offiziellen Selbst- und Fremdzuschreibungen und je erfolgreicher die Artikulation und Organisation von Interessen ist, desto unwahrscheinlicher ist ein rein instrumenteller Zugang der Betroffenen zur Mitgliedschaft.

Insofern ist der Übergang vom strategischen Essentialismus zu seiner Verfestigung im „stahlharten Gehäuse der Zugehörigkeit" (Nassehi 1999: 203 ff) fließend. Jede Revitalisierung der kulturellen Identität enthält die Tendenz zur Homogenisierung und Beschränkung, wodurch die unbestritten emanzipatorischen Aspekte wieder zurückgenommen werden. Dies gilt gerade dann, wenn die Eliten der legitimen Kultur diese Identifikationsmuster und Klassifikationen politisch implementieren, um Vorteil aus den damit verbundenen restriktiven Effekten zu ziehen. Damit wird keineswegs behauptet, dass Identitätspolitiken einzig als Handlungsstrategien politischer Eliten betrachtet werden können, die auf perfide Art und Weise die benachteiligten Gruppen zu Handlangern ihrer Herrschaftsinteressen degradieren. Aber es lässt sich zeigen, dass gruppenorientierte Förderungsansprüche dann erfolgreich sind, wenn die Folgen der politischen Maßnahmen auch den Eliten der legitimen Kultur in die Hände spielen. Von daher muss jede Maßnahme daraufhin befragt werden, inwieweit sie sich in die „Strategie der Mächtigen" einfügt.

Auf dem Prüfstand der anschließenden Exkurse stehen nicht nur politische Programme, sondern es geht auch darum, die ambivalenten und paradoxen Folgen wissenschaftlicher Reflexionen und Konstruktionen zu veranschaulichen. Wissenschaft dient nicht nur der Definition sozialer Probleme, sondern sie nimmt auch maßgeblich Einfluss auf die politischen Interessengruppen und sozialen Bewegungen, die die Problemdiagnosen aufnehmen und auf diesen Grundlagen Forderungen artikulieren. Wissenschaft und Alltagsakteure beliefern sich gegenseitig mit Vorgaben, die möglichst ‚griffig' die aktuellen gesellschaftlichen Probleme erfassen sollen. Sozialwissenschaftliche Wirklichkeitskonstruktionen dringen in den alltäglichen Diskurs ein, legen die relevanten Wirklichkeitsausschnitte fest, strukturieren Handlungsräume und selegieren Handlungsalternativen. Die Begriffe der Wissenschaft sind nicht nur beschreibend, sondern auch vorschreibend. Im Unterschied zum geringen Einfluss wissenschaftlicher Forschungsergebnisse, der von Wissenschaftlern oft und zu Recht beklagt wird, sind gerade die Prämissen der wissenschaftlichen Weltinterpretation außerordentlich wirkungsvoll. Die in die Welt entlassenen wissenschaftlichen Konstruktionen der „ethnischen", „nationalen" oder „kulturellen" Identität werden im Alltag als Deutungsmuster aufgenommen und erhalten den Status gewachsener Überzeugungen.

4.2.1 Kulturelle Identität als Mittel zur Entpolitisierung von Ungleichheitsfragen

Hartmut Esser (1980) hat in seinen empirischen Untersuchungen über die Integration von „Gastarbeitern" in der BRD der 1950er und 1960er Jahre gezeigt, dass die Identifikation von Einwanderungsgruppen letztlich als Ausdruck ihrer ökonomischen Nischenexistenz betrachtet werden muss. Nicht ihre kulturellen Gemeinsamkeiten, sondern ihre gemeinsame „frühproletarische Lage" (Heckmann 1992: 85 ff) war Motor ihrer Gruppenbildung, die dann die Verfestigung kultureller Differenzen nach außen bewirkte. Die überwiegende Anzahl der Studien, die sich mit der ethnischen Unterschichtung der deutschen Gesellschaft auseinandersetzen, zeigen, dass sich an dieser strukturellen Benachteiligung der ausländischen Bevölkerung bis heute wenig geändert hat (vgl. Alba et al. 1994; Bender 1996; Bender und Karr 1993; Dieckmann et al. 1993; Nauck 1994 f; Seifert 1992; 1995; Szydlik 1996).

Trotzdem hat sich in den vergangenen Jahren die einseitig kulturelle Deutung dieser Situation zunehmend etabliert. In empirischen Studien zur so genann-

ten „ethnischen Ungleichheit" wird überwiegend auf „Ethnie" und „Nationalität"
als primäre Untersuchungskategorien zurückgegriffen; strukturelle Faktoren wie
die soziale Schichtung der untersuchten Gruppenangehörigen werden oft ignoriert (dazu kritisch Geißler 1982; 1983; 1996; Geißler und Marißen 1990).
    Ähnliches zeigt sich im Bereich der Migrationsforschung. Hier hat sich die
Idee des „Kulturkonflikts" als Deutungsmuster durchgesetzt (Berger 1990) und
wurde von den Akteuren der Ausländerpolitik - Sozial- und Arbeitsmarktpoliti-
kern, Sozialarbeitern und Pädagogen - übernommen (Radtke 1990; 1992; 2001;
Radtke und Dittrich 1990). Auch die Akteure auf dem politischen Parkett gerne
greifen gerne auf die kulturalistischen Deutung sozialer Ungleichheit zurück.
Gerade bei den politischen Eliten ist das Interesse an der Umdeutung von Vertei-
lungs- in Kulturkonflikte am offensichtlichsten. Insbesondere in Zeiten wirt-
schaftlicher Krisen, verschärfter Arbeitsmarktprobleme und sozialer Friktionen
bietet sich die Thematisierung von „Kulturkonflikten" und das Angebot einer
„Leitkultur" an, um von strukturellen Ungleichheiten abzulenken.
    Die Kulturalisierung sozioökonomischer Konflikte ist dann am effektivsten,
wenn sie zu einer ideologischen Fragmentierung gemeinsamer Interessenlagen
führt (Fraser 1995; 1997b; 2003; Nassehi 1999: 206). Der politische Fokus auf
die kulturelle Herkunft dient der alten Herrschaftslogik des „teile und herrsche":
Sobald Kultur oder Ethnie ins Zentrum der Identifikation rücken, werden andere
Quellen der Ungleichheit neutralisiert und der Diskurs um Gerechtigkeit entpoli-
tisiert.[42] Hans Mommsen (1986: 168) hat diesen klassentranszendierenden Charakter am Beispiel des preußischen Nationalismus dargelegt: indem der Nationalismus unterschiedliche Interessen und differenzierte Funktionskreise der Gesellschaft zu integrieren vermochte, leistete das kulturelle Identifikationsmuster eine
Pazifizierung struktureller Verteilungskonflikte. Darin besteht der integrative,
strukturerhaltende Effekt der Identitätspolitik: gerade dann, wenn die Erfordernisse gleicher Integration und Partizipation nicht gelingt, springen kulturelle oder
nationale „Semantiken" als Notbehelf ein, um eine kompensatorische Einheit zu
suggerieren (Berger 1990: 126; Nassehi 1999: 170; Radtke 1990: 29 ff; 1992: 25
f).

---

42   Ein gutes Beispiel hierfür ist die Nominierung von Richter Clarence Thomas für den US-
      Supreme Court durch Präsident Bush sen. im Jahre 1991 (vgl. Hall 1999b: 399). Thomas war
      ein schwarzer Jurist mit konservativen Ansichten, durch dessen Kandidatur die konservative
      Mehrheit im Supreme Court gesichert werden sollte. Für weiße, konservative Wähler war
      Thomas unterstützungswürdig, da er mit ihrer Position in Minderheitenfragen übereinstimmte.
      Für Schwarze und Liberale war er schwer ablehnungsfähig, da er ein Schwarzer war, der auf
      eine Führungsposition kandidierte. Bush spielte also das „Spiel der Identitäten". Bush sen. hat
      mit dieser Nominierung hervorragend die Kategorien der Identität und Ethnizität genutzt, um
      die politische Opposition zu spalten und von ihrem gemeinsamen Interesse abzulenken.

Den Angehörigen der benachteiligten Gruppen bietet die kulturelle Deutung ihrer sozialen Lage die Möglichkeit, den prinzipiellen Anspruch, Vollbürger zu sein, aufrechtzuerhalten, auch wenn er illusorisch ist. Indem der eigene Paria-Status als kulturelle „Besonderheit" aufgewertet wird, können einerseits soziale Deprivationen durch kulturelle Unterschiede erklärt werden, andererseits die negative Privilegierung oder „Erfolglosigkeit" als Loyalität gegenüber der eigenen Herkunftsgruppe und gegenüber den eigenen Traditionen umgedeutet werden. In diesem Fall kann das Bild des Vollbürgers durch die Deutungsmuster so modifiziert werden, dass die positive Selbstbewertung erhalten bleibt, ohne dass deshalb die Gesellschafts- und Verteilungsstruktur in Frage gestellt wird (vgl. Lepsius 1990c: 113 ff).

Die benachteiligten Gruppen verbleiben so vorerst in einer pazifizierten Selbstgenügsamkeit und bleiben zugleich als Reservearmee des Marktes verfügbar, die über ausreichende Leistungs- und Aufstiegsmotivation sowie Entbehrungsbereitschaft verfügt, um im Bedarfsfall eingesetzt zu werden. Heinz Steinert bezeichnet diese Strategie als „exploitative Schließung", da sie einerseits darauf abzielt, eine Kategorie von Menschen als Konkurrenten um knappe Güter auszuschalten und sie zugleich bei Bedarf als Arbeitskräfte oder Kunden auszunutzen (Steinert 2004: 203).

Die Rezeptionsbereitschaft multikulturalistischen Denkens durch die politischen Entscheidungsträger in der BRD lässt sich sehr gut durch die Tatsache erklären, dass der Multikulturalismus einen gelungenen Kompromiss zwischen Rechtlosigkeit und voller staatsbürgerlicher Integration darstellt. Im Vergleich zur reinen Rotationspolitik mit befristeter Arbeitserlaubnis und erzwungener Rückkehr sind Identitätspolitiken in der Tat ein Schritt in Richtung Gleichstellung. Doch die Attraktivität des Multikulturalismus besteht auch darin, so Radtke, den kulturellen Gleichheitsansprüchen entgegenzukommen, um die drohende Ghettoisierung und Segregation zu verhindern, aber zugleich die rechtliche Gleichstellung zu vermeiden. Anstatt die notwendige Veränderung im Bereich des Rechts und der Politik einzuleiten, wurde kulturelle Anerkennung als Kompensation zur rechtlichen Benachteiligung angeboten - eine symbolische Politik ohne tiefergehende integrative Konsequenzen (Radtke 1990: 29):

„Multikulturalismus bleibt auf dem Weg zur vollständigen Integration buchstäblich auf halbem Weg stehen. Das Konzept trägt der Tatsache Rechnung, dass Migranten zwar gebraucht werden, ein Konsens für strukturelle Veränderungen ihrer Situation durch rechtliche und soziale Gleichstellung politisch aber nicht zu beschaffen ist" (Radtke 1992: 25).

4.2.2   Kulturelle Identität als Instrument staatlicher Kontrolle

„Ethnizität" oder „Kultur" sind nicht nur beschreibende Begriffe, sondern sie markieren zugleich ein spezifisches System der Kontrolle über ökonomische und politische Ressourcen, das die Beziehungen zwischen Menschen reguliert. Das eindeutigste Beispiel für den Zusammenhang zwischen wissenschaftlicher Deutungsmacht und Herrschaftsinteressen ist wohl der wissenschaftliche Rassismus des 19. Jahrhunderts, der eine starke Legitimation für die politischen Interessen der Kolonialmächte bot und damit ein eigenes Feld wissenschaftlich begründbarer Kontrollstrategien schuf (vgl. Dittrich und Radtke 1990: 16 ff). Doch auch unter weniger dramatischen und offensichtlichen Bedingungen lässt sich dieser Zusammenhang zwischen Ethnisierung und Kontrolle rekonstruieren. Die Rezeptionsbereitschaft der politischen Akteure für ein bestimmtes wissenschaftliches Thema oder eine entsprechende Kategorie ist immer durch ihr Bedürfnis nach Ordnungssicherheit motiviert.

Von Seiten der politischen Verbände kann die Ethnisierung gesellschaftlicher Gruppen durchaus als eine strategische Reaktion auf die Furcht vor wachsender Desintegration gewertet werden. Radtke (1990: 30 ff) führt dies am Beispiel der Sozialberatung aus: Den Verbänden der Freien Wohlfahrtspflege kam die multikulturalistische Terminologie insofern entgegen, als sie es ihnen ermöglichte, die neue Klientel aufzuteilen. Plausibler wäre es gewesen, sich in den Kategorien zu bewegen, die auch sonst von der Sozialarbeit benutzt werden: Jugend- und Altenarbeit, Frauenarbeit, Beratungen entlang sozialer Bedürftigkeit oder sozialer Situation etc. Stattdessen wurde die Masse der ausländischen Arbeits- und Wohnungssuchenden, der Schwangeren, der Schulversager, der Rentner und sozial Benachteiligten ungeachtet ihrer beruflichen Stellung, ihres Bildungsgrades oder ihrer politischen Ausrichtung einer so genannten „Herkunftskultur" zugeordnet und als deren Repräsentanten verpflichtet.

Dieses kulturelle Einteilungsmuster kam den Organisationsinteressen der Verbände kongenial entgegen. Der Versuch, Integrationshilfen im Sinne von Anpassungshilfen bereitzustellen, setzte erstens voraus, die Zugewanderten in solche Gruppen aufzuteilen, die sich durch gleiche Merkmale relativ leicht homogenisieren ließen. Deshalb wurde der Sprache eine dominante Rolle zugewiesen. Darüber hinaus hat sich in Deutschland das Kriterium der Religionszugehörigkeit durchgesetzt. Dies lässt sich wiederum aus einer Affinität zu den bestehenden ideologischen Ausrichtungen der deutschen Wohlfahrtsverbände erklären. Deren häufig eigene konfessionelle Gebundenheit war der Grund, weshalb die Migranten in „katholisch", „christlich" oder „nicht-christlich" eingeteilt wurden.

Aus dieser Kombination von Sprache und Religion konstruierten die politischen Träger so genannte „Kulturen", die wenig mit den Identifikationen und Grenzziehungen der Migranten zu tun hatten, ja unter Umständen, wie im Fall der gemeinsamen Zuordnung von Kurden und Türken, bestehende politische Konfliktlinien schlicht ignorierten. Gleichzeitig wurden durch die starke Aufladung von „Kultur" mit „Religion" Unterscheidungen dramatisiert, die im Zuge der Modernisierung ihre Bedeutung weitgehend verloren hatten, und zwar nicht nur in der Bundesrepublik, sondern auch in den Herkunftsländern der Migranten. Soziale und strukturelle Faktoren der Benachteiligung wurden weitgehend außer Acht gelassen. Dass dieses Ordnungsschema von der deutschen Migrationsforschung aufgenommen und wissenschaftlich legitimiert wurde, resultiert aus der finanziellen Verflechtung von Forschung und Verbänden. Von Anfang an wurden Forschungsaufträge zu diesen Themen von staatlichen und kommunalen Institutionen vergeben (Berger 1990: 126).

Die durch die Zuwanderung entstandene Unübersichtlichkeit konnte mit der quasi amtlichen Identifikation nationaler, sprachlicher und religiöser Gruppen geordnet und strukturiert werden, denn die Einteilung nach solchen scheinbar „natürlichen" und deterministischen Merkmalen erhöht die Handlungs- und Prognosesicherheit in enormem Ausmaß. Identitätspolitiken strukturieren ethnische „Kolonien", die von Seiten des Staates leichter zu kontrollieren sind (Berger 1990: 133). Wie im Falle der Ethnologie, die aufs Engste mit dem Kolonialismus verbunden war, ist auch der ethnologische Blick des Multikulturalismus ein hervorragendes Instrument für administrative und sozialtechnologische Belange.

Erst in den 1980er Jahren stellte die Forderung nach problemorientierter Arbeit die eingespielte Praxis der an Nationalitäten orientierten Sozialberatung in Frage. Allerdings hatten sich in der Zwischenzeit die Öffentlichkeit und vor allem die Medien daran gewöhnt, zwischen mehr oder weniger fremden „Kulturen" zu unterscheiden. Radtke bemerkt prägnant wie zynisch: „Die Verbände hatten sich die ‚Kulturen' geschaffen, die sie fortan zu betreuen und zu erhalten gedachten" (Radtke 1990: 30).

4.2.3   Kulturelle Identität als „Gehäuse der Zugehörigkeit"

Welche Folgen hat dies für die Angehörigen der verwalteten und politisierten kulturellen Gruppen? So zentral und produktiv es ist, wenn sich subalterne und marginalisierte Minderheiten ihrer eigenen Herkunft als Tradition versichern und ihre Geschichte ans Licht bringen, so unübersehbar ist die Gefahr der Fixierung und Fetischisierung dieser Identitätselemente. Wir sind nicht einfach Autoren unserer Aussagen, weil die Sprache uns immer schon voraus geht und wir damit immer schon in kulturelle und sprachliche Symbolwelten eingebettet sind. Sprache, Kultur und Identität sind aber keine herrschaftsfreien Räume, sondern symbolische Felder der „doppelten Prägung", in denen die symbolische Gewalt der kulturellen Klassifikationen eingeschrieben ist (Hall 1997: 226 f). Dies gilt sowohl für die Konstruktionen von Eigenheit als auch für die entsprechenden Produktionen von Andersheit. Selbstbeschreibungen und Fremdbeschreibungen greifen immer ineinander, so dass jede Identitätsvorstellung, jeder Habitus von den gesellschaftlichen Techniken des „Othering" durchsetzt ist (Gutiérrez Rodríguez 2003: 31; vgl. Krais und Gebauer 2002: 48 ff).

Im Prozess der „doppelten Prägung" verfestigen sich Praktiken und Verhaltensweisen, die sich in Folge der Marginalisierung unauslöschlich in die Angehörigen benachteiligter oder kolonialisierter Gemeinschaften eingeschrieben haben. Diese irreversiblen Auswirkungen entlarven alle Versuche der Rückkehr zu einem „reinen und unverfälschten Ursprung" als trügerische Illusion (Hall 1997: 226 f). Es gibt nichts „Wesentliches", weil es keine wahren, authentischen, ursprünglichen Erfahrungen gibt, die frei von Macht und fremden Interessen sind (Grossberg 1999: 65 f).

Vielmehr erfüllt der „Andere" oder der „Fremde" verschiedene Funktionen. Dabei muss die Einstellung gegenüber dem Fremden nicht durch offensichtliche Ablehnung gekennzeichnet sein. Europa hat eine lange Tradition der Deutung von Fremdheit als eines „Resonanzbodens" oder einer „Ergänzung", als unverzichtbarer Bedingung zur Wiedergewinnung des „eigenen Ursprungs" angesichts des zunehmenden Leidens an der entfremdeten und versachlichten Moderne: Asien galt bereits Herder als Symbol von Unschuld, Reinheit und Ursprünglichkeit, als Inbegriff für den Ursprung und die Tiefe des abendländischen Denkens. Die Südsee ist bis heute die Metapher des irdischen Paradieses. Schließlich wurde Indien zum europäischen Symbol der verlorenen menschlichen Ganzheitlichkeit, nach der die Europäer sehnsuchtsvoll verlangten (vgl. Schäffter 1991: 18 ff).

Allerdings war und ist die positive Zuwendung zum Anderen immer prekär und instabil. Sobald die Begegnung mit der Andersheit die eigene Verarbeitungskapazität übersteigt und das Fremde sich nicht als Teil des Eigenen integrieren lässt, wird es als Bedrohung, als Risiko der Selbstentfremdung und des Identitätsverlusts erlebt. Wenn sich der idealisierte Fremde in der Begegnung mit dem konkreten Fremden als Enttäuschung erweist, dann erfolgt schnell die Ausgrenzung des Andersartigen als dem „Abartigen" oder „Artfremden" (Schäffter 1991: 19 f).

Gemeinsam ist dennoch allen dargestellten Varianten des Fremderlebens die Fixierung auf das binäre Muster des „Entweder-Oder", die das Fremde nicht in seiner Besonderheit belässt, sondern alle Andersheit auf dem kürzesten Wege „als Eben-doch-Eigenes" vereinnahmen will (Krusche 1983: 11). Erklärbar wird dies, weil Fremdheit für die jeweils zugrunde liegende Ordnungsstruktur eine wichtige Funktion bei der Konstitution von Identität erhält. Ganz gleich, ob der Fremde als Resonanzboden, als reflektierende Außenhaut oder als Kontaktstelle konzipiert wird, entscheidend bleibt die Fixierung auf den internen Standpunkt und die Subsumption des Anderen in das eigene Weltbild (Schäffter 1991: 25). Selbst in den positivsten Mythen der Zivilisationskritik und Natürlichkeitssehnsucht ist der Fremde immer nur „mein Gegensatz", „meine Andersheit", eine Idealisierung dessen, was das Eigene gerade nicht bieten kann. Die Anderen werden nie in ihrer Unvergleichlichkeit wahrgenommen, sondern sie sind nur das, was man selbst nicht ist.

Der afrikanische Ethnologe Duala-M'Bedy vertritt vor diesem Hintergrund die These, dass die europäische Kultur nur „aus dem Unbehagen an sich selbst" den „Mythos des Fremden als eines Kunststückes" benötigt, „um sich selbst wieder in den Griff zu bekommen" (Duala-M'bedy 1977: 9). Die Wahrnehmung des Fremden als Gegen-Bild produziert abermals ein vereinseitigtes und reduziertes Bild des Anderen, um eine „eindeutige Alternative zur eigenen Erfahrung" zu gewinnen und diese als „Kulturregulativ" zu instrumentalisieren (Duala-M'bedy 1977: 21). Arjun Appadurai bezeichnet diesen Unterwerfungsmechanismus sehr treffend als „Einfrieren" anderer Kulturen und Völker in das zugeschriebene „Wesen" (Apparudai 1988a; 1988b).

Diese Prägung des Menschen muss auch bei der Auseinandersetzung mit der kulturellen Identität und der Interessenartikulation von Minderheiten bedacht werden. Es ist gerade das Bedürfnis nach Anerkennung, das die Anpassung der Subjekte an die habitualisierten Schematisierungen und Standardisierungen forciert: „Die Dialektik der symbolischen Macht bindet das Subjekt mit Hilfe des Anerkennungsbedürfnisses an sozial normierte Sinnmuster, innerhalb deren es sich ‚selbst' zu verwirklichen lernt" (Kögler 1999: 233). Selbst wenn die Akteure ihren Widerstand gegen diese Klassifikationen artikulieren, laufen sie Gefahr, die bestehenden Machtverhältnisse zu reproduzieren (Bourdieu 1982).

Aus dieser Zwangslage erklären sich die teilweise klischeehaften Formen der Selbstdarstellung von „Fremden" und „Anderen", in denen sie fortwährend die exotischen, manchmal auch feindseligen Fremdzuschreibungen reproduzieren. Anja Weiß hat diesen „Rassismus wider Willen" (Weiß 2001b) bei Aktivisten antirassistischer Gruppen rekonstruiert. Wenn kulturelle Klassifikationen in einer Gesellschaft stabil institutionalisiert sind, dann werden diese von allen sozial kompetenten Akteuren (wider Willen) reproduziert und in ihren Handlungen berücksichtigt (Weiß 2001a: 98 ff, 103).

Ein gutes Beispiel hierfür bieten auch die pädagogischen Varianten des Multikulturalismus wie die so genannte Ausländerpädagogik oder deren modifizierte Fassung als „interkulturelle Pädagogik". Die „Ausländerpädagogik" entstand knapp fünfzehn Jahr nach den ersten Anwerbevereinbarungen in Deutschland und verstand sich als Reflex auf die zunehmenden Probleme zwischen deutscher und ausländischer Bevölkerung. Ausgehend von der Annahme, die soziale Lage der ausländischen Bevölkerung könne ausschließlich auf einen „Kulturkonflikt" zurückgeführt werden, wurde eine diesbezügliche Spezialreflexion institutionalisiert mit der Zielvorgabe, durch pädagogische Intervention zu einem besseren Verständnis der „Anderen" zu gelangen. Diese Reduktion der ausländischen Bevölkerung auf ein pädagogisches „Problem" wurde späterhin allerdings einer scharfen Kritik unterzogen, die in den 1980er Jahren ihren Höhepunkt erreichte und zum Ersetzen der „Ausländerpädagogik" durch die „interkulturelle Pädagogik" (vgl. Borrelli 1986) führte.

Fraglich ist allerdings, ob diese Transformation wirklich mehr ist als ein bloßer Etikettenwechsel. Verschiedene Kritiker haben in der jüngsten Zeit darauf hingewiesen, dass allen kritischen Ansprüchen zum Trotz die „interkulturelle Pädagogik" wie ihre Vorläuferin im Gedanken des „Kulturkonflikts" gefangen bleibt (Dittrich und Radtke 1990; Hamburger 1990; Hinnenkamp 1990). Die Reflexion wird weiterhin von der binären Logik „deutsch versus nicht-deutsch" beherrscht, womit die soziale und kulturelle Mannigfaltigkeit auf ein dichotomes Weltbild reduziert wird. Hinnenkamp spricht in diesem Kontext von einer „Pan-Ethnisierung", in der soziale Stellung und ethnische Zugehörigkeit zu einer neuen Kategorie verschmolzen werden, „deren Exklusivität durch die untrennbare Verkopplung von ‚sozial' und ‚(fremd)ethnisch' garantiert war - und bis heute ist" (Hinnenkamp 1990: 278).

Durch diese grundlegende Dichotomisierung zwischen deutscher Majorität und nicht-deutschen Minoritäten befördert die „interkulturelle Pädagogik" die fortschreitende Segmentierung der Kulturen, was ganz offensichtlich der Legitimierung des eigenen pädagogischen Handlungsbedarfs dienlich ist (Hamburger 1990: 316). Die binäre Logik der „interkulturellen Pädagogik" erzeugt und fordert die Homogenisierung der kulturellen Identifikationen zu einer einheitlichen Selbstdefinition (Hamburger 1990: 319). So wird Kultur und Ethnizität zur

„Zwangsjacke" (vgl. Caglar 1990), in der die institutionalisierte Eigenart gefangen bleibt (Hamburger 1990: 21).

Solange der Umgang mit kultureller Identität und Differenz in dieser binären Logik verhaftet bleibt, werden kulturelle Grenzen nicht überwunden, sondern vielmehr fortwährend diskursiv hergestellt und stabilisiert. Deshalb bescheinigt Radtke (Radtke 1990; 1992; 2001; Radtke und Dittrich 1990) gerade dem wohlmeinenden pädagogischen Multikulturalismus eine paradoxe Wirkung, nämlich die Krankheit zu sein, die zu heilen er vorgibt. Wer ethnische Marginalisierung durch den Rückgriff auf kulturelle Identität zu überwinden sucht, bleibt unvermeidbar gefangen im „absoluten Primat(s) des Kollektivs" (Finkielkraut 1989: 111). Polemisch und doch zutreffend folgert Finkielkraut: „Wie die alten Lobsänger der Rasse halten die gegenwärtigen Fanatiker der kulturellen Identität den einzelnen im Gewahrsam seiner Zugehörigkeit" (Finkielkraut 1989: 85).

5 Skizze einer kritischen Politik der Anerkennung

Unter welchen Bedingungen lässt sich die fatale Logik des „stahlharten Gehäuses der Zugehörigkeit" (Nassehi 1999: 203 ff) sprengen? Wie lässt sich der berechtigte Anspruch benachteiligter Gruppen formulieren, ohne zur Stabilisierung des „kulturellen Livrées" (Finkielkraut 1989) beizutragen?

Der erste, theoretisch notwendige, Schritt aus dieser tragischen Paradoxie identitätspolitischer Anstrengungen wäre die Erarbeitung eines Kulturbegriffs, der von der unbestreitbaren Heterogenität und Differenz der kulturellen Identitäten her gedacht ist. Die Begriffe „Hybridisierung" und „Kreolisierung", die die „Cultural" und „Postcolonial Studies" im kultursoziologischen Diskurs etabliert haben, treffen den Kern dieser grundbegrifflichen Revisionsanstrengungen. Entscheidend ist hier die Konzentration auf die Genese der kulturellen Standards und Interpretationen. Sobald der Fokus von den fertigen Produkten zu den Produktionsprozessen wechselt, muss die Vorstellung einer geschlossenen und homogenen „Monokultur" verabschiedet werden.

Insofern ebnen die „Cultural" und „Postcolonial Studies" den Weg zu einem Kulturverständnis, das nicht nur die innere Heterogenität und Vielfalt der kulturellen Sprachspiele berücksichtigt, sondern hierbei wieder die Konstruktionsleistungen der Akteure wertschätzen kann. Die subversive Kreativität der Akteure im Umgang mit Interpretationen wird zum entscheidenden Ausgangspunkt der Betrachtungen. Mit der Betonung der Subjektbezogenheit kultureller Deutungen geht die kultursoziologische Betrachtung über in eine kritische Analyse. Dann erst kann die Vielfalt der Motive, die sich in kulturellen Konstruktionsprozessen überschneiden, mit partikularen Interessengruppen verbunden werden, die kulturelle Interpretationen zu ihren eigenen Zwecken produzieren und instrumentalisieren.

Mit dem Aspekt der Interessengruppen verbindet sich das Problem der ungleich verteilten Definitionsmacht. Gerade darin liegt allerdings der schwache Punkt der „Cultural" und „Postcolonial Studies". Die Zusammenhänge zwischen dem kulturellen Sprachspiel einerseits und den Machstrukturen andererseits bleiben systematisch ungeklärt, und die zum Teil sehr einseitige Betonung subversiver Taktiken und Allianzen lenkt ab von der festen Struktur ungleicher Machtverteilungen, die den Spielraum für die Kreativität der Akteure erheblich beschränken können.

Bourdieus Kapaltheorie erwies sich hier als unverzichtbares Korrektiv: Die
Idee der Konvertierbarkeit und Transformationsmöglichkeiten zwischen ökonomischem, kulturellem, sozialem und symbolischem Kapital ermöglicht die Analyse der Interdependenz von Klassenkämpfen und Kulturkämpfen. Dabei zeigt
sich Kultur nicht nur als Ausdruck struktureller Ungleichheiten, sondern durch
die unterschiedlich verteilte symbolische Macht als eine eigenständige Ursache
von Benachteiligung und Repression. Mit Hilfe von Bourdieus Kapaltheorie ist
es möglich, kulturelle Identitäten und Narrative einerseits als emanzipatorische
Artikulationsinstrumente zu betrachten (Distinktionsprofit und kompensatorisches Klassenbewusstsein), andererseits als zugewiesene Klassifikationen, die im
Dienste externer Ordnungs- und Kontrollinteressen die individuellen Gestal-
tungschancen einschränken.

De nnoch kann man sich des Eindrucks nicht erwehren, dass Bourdieus
Theorie der Kulturkämpfe den Aspekt der Anerkennung allzu nahe am Konzept
der Verteilungsungerechtigkeit ausrichtet, was sowohl die Analyse als auch die
politische Handhabbarkeit von Anerkennungsproblemen erschwert. Seine Hinweise auf die „Schwundrisiken" im Transformationsprozess müssen auf jeden
Fall als Indizien für die prinzipielle Unterschiedlichkeit von ökonomischen und
kulturellen Ungleichheiten angesehen werden, was zugleich erklärt, weshalb
Anerkennungsdefizite nicht allein durch ökonomische Transferleistungen beho-
ben werden können; selbst dann nicht, wenn die Missachtung mit ökonomischen
Benachteiligungen verbunden ist.

So unverzichtbar Bourdieus Kapitalbegriff für den Zusammenhang von kulturellen und strukturellen Ungleichheiten auch ist, so schwierig ist es, mit diesem
Konzept die Eigenständigkeit des Anerkennungsmotivs zu benennen. Die inhärente Tendenz, Sozialstruktur mit Klassenstruktur weitgehend gleichzusetzen,
ermöglicht keine präzise Antwort auf die Frage, wie Anerkennungsdefizite in
eine Theorie sozialer Ungleichheit integriert und in politischer Hinsicht korrigiert werden können. Um diesen entscheidenden Schritt von der kritischen Theorie zu einer entsprechend „kritischen Politik der Anerkennung" zu leisten,
braucht es einen Zugang, der die strukturelle Bedingtheit kultureller Identitäten
und Narrative berücksichtigt, ohne deshalb Anerkennungsfragen zu einem E-
piphänomen der ökonomischen Ungleichheit zu degradieren; eine Herangehensweise, die beiden Dimensionen der Benachteiligung gerecht wird.

5.1 „Gleichberechtigte Teilhabe" als konzeptionelle Verbindung von Umverteilung und Anerkennung

Meines Erachtens enthält Nancy Frasers „Statusmodell der Anerkennung" hierfür die entscheidenden Weichenstellungen. Der Vorteil ihres Ansatzes ist die grundsätzliche Skepsis gegenüber jeder Form der gesellschaftstheoretischen Vereinseitigung komplexer sozialer Probleme. Trotz der Richtigkeit der (linken) Kritik an jeder kulturalistischen Verengung von sozialen Konflikten widerspricht Fraser der orthodoxen Vorstellung, jeden Konflikt auf sozioökonomische Bedingungen und Lösungen zurückführen zu können. Dies hieße nur, den blinden Kulturalismus gegen einen blinden Ökonomismus einzutauschen (vgl. Fraser 1995: 70). Insofern erkennt Fraser durchaus die emanzipatorischen Potenziale, die aus der zunehmenden Beachtung von Kultur und den zugrunde liegenden Kämpfen um Anerkennung resultieren. Durch die Wende zur Achtung werden Gerechtigkeitsfragen nicht mehr auf Fragen der Verteilung verkürzt, sondern auf die Aspekte einer gerechten Repräsentation von Identität und Differenz erweitert, womit endlich die wissenschaftliche und politische Diskussion solcher Ungleichheiten möglich ist, die sich nicht auf Klassenzugehörigkeit reduzieren lassen (Geschlecht, ethnische Zugehörigkeit, Religion, Sexualität). Hier teilt Fraser das Anliegen der „neuen" Theorien sozialer Ungleichheit (Hradil 1985; 1987a; 1987b).

Ungerechtigkeit im Zugang zur gesellschaftlichen Anerkennung resultiert nicht aus der ungleichen Verteilung von Gütern, sondern es handelt sich um eine Unterordnung von Individuen und Gruppen in der gesellschaftlichen Wert- und Statushierarchie, die auf ungerechte Repräsentations-, Interpretations- und Kommunikationsmuster zurückzuführen ist. Diese kulturellen und politischen Muster begründen die kulturelle Dominanz einzelner Gesellschaftsgruppen, wodurch andere Gruppen gezwungen werden, sich fremden kulturellen Klassifikationen zu unterwerfen; oft ist dies mit Missachtung oder Respektlosigkeit verbunden, wenn Gruppen oder Individuen durch solche Klassifikationen und Repräsentationen angefeindet oder herabgesetzt werden.

Das klassische Beispiel für kulturell bedingte Missachtung ist die Stigmatisierung bestimmter Formen von Sexualität (Homosexualität, Transsexualität) als „illegitim" oder „pervers" (Fraser 1995: 77; 2003: 22 ff). Die Aufhebung dieser Missachtungsverhältnisse ist nur durch die Anerkennung dieser Lebensweise als gleichwertig und respektgebietend zu erreichen (Fraser 1995: 71 ff, 73). Hierzu gehören nicht nur affirmative Mittel der offenen Wertschätzung, sondern auch transformative Maßnahmen, die auf eine umfassende Dekonstruktion der symbolischen Ordnung und der missachtenden Klassifikationen ausgerichtet sind.

Trotz der Relevanz des Anerkennungsthemas erkennt Fraser die Gefahr, durch die einseitige Konzentration auf kulturelle Identitätsfragen die ökonomischen Ungleichheiten zu verdrängen. Insbesondere in „post-sozialistischen" Zeiten eines wachsenden Neoliberalismus habe sich die Umdeutung von Klassen- in Kulturkämpfe als effektives Mittel der Ordnungssicherung bewährt (Fraser 1995: 68). Verdeckt werden damit jene Ungerechtigkeiten, die ihre Wurzeln in der ökonomischen Struktur einer Gesellschaft haben. Die mangelhafte Verteilung von Gütern und Chancen bezieht sich nicht nur auf das Einkommen, sondern betrifft auch Kategorien wie Ausbeutung, Entbehrung, Marginalisierung und Ausschluss vom Arbeitsmarkt (Fraser 1995: 70). Das klassische Beispiel für Verteilungsungerechtigkeit ist die sozioökonomische Problemlage der Arbeiterklasse. Zur Lösung von Verteilungskonflikten bedarf es Umverteilungsmaßnahmen, entweder durch Transferleistungen oder aber, weitaus radikaler, durch die Neuorganisation der Verteilung von Arbeit und Kapital (Fraser 1995: 73; 2003: 22 ff).

Ohne Zweifel lassen sich beide Dimensionen analytisch voneinander trennen. Realiter greifen strukturelle Benachteiligung und kulturelle Stigmatisierung ineinander, wobei beides als Ursache oder auch als Wirkung fungieren kann. Auch eine ökonomische Kategorie wie „Klasse" hat eine Anerkennungskomponente. So leiden auch Proletarier unter „verborgenen Verletzungen" durch Missachtung und mangelndem Respekt (vgl. Fraser 2003: 38 ff; Sennett und Cobb 1973). Diese Stigmatisierungserfahrungen fügen sich zusammen mit der nachteiligen sozioökonomischen Situation zu klassenspezifischen Lebensstilen, die ihrerseits wiederum die vertikale Klassenstruktur (re)-produzieren. Ebenso häufig ist die kulturelle Stigmatisierung eines bestimmten Lebensstils mit ökonomischer Ausgrenzung verbunden, die unter Umständen neue kulturelle Marginalisierung hervorbring (Fraser 2003: 31).

Dieses Ineinandergreifen von Ungerechtigkeiten wird dann virulent, wenn man sich den so genannten „bivalenten Kollektiven" (Fraser 1995: 74 ff) zuwendet, die weder eindeutig den sozioökonomischen noch den kulturellen Kollektivformen zugeordnet werden können, sondern dazwischen liegen. Neben dem sozialen Geschlecht ist die kulturelle oder ethnische Zugehörigkeit ein typischer Fall von Bivalenz (Fraser 1995: 78 ff; 1997a: 201; 2003: 32 ff):

Einerseits weist die „ethnische Unterschichtung" durchaus Ähnlichkeiten mit klassenspezifischen Ungerechtigkeiten auf, weil die gruppenspezifische Zugehörigkeit oft mit ökonomischer Ausbeutung und Deprivation korreliert. Andererseits zeigt sich hier auch die eigenständige Wirkkraft kultureller Klassifikationen, die in das ökonomische System hineinragen und die strukturell relevanten Unterschiede zwischen „wertvoller" und „überflüssiger", zwischen „bezahlter" und „unbezahlter" Arbeit organisieren. Das Wirtschaftssystem enthält

„rassenspezifische Formen der ökonomischen Benachteiligung", die das erhöhte Arbeitslosigkeits- und Armutsrisiko bestimmter ethnischer Gruppen erklären (Fraser 2003: 36). Diese ökonomische Benachteiligung wiederum stützt und reproduziert die spezifisch kulturellen oder symbolischen Formen der Missachtung, die mal als Eurozentrismus, mal in Form von Rassismus wirksam werden.

Die grundsätzlich „hybride Gestalt" (Fraser 2003: 36, 41 ff) der ethnischen Ungleichheiten erlaubt keine Vereinseitigung. Die ethnisch kodierte ökonomische Benachteiligung ist nicht einfach ein Nebenprodukt der kulturellen Klassifikationen, und ebenso wenig ist die ethnische Missachtung lediglich ein Nebenprodukt der Wirtschaftsstruktur.[43] Im Unterschied zu Ökonomismus und Kulturalismus beansprucht Fraser eine „kritische Theorie der Anerkennung", die umfassend genug angelegt ist, um sowohl ökonomische Verteilungsfragen als auch kulturelle Anerkennungsfragen miteinander zu kombinieren (Fraser 1995: 69). Um der Bivalenz wissenschaftlich gerecht zu werden, braucht es von Anfang an eine „bifokale" Sicht der Identitäts- und Anerkennungskonflikte. Dieser „perspektivistische Dualismus" (Fraser und Honneth 2003b: 9) liegt dem „Statusmodell der Anerkennung" (Fraser 2003: 45 ff) zugrunde.

Angeleitet durch Webers duales Konzept sozialer Ungleichheit definiert Fraser zwei allgemeine gesellschaftliche Formen der Unterordnung: einerseits den „Status" (Webers „Stand"), andererseits die „Klasse" (Fraser 2003: 70 ff). Die Statushierarchie bezeichnet eine Struktur intersubjektiver Unterordnung, die in institutionalisierten kulturellen Wertmustern begründet ist, durch welche einige Gesellschaftsmitglieder nicht als vollwertige Interaktionspartner anerkannt werden. Demgegenüber basiert die Klassenstruktur einer Gesellschaft auf denjenigen institutionalisierten ökonomischen Mechanismen, die einigen Gesellschaftsmitgliedern systematisch die Mittel und Chancen vorenthalten, die zur gleichberechtigten Teilhabe am gesellschaftlichen Leben notwendig sind. Statushierarchie und Klassenstruktur stellen zwei analytisch unterschiedliche Arten der sozialen Ordnung dar: einmal den ökonomischen Modus, in dem die Interaktionen durch die funktionale Verflechtung strategischer Imperative geregelt werden, und dann den kulturellen Modus, in dem die Interaktionen durch kulturelle Wertmuster reglementiert werden (Fraser 2003: 72 ff).

---

43 Dennoch sind beide Formen der Vereinseitigung in der Kontroverse um die Richtigkeit der „umgekehrten Diskriminierung" präsent. Vertreter einer klassentheoretischen Sicht betrachten die Benachteiligung von kulturellen und ethnischen Minderheiten letztlich als Variante von Ausbeutung und Verarmung, die ausschließlich durch klassenspezifische Umverteilung beseitigt werden können (Kahlenberg 1995; 1996; Wilson 1987; 1997). Demgegenüber verweisen Verteidiger der „race-based affirmative action" am Beispiel der Afroamerikaner in den Vereinigten Staaten auf die unzureichende Effektivität rein ökonomischer Kompensationsleistungen im Vergleich zu identitätspolitischen Unterstützungsmaßnahmen (Malamud 1997a; 1997b).

Das Verhältnis zwischen beiden Ordnungen ist in modernen pluralistischen Gesellschaften besonders dynamisch und komplex. Auch wenn die disproportionale Verteilung von Ressourcen zur mangelnden Anerkennung führen kann, ergibt sich dies nicht automatisch. Oft genug ist der „Status" unabhängig von der Klassenlage. Umgekehrt legt der Status nicht zugleich die Stellung im Klassengefüge fest. Verhältnismäßig autonome ökonomische Institutionen verhindern, dass mangelnde Anerkennung unmittelbar zur ökonomischen Benachteiligung führt, obwohl sie sicher dazu beiträgt. Weder kann die Klasse aus dem Status abgeleitet werden, noch bestimmt die Klasse den Status. Je deutlicher sich pluralisierte Zivilgesellschaften herausbilden, desto häufiger werden Wertmuster hinterfragt und kritisiert, werden Erzählungen und Diskurse angefochten und Werthorizonte neu ausgehandelt (Fraser 2003: 77 ff). Die sozialen Akteure sind nicht einfach auf vorbestimmten ‚Plätze' festgelegt, sondern sie partizipieren aktiv „an einem dynamischen Regime unablässiger Kämpfe um Anerkennung" (Fraser 2003: 80).

Indem Fraser die Dynamik und Offenheit im Verhältnis zwischen Klasse und Status betont, überwindet ihr Ansatz den latenten Ökonomismus von Bourdieus Kulturkämpfen. Mit ihrem „Statusmodell der Anerkennung" rekurriert sie auf Webers Idee der analytischen und empirischen Eigengesetzlichkeit von Wertsphären und Ordnungen. Damit fällt es ihr leichter als Bourdieu, die Phänomene des Auseinanderdriftens bzw. der Inadäquanz zwischen Klasse und Status zu erklären. Weil der gesuchte Zusammenhang zwischen den beiden Dimensionen von Ungleichheit nicht über ein ökonomisches Grundprinzip hergestellt werden kann, bedarf es eines Bezugsrahmens, der Ökonomie und Kultur gemeinsam umfasst. Dies ist bei Fraser das normative Ziel der „gleichberechtigten Teilhabe" (Fraser 2002) oder der „partizipatorischen Parität" (Fraser 2003: 54 ff), wonach Gerechtigkeit soziale Regelungen erfordert, die es allen (erwachsenen) Mitgliedern der Gesellschaft erlauben, als Gleiche miteinander umzugehen.

Anerkennung und Umverteilung werden durch eine gerechtigkeitstheoretische Perspektive miteinander integriert (Fraser 2003: 54 ff): Die „gleichberechtigte Teilhabe" hat objektive Bedingungen, denn die soziale Partizipationsfähigkeit aller Subjekte ist auch eine Frage der gerechten Verteilung materieller Ressourcen. Ungerecht sind aus dieser Perspektive alle Formen der ökonomischen Ungleichheit, die eine gleichberechtigte Interaktion zwischen Menschen verhindern. „Parität" hat darüber hinaus eine zweite, nämlich intersubjektive Bedingung: die kulturelle Wertordnung muss allen Gesellschaftsmitgliedern gegenüber die gleichen Chancen auf gesellschaftliche Achtung gewährleisten. Ungerecht sind damit zugleich alle institutionalisierten Wertschemata, die einige Personen daran hindern, den Status eines vollwertigen Interaktionspartners zu erlangen.[44] Ein weiterer Vorteil des Statusmodells resultiert aus der zentralen Rückbesinnung auf die Dynamik und Heterogenität der kulturellen Interpretationen und Klassifikationen und damit in der grundsätzlichen Distanz zum totalitätsorientierten Kulturbegriff. Im Statusmodell der Anerkennung sind Identifikationen keine stabilen Entitäten, sondern vielmehr instabile „Nahtstellen" innerhalb von Diskursen. Identität in diesem Sinne ist „kein Wesen, sondern eine Positionierung" (Hall 1994: 30). Damit stehen nicht die „fertigen" Identitäten im Mittelpunkt der Analyse, sondern die Prozesse der Identifikation und damit die zugrunde liegenden Wertschemata und Klassifikationen. Dies erst ermöglicht Fraser den Übergang zu einer konsequent transformativen Politik, die der zweidimensionalen Ungleichheit die Grundlage entzieht, um den gleichberechtigten Status aller Gesellschaftsmitglieder als vollwertige Interaktionspartner zu verwirklichen (Fraser 2003: 45, 106, 125 f).

Darin besteht der zentrale Unterschied zwischen Nancy Frasers Politik der Differenz gegenüber dem „Mainstream-Multikulturalismus" (Fraser 2003: 103 ff): während letzterer an den Partikularitäten festhält und die Strukturen der sozialen Ordnung stabilisiert (vgl. Zizek 1998: 50), verlangt die Perspektive der „gleichberechtigten Teilhabe" die „Dekonstruktion" der damit verbundenen Identitäten und Narrative, sofern sie Quellen von Missachtung sind (Fraser 2003: 104).

Dabei muss Fraser bei ihrer Beurteilung von Interpretationen und Anerkennungsansprüchen nicht auf materiale Wertungen oder psychologische Zusatzargumente zurückgreifen. Vertreter des „Mainstream-Kommunitarismus" verweisen in ihren Begründungen von Anerkennungsforderungen oft auf das Recht auf Selbstverwirklichung und die Folgen psychischer Deformationen (vgl. Taylor 1993). Folgt man dieser Argumentation konsequent weiter, dann wären im Prinzip alle Ansprüche auf Anerkennung gerechtfertigt, solange sie die Selbstachtung der Anspruchstellenden befördern. Vor diesem Hintergrund könnten auch rassistische Ansprüche verarmter „Weißer" gerechtfertigt werden, wenn sie

---

44 Mit dieser zweifachen Bedingtheit der partizipatorischen Parität schließt Fraser an verschiedene Theorien der Verteilungsgerechtigkeit an, die die Bedeutung der Anerkennung in einer umfassenden Gerechtigkeitstheorie berücksichtigen; so John Rawls (1975, 1992), der den „Selbstrespekt" als eines der wichtigsten Grundgüter betrachtet (1975: § 67, § 82; 1992: 160, 273, 433 ff). Weitaus ökonomischer, aber doch mit integrativem Anspruch veranschlagt Amartya Sen (1985) das „Selbstgefühl" als unerlässliche Bedingung für die „Funktionstüchtigkeit" des Menschen. Im Unterschied zu Fraser gehen jedoch Rawls und Sen davon aus, dass eine gerechte Verteilung von Ressourcen und Rechten zugleich jede Missachtung ausschließt. Fraser kritisiert dies mit Recht als legalistische oder ökonomistische Verkürzung des Anerkennungsproblems.

nachweislich ihr Selbstwertgefühl dadurch verbessern könnten, dass sie Menschen anderer Abstammung und Hautfarbe als unterlegen betrachten; antirassistische Ansprüche wiederum wären deshalb zurückzuweisen, weil sie nachweislich die Selbstachtung der verarmten „Weißen" bedrohen (Fraser 2003: 57).

Betrachtet man allerdings die Ansprüche unter der Norm der „partizipatorischen Parität", dann entgeht man diesen Paradoxien. Dann müssen die Anspruchstellenden zeigen, dass erstens die bestehenden institutionellen Muster kultureller Bewertung ihnen den gleichen Respekt und/oder die gleichen Chancen beim Erwerb gesellschaftlichen Ansehens vorenthalten, und dass zweitens die Einlösung ihrer Forderung nicht ihrerseits die partizipatorische Parität verletzt, also sich weder zu Lasten eigener Gruppenmitglieder noch zu Ungunsten anderer auswirkt. Dabei spielt es nicht die geringste Rolle, ob die Lebensform der Anspruchstellenden von anderen als ethisch wertvoll oder erstrebenswert angesehen wird. Insofern bleibt das Modell gänzlich deontologisch und von daher offen für eine Pluralität von Lebensgestaltungen (Fraser 2003: 58 ff).

Die Pointe der Idee der gleichberechtigten Teilhabe besteht darin, dass die gerechtigkeitstheoretische Transformation der Anerkennungsfrage eine weitreichende moralische Universalisierung der Problematik erlaubt. Anerkennungsforderungen berufen sich nicht mehr auf sektiererische Vorstellungen eines guten Lebens, die unter pluralisierten Bedingungen auf wenig Zustimmung hoffen können, sondern sie zielen auf eine Konzeption von Gerechtigkeit, die vor allen anderen mit guten Gründen gerechtfertigt werden kann (Fraser 2003: 47).

5.2 Rechtliche und politische Bedingungen der „gleichberechtigten Teilhabe"

Entgegen der populistischen Meinung einiger Identitätspolitiker kann die Frage nach der Angemessenheit von Ansprüchen nicht einfach in die Hände der unzureichend anerkannten Subjekte gelegt werden. Angesichts der Tatsache, dass Anerkennungsansprüche mit Nachteilen für Dritte verbunden sein können, können die Anspruchsteller nicht das letzte Wort in dieser Sache haben. Zumal dann nicht, wenn unklar ist, ob die Sprecher der Gruppe ausreichend legitimiert sind, um die Forderung für alle zu artikulieren, oder nicht doch letztlich nur die Interessen der gruppenspezifischen Eliten vertreten. Die gleichen Vorbehalte müssen gegenüber wissenschaftlichen Experten formuliert werden. Keine Position, weder die der Anspruchstellenden noch die der Experten, ist für sich ausreichend zur Entscheidungsfindung.

Die erfolgreiche Transformation der kulturellen Identitäten und Klassifikation kann nur erreicht werden, wenn die öffentlichen Verfahren hinreichend demokratisiert werden (Fraser 2003: 62 ff). Gleichberechtigte Teilhabe setzt die volle und freie Beteiligung aller betroffenen Parteien an der Dekonstruktion voraus. Dies ist eine grundlegende Bedingung um, in Frasers Worten, das „Idiom der öffentlichen Vernunft" in den gesellschaftlichen Diskussionsforen zu etablieren (Fraser 2003: 63).

Soweit das Ideal, von dem die gesellschaftliche Realität deutlich abweicht: weder sind die öffentlichen Diskussionsforen für jeden zugänglich, noch sind die institutionalisierten Entscheidungsverfahren immer neutral und unparteiisch. Es ist ja gerade eine Ursache der Anerkennungsprobleme, dass die öffentliche Auseinandersetzung durch politische Marginalisierungen gekennzeichnet ist, die Einspruch und Widerspruch der Benachteiligten ausgrenzen. Insofern ist die Transformation der ungleichen Zugangsbedingungen zum „Idiom der öffentlichen Vernunft" von grundlegender Bedeutung für die Implementierung einer kritischen Politik der Anerkennung. Trotz der fundamentalen Bedeutung dieser politischen Rahmenbedingungen der „partizipatorischen Parität" geht Fraser nur am Rande auf die politische Programmatik der Demokratisierung ein; ihre Überlegungen zu den „Richtlinien für das Diskussionsforum" bleiben äußerst vage und skizzenhaft (Fraser 2003: 119). Von daher ist es notwendig, Frasers Modell durch demokratie- und rechtstheoretische Überlegungen zu präzisieren, die sowohl Zugang als auch Prozedere der öffentlichen Dekonstruktion ausbuchstabieren.

5.2.1 Die Entethnifizierung des Rechts

Wer sich mit demokratischen Verfahren auseinandersetzt, der kann nicht umhin, auf Jürgen Habermas' Diskursmodell Bezug zu nehmen. Nicht nur der fast paradigmatische Stellenwert seiner Diskurstheorie, sondern vor allem seine kritische Auseinandersetzung mit den Hindernissen demokratischer Willensbildung liefern für uns unverzichtbare Argumente. Wiewohl bekennender Liberaler, hat sich Habermas nie gescheut, die Rolle des real existierenden Liberalismus bei der Sicherstellung kultureller Hegemonie herauszuarbeiten.

Im Zentrum seiner kritischen Reflexion steht der problematische Zusammenhang zwischen Demokratie und Nationalstaat, die gewissermaßen „als Zwillinge aus der Französischen Revolution hervorgegangen" sind (Habermas 1992b: 634). Seit der Frühphase der Bildung von Nationalstaaten wird die demokratische Idee der Volkssouveränität an die Frage nach der Nation gebunden. Nationale Homogenität im Sinne eines „Volkes" wird zum unverzichtbaren Scharnier zwischen Rechtsstaat und demokratischer Selbstbestimmung, zum „natürlichen Substrat" der staatlichen Organisation (Habermas 1996b: 160 ff). Insofern mischen sich in der Idee der Volkssouveränität rechtliche Gleichheit und ethnokulturelle Ähnlichkeit zu einem untrennbaren Amalgam (Habermas 1996b: 160 ff).[45]

Aus dieser historischen Wahlverwandtschaft zwischen Nation und Demokratie resultiert die problematische „ethische Imprägnierung" des modernen Rechtsstaats (Habermas 1993: 165-171). Trotz aller regulativen Orientierung an der Idee der staatlichen Neutralität basiert jede innere Ausgestaltung einer Rechtsordnung immer auf dem „Selbstverständnis und dem perspektivistischen Lebensentwurf partikularer Gruppen, also an dem, was aus *ihrer* Sicht aufs Ganze ‚gut für uns' ist" (Habermas 1993: 165). Zwangsläufig ist somit jede konkrete Rechtsordnung „*auch* der Ausdruck einer partikularen Lebensform, nicht nur Spiegelung der universellen Gehalte der Grundrechte" (Habermas 1993: 167). Aus dieser unvermeidbaren Partikularität jeder Rechtsordnung resultieren die Anerkennungsprobleme und Missachtungserfahrungen, die der Multikulturalismus zurecht problematisiert. Die Wahlverwandtschaft zwischen Demokratie und Nationalismus begünstigt die Dominanz von Mehrheitskulturen, die ihrerseits

---

45 Dies gilt in besonderer Weise für Deutschland als einem „verspäteten Nationalstaat". Im Unterschied zu den frühen Nationalstaaten in Nord- und Westeuropa, deren Nationengründung auf einer rationalen Staatsanstalt beruhte, war in Deutschland (wie auch in Italien und Osteuropa) die Herausbildung einer homogenen Kulturnation die unverzichtbare Basis der Staatsgründung (Habermas 1996a: 128 ff). Vor diesem Hintergrund muss das deutsche „Sonderbewusstsein" als einer „Nation von Volksgenossen" (Habermas 1993: 191) betrachtet werden.

zur Stigmatisierung anderer Herkunftskulturen führt (Bader 1995: 135 ff; Habermas 1993: 147 f; Radtke 1990: 33).

Wichtig an Habermas' Problemdiagnose ist für uns, dass nicht die Neutralität des Staates für die Stigmatisierungen und Benachteiligungen verantwortlich ist, sondern dass es gerade der Mangel an Neutralität ist, eben die „ethische Imprägniertheit" oder Parteilichkeit des Rechtsstaats, der die kollektiven Missachtungen und Kulturkämpfe provoziert (Habermas 1993: 168). Vor diesem Hintergrund ist klar, dass die Lösung der Anerkennungsprobleme nicht in einer zusätzlichen Ethnisierung von Recht und Politik liegen kann. Wird die unvollendete Neutralität des Rechts als Ursache von Identitäts- und Anerkennungskonflikten ernst genommen, dann besteht die Lösung der ethnischen Benachteiligungen vielmehr in einer konsequenten Entethnisierung; eine Forderung, die allerdings auf alle Konfliktparteien angewendet werden muss, sowohl auf die „Schwachen" als auch auf die „Mächtigen". Entethnisierung als Neutralisierung des Rechts muss mit einer „konsequenten Entzauberung der eigenen Nation" beginnen, denn nur dies kann der „kompensatorischen Verzauberung ‚fremder' Ethnien" den Boden entziehen (Nassehi 1999: 226).

Diese Entzauberung muss auf der Ebene der Mitgliedschaftspolitik ansetzen, da hier, insbesondere im Staatsangehörigkeitsrecht und in der Einwanderungspolitik, die entscheidenden Weichen für die Inklusion und Exklusion von Minderheiten gestellt werden (Mackert 1998; 1999). Angesichts der Tatsache, dass in den meisten Nationalstaaten das Wahlrecht an die Staatsangehörigkeit gebunden ist, erhält die Nationalität demokratietheoretische Brisanz, denn die Teilhabe und Teilnahme der Bürger an gesellschaftlichen Auseinandersetzungen ist ohne politische Partizipationsrechte nicht zu gewährleisten. Im Wahlrecht verwirklicht sich der Rechtsstatus des selbstbewussten Bürgers im Unterschied zum Untertan. Bürgerliche Freiheitsrechte und soziale Teilhabe sind aus demokratietheoretischer Sicht kein Ersatz. Wie Habermas zu Recht bemerkt: „Rechtsstaat und Sozialstaat sind im Prinzip auch ohne Demokratie möglich" (Habermas 1992b: 647). Allein durch das Wahlrecht wird aus dem Rechtssubjekt ein aktiver Autor der Gesetze, und zwar unabhängig davon, ob der Einzelne dieses Recht wahrnimmt oder nicht; allein das Recht zu wählen ist für die politischen Repräsentanten ein Anreiz, die spezifische Interessen von Individuen und Gruppen zur Kenntnis zu nehmen und um ihre Stimmen zu werben (Gerdes 2000: 266).

Ein zentraler Bestandteil des Staatsangehörigkeitsrechts sind die Zuschreibungsregeln. Nicht erst seit Roger Brubakers exemplarischer Untersuchung über die unterschiedlichen Exklusionseffekte von „ius soli" und „ius sanguinis" (Brubaker 1994) ist bekannt, dass die ausschließliche Ius-sanguinis-Regelung, wie sie in Deutschland bis zur Reform im Jahre 2000 galt, zu einer dramatischen Perpetuierung des Ausländerstatus bis in die dritte Generation führt. Diese robuste, intergenerationale Differenzierung zwischen Staatsbürgern und Ausländern kann durchaus als „interne Exklusion" (vgl. Mackert 1998; 1999) beweichnet werden, als Versuch einer nach innen verlagerten Staatsgrenze (vgl. Gerdes 2000: 263). Die Ausgrenzung einer großen Bevölkerungsgruppe vom demokratischen Selbstbestimmungsprozess führt für die Betroffenen zu einer „internen Staatenlosigkeit" (Wallrabenstein 1999: 276). Die grundlegende demokratische Legitimationsidee der Einheit von Regieren und Regiertwerden wird damit ernsthaft beschädigt und die Partikularisierung des Rechts und der Politik nachhaltig befördert (vgl. auch Bader 1995: 126 f und Hoffmann 1994: 255 ff).

Diese Zementierung von Nicht-Zugehörigkeit kann verhindert werden, wenn die Staatsangehörigkeit (auch) nach dem Geburtsort vergeben wird, da in diesem Fall jedes im Land geborene Kind mit Geburt einen Anspruch auf Staatsangehörigkeit hat. Diese Kombination von „ius sanguinis" mit „ius soli" findet sich nicht nur in Frankreich, sondern auch im angelsächsischen Rechtsraum. Ungeachtet der Kontroverse um die symbolische Bedeutung von Abstammungs- und Bodenrecht[46] erweitert das „ius soli" die Chancen auf „gleichberechtigte Teilhabe" für alle, die dauerhaft in einem Land leben, unabhängig von ihrer ethnischen oder kulturellen Herkunft (Habermas 1993: 190). Gerade im Hinblick auf die Kinder von Migranten ermöglicht die Ius-soli-Lösung, mit sicherem Wissen um den eigenen rechtlichen Status aufzuwachsen und damit eine „lokale Identität" aufzubauen (Neumann 1998: 441, 446, 448). Darüber hinaus entspricht diese „ortsabhängige" Interpretation der Staatsangehörigkeit und der Staatsbürgerrechte (Neumann 1998: 446; Wiener 1996a: 492 ff; 1996b: 510 ff) weitaus eher der lokalen, partizipatorisch definierten Zugehörigkeit in einer modernen Demokratie als der Verweis auf die kulturelle Herkunftsgruppe.

Diese kulturelle Neutralisierung des Staatsangehörigkeitsverständnisses muss auch in den Einbürgerungsbestimmungen sichtbar werden. Habermas verbindet sein Integrationskonzept mit einer konsequenten Preisgabe jeglicher kultureller Assimilationsanforderungen gegenüber Einwanderern. Gefordert werden darf lediglich die Bereitschaft zur politischen Integration, d. h. die Anerkennung der Prinzipien des demokratischen Rechtsstaates. Forderungen im Bereich der ethischen Integration, die die kollektive Identität der Einwanderer berühren und

---

46 Manche Autoren bewerten das „ius sanguinis" voreilig als ein „vormodernes" oder auch „völkisches" Zuschreibungsprinzip. Historisch gesehen ist aber das „ius sanguinis" älter als der deutsche Nationalstaat und viel älter als dessen völkische Übersteigerung. Bereits im preußischen Untertanengesetz von 1842 ist es kodifiziert mit dem Zweck, die multiethnische Zusammensetzung des Staatsvolkes zusammenzuhalten (Hoffmann 1994: 260). In dieser Hinsicht bewährt sich das Abstammungsrecht als „moderne" Reaktion auf die zunehmende geographische und grenzüberschreitende Mobilität: während der Geburtsort eher zufällig ist und keine Affinität zu einem bestimmten nationalen Zusammenhang stiftet, gewährleistet der familiäre Sozialisationseffekt eher die Bindung zum Herkunftsstaat der Eltern (Gerdes 2000: 234).

zugleich die Dominanz einer partikularen „Leitkultur" absichern wollen, sind grundsätzlich illegitim (Habermas 1992b: 658 ff; 1993: 183 f). Substanzielle Loyalitätspflichten, wie die „freiwillige und dauerhafte Hinwendung zu Deutschland" (vgl. Hoffmann 1994: 259), die über die politischen Integrationsanforderungen hinausgehen, können nur von denjenigen ausgebildet und verlangt werden, die als gleichberechtigte Staatsbürger am politischen Prozess beteiligt sind. Die amerikanische Revolution hat diesen Zusammenhang mit der unvergessenen Formel „no taxation without representation" auf den Punkt gebracht.

In diesem Modell erfolgt die Integration der gleichen und freien Staatsbürger durch einen gemeinsamen politischen Prozess, der in der Interpretation von Verfassungsprinzipien wurzelt und zugleich das demokratische Verfahren der Konfliktregelung vorgibt. Die politischen Rechte fungieren als eine überethische Form der Substanzialisierung, die von sich aus Solidaritäten und Loyalitäten erzeugt, und damit den Schlüssel zu einer „Wir-Perspektive der Selbstbestimmungspraxis" darstellen, die ohne jede Ethnisierung der politischen und rechtlichen Integration auskommt (Habermas 1992b. 642, 649; 1996a: 142 ff).

Dies bedeutet nicht, dass jede Übereinstimmung und Solidarität ausgeschlossen wäre. Die Gemeinsamkeit, die Bürger in einem liberalen Staat zusammenhält, kann eine Art von „Verfassungspatriotismus" sein, der sich auf das Prozedere der Auseinandersetzung und die zugrunde liegenden Prinzipien beschränkt. Dolf Sternberger, der als erster das Konzept des „Verfassungspatriotismus" entwickelte, verstand darunter den durch Vernunft begründeten Willen, an der freiheitlichen Ordnung der eigenen Gesellschaft mitzuarbeiten (Sternberger 1979; vgl. Sutor 1995: 5). Der entscheidende Unterschied zum üblichen Verständnis von Patriotismus besteht darin, dass der „Verfassungspatriotismus" zwar eine emotionale Verbundenheit zur politischen Gemeinschaft erzeugen kann, doch dass diese Emotionalität nicht die Grundlage der Zugehörigkeit ist. Nicht partikulare Loyalitätsgefühle, sondern die gemeinsame Verpflichtung auf demokratische Umgangsformen sind die formale moralische Grundlage des gesellschaftlichen Zusammenhalts. Gerade darin liegt die integrative Kraft: der Verfassungspatriotismus ermöglicht eine „Solidarität unter Fremden" (Brunkhorst 1996), die universalistisch und über-ethnisch geprägt ist. Sie basiert nicht auf partikularistischen Freundschafts- und Gemeinschaftsgefühlen, sondern bezeichnet eine abstrakte und doch gut funktionierende Solidarität unter Menschen, die einander in wesentlichen Dingen fremd sind.

Die Reduktion der kollektiven Identitätszumutungen auf den „Verfassungspatriotismus" ist ein entscheidender Schritt, um die Freiräume für „hybride Identitäten" und „Bindestrich-Bürger" (Walzer) sicherzustellen (Habermas 1996a: 142 ff). Ähnliche Effekte ergeben sich aus der Anerkennung von Mehrstaatlichkeit bzw. doppelter Staatsangehörigkeit. Der Doppelpass kann als eine weitere

rechtliche Reaktion auf die empirische Realität „hybrider" und „multipler" Identitäten interpretiert werden (Benhabib 1999: 101 ff; Gerdes 2000). Durch die
Mehrstaatlichkeit werden multinationale und bikulturelle Zugehörigkeiten anerkannt und die Aufrechterhaltung bestehender transstaatlicher Bindungen unterstützt, was innerhalb der nationalen Gebilde auf Dauer zu einer Verstärkung der
internationalen Kooperation und interkulturellen Toleranz führen kann (Gerdes
2000: 238; Gosewinkel). Der Doppelpass wäre damit doppelt vorteilhaft: für die
„Bürger mit Migrationshintergrund", die von ihren spezifischen Ressourcen auch
außerhalb der kulturellen Nische profitieren würden, und für die gesamte Gesellschaft, da damit der zivilgesellschaftliche interkulturelle Dialog gefördert würde,
womit wesentliche Konflikte im Vorfeld entschärft werden könnten (Gerdes
2000: 279 ff).

Durch diese Anerkennungsfunktion kann der Doppelpass als liberaler Ersatz
für multikulturelle Rechte interpretiert werden; als Instrument einer liberalen
Politik der Differenz, das zugleich die Risiken von Gruppenrechten erfolgreich
vermeidet. Der Doppelpass impliziert nicht nur die rechtliche Anerkennung multikultureller bzw. hybrider Identitäten, sondern er steht auch für die grundsätzliche Sicherstellung freiwilliger Mitgliedschaft nach innen und außen. Die Freiwilligkeit einer Mitgliedschaft hängt in entscheidendem Maße davon ab, ob das
einzelne Gruppenmitglied realistische Chancen hat, auch außerhalb der Gruppe
ein gutes Leben zu führen. Genau dies wird durch die doppelte Staatsangehörigkeit institutionalisiert. Als rechtliche Sicherstellung bikultureller Kontakte und Chancen gewährt sie nicht nur die Bindung an die Herkunftsgemeinschaft, sondern zugleich die notwendigen realistischen Abwanderungs-
optionen, die es braucht, um die Freiheit zur Zugehörigkeit zu garantieren. In
diesem Sinne ist der Doppelpass auch eine flankierende Maßnahme zum Schutz
des Einzelnen gegenüber seinem Kollektiv (Gerdes 2000: 239, 275 ff).

Im weitesten Sinn kann die Anerkennung von Mehrstaatlichkeit als eine der
tragenden Säulen einer transformativen Anerkennungspolitik betrachtet werden:
Indem die Idee einer distinkten und ausschließlichen Zugehörigkeit aufgeben
wird zugunsten der Vielfalt identitätssichernder Bezüge, werden alle kulturellen
und nationalen Identitäten dauerhaft entdramatisiert. Erst wenn diese den Nim-
bus von Exklusivität und Einzigartigkeit verlieren, öffnet sich der gesellschaftliche Horizont für offene und dynamische Formen von Mitgliedschaft. [47]

---

47 Der übliche Einwand von Gegnern der Mehrstaatlichkeit, dies müsste zu Pflichten- und Loyali-
    tätskonflikten führen, kann durch die Aufwertung des Wohnorts als entscheidendem Bezugs-
    punkt der Zugehörigkeit außer Kraft gesetzt werden (Neumann 1998: 446). Im Übrigen bestä-
    tigt dieser Einwand nur die Penetranz, mit der sich die Idee eindeutig abgrenzbarer, homoge-
    ner, kultureller Zugehörigkeiten in den Köpfen verfestigt hat (Hoffmann 1994: 626). Aus libe-
    raler Perspektive sollte man bedenken, dass der individuelle Willensakt im Einbürgerungsfall
    und das damit verbundene explizite Bekenntnis zu Verfassung, Grundwerten und politischer

5.2.2 Die emanzipatorischen Potenziale des liberalen Rechtsuniversalismus

Die Skizze einer Entethnifizierung des Rechts führt die entscheidenden Schritte auf dem Weg zu einer transformativen und kritischen Theorie der Differenz vor Augen. Diese Strategie signalisiert zugleich ein grundsätzliches Vertrauen in die emanzipatorischen und integrativen Potenziale des liberalen Rechtsuniversalismus. Entgegen multikulturalistischer Vorurteile muss darauf hingewiesen werden, dass die Neutralität des Rechts nicht zu einer differenzblinden Reduktion des Bürgers auf das ‚Allgemein-Menschliche' führen muss. Vielmehr lässt sich zeigen, dass ein verwirklichter und in diesem Sinne entethnifizierter, liberaler Rechtsstaat die unverzichtbare Voraussetzung für die Anerkennung kultureller Differenzen darstellt.

Diese These lässt sich hervorragend am Einfluss internationaler Rechte und Abkommen demonstrieren. James F. Hollifield (Hollifield 1992) zeigt in seiner „politischen Ökonomie der Immigration" (Hollifield 1992: 10 ff, 19 ff, Gosewinkel 1995: 539), dass in liberalen Demokratien, die er als „rights-based systems" bezeichnet, die universalen Grundprinzipien einen normativen Druck ausüben, wodurch die exklusiven nationalen Interessen, genauer die Sicherung nationaler Souveränität, durch eingeschränkten Zugang zum Territorium und zum Staatsbürgerverband, erfolgreich neutralisiert werden (Hollifield 1992: 26 f).

Am deutlichsten zeigt sich diese Tendenz in der Migrationspolitik der USA (Hollifield 1992: 176 ff, 204 ff). Auf dem Nährboden der politischen Kultur und der anti-etatistischen, auf Individualrechte gestützten citizenship-Tradition, verstärkt durch den Einfluss der Gerichte, entfaltete sich sukzessive eine liberale Einwanderungspolitik. Gerade der Rekurs der Rechtssprechung auf universelle Prinzipien beförderte eine ausgeweitete Definition der Staatsbürgerrechte mit der Folge, dass die tradierte assimilationsorientierte Ideologie des „melting pot" durch einen neuen kulturellen Pluralismus ersetzt werden konnte und damit die Leitlinien einer multikulturellen Einwanderungsgesellschaft präformiert wurden.

Auch in Frankreich lassen sich ähnliche Auswirkungen der universellen Rechtsprinzipien feststellen. Obwohl die politische Kultur in Frankreich durch ein jakobinisches, assimilatorisches Verständnis von „citoyenneté" geprägt ist, das vor dem Hintergrund strikter Gleichheitsforderung keinen Platz für Minderheitenrechte zulässt (Hollifield 1992: 45 ff, 124 ff, 187 ff), stärkte der oberste französische Gerichtshof, der „Conseil d'État", im Jahre 1989 im Rahmen der

---

Ordnung höher bewertet werden muss als die bloße Aufrechterhaltung der anderen Staatsangehörigkeit. Dies gilt umso mehr im Vergleich zur Zuschreibung der Staatsangehörigkeit ohne jede Willensbekundung und vor dem Hintergrund zunehmender politischer Apathie (Gerdes 2000: 267).

„affaire des foulard" die Freiheitsrechte religiöser Minderheiten (Hollifield 1992: 195).

Für Deutschland führt Hollifield die Auseinandersetzungen um die Familienzusammenführung an, um zu veranschaulichen, dass die individuellen, von der Verfassung geschützten Rechte der Ausländer sukzessive von Gerichten mit Nachdruck gegenüber dem Staat verteidigt und durchgesetzt wurden (Hollifield 1992: 35, 83 ff). Im Kern rekonstruiert Hollifield die sukzessive Liberalisierung oder besser „Entnationalisierung" (Gosewinkel 1995: 543) des Rechts durch die fortschreitende Justizialisierung der staatsbürgerlichen Rechte und ihre Anwendung auf die ausländische Bevölkerung (Hollifield 1992: 169 ff, 198, 225).

Während Hollifield sich primär auf die nationale Dynamik der Rechtsimplementierung konzentriert, betrachtet Yasemin Nuhoglu Soysal (1994) diese Liberalisierung und Entnationalisierung als Spill-over-Effekte des internationalen Menschenrechtsdiskurses. In ihrer Untersuchung über die Situation von „Gastarbeitern" im Nachkriegseuropa versucht Soysal zu zeigen, dass sich unter dem Einfluss des Menschenrechtsdiskurses eine neue Form von „postnationaler Mitgliedschaft" entwickelt hat, die die „nationale Ordnung der Dinge durchkreuzt" (Soysal 1994: 159). Damit verbindet sie die Hoffnung, dass unter dem Druck und dem Schutz der allgemeinen Menschenrechte der „postnationale" Bürgerbegriff zunehmend institutionalisiert würde, so dass der Nationalstaat letztlich zu einer reinen Analyseeinheit reduziert würde, zu einem Rahmen, der im Zuge fortschreitender Globalisierung an konstitutiver Bedeutung verliert (Soysal 1994: 6). Indem die Staatsbürgerrechte, die bislang nur Bürgern einer Nation zugewiesen wurden, als Rechte von Personen kodifiziert werden, wird citizenship von nationaler Zugehörigkeit getrennt und universalisiert (vgl. Soysal 1994: 3). Durch diese Entkopplung von nationaler Zugehörigkeit und institutioneller Einbindung würden sich sukzessive die Unterschiede zwischen Staatsbürgern und Nicht-Staatsbürgern verlieren.

Sicherlich, Soysals Vision vollständiger Inklusion basiert auf einer starken Überzeichnung „postnationaler" Tendenzen und lässt darüber hinaus die entscheidenden Fragen der institutionellen Durchsetzung unbeantwortet. Im Unterschied zu Hollifield, der die Verwirklichung von internationalen Rechtsprinzipien in Nationalstaaten diskutiert und damit die Verbindung der Prinzipien mit Sanktionen und Institutionen herstellt, bleibt bei Soysal unklar, wer im Fall eines Konfliktes zwischen internationalen Prinzipien und nationalen Interessen für die Durchsetzung der Menschenrechte Sorge trägt.

Dennoch zeigen beide Studien die Inklusions- und Anerkennungspotenziale der universellen Rechte. Dabei ist es wichtig zu bemerken, dass internationale Rechte und Menschenrechte nicht nur den Rechtsstatus des Menschen als Menschen sichern, sondern zugleich die Anerkennung seiner spezifischen ethischen

Besonderheit ermöglichen. Diesen Zusammenhang hat Ulrich Preuß (1998) anhand des formal-abstrakten Grundrechts auf Würde veranschaulicht. In verschiedenen Urteilen des Bundesverfassungsgerichts wurde der Begriff der Würde nicht auf die Anerkennung der überindividuellen, allgemein menschlichen Gemeinsamkeiten reduziert, sondern mit dem Anspruch auf die Verwirklichung der unverwechselbaren Individualität durch Verwurzelung in einer bestimmten Kultur verbunden (Preuß 1998: 1262 f). Das eigenständige Würdegrundrecht fungiert als Brückenprinzip zwischen Gleichheit und Besonderheit. In diesem Sinne muss man Rudolf Burger zustimmen, wenn er pointiert formuliert: „Das Abstrakte verbindet die Menschen, nicht das Konkrete! Die Kulturen trennen die Menschen, die Zivilisation vereint sie" (Burger 1997: 178).

5.2.3 Politische Öffentlichkeit und Zivilgesellschaft: Anerkennung als Verantwortung?

Obwohl das Recht ein wichtiger Ausgangspunkt für eine kritische Anerkennungspolitik ist, ist es weder das einzige noch das beste Instrument. Mindestens genauso entscheidend sind die „Räume" und „Foren" der politischen Öffentlichkeit und der Zivilgesellschaft, in denen das Recht auf Differenz in legitimer Weise verkörpert werden kann. Die Übersetzung der allgemeinen Bürgerrechte in politische Partizipation führt einerseits zur Stärkung der Zivilgesellschaft, die als „grundrechtlich geschütztes Netzwerk von freiwilligen Assoziationen" bestimmt wird, andererseits zu einer politischen Öffentlichkeit, die weitgehend über Massenmedien hergestellt wird (Habermas 1992a: 201).

Der wesentliche Beitrag der politischen Öffentlichkeit besteht in ihrer Offenheit gegenüber Laienorientierungen und lebensgeschichtlichen Problemverarbeitungen, die sich zur „öffentlichen Meinung" verdichten (Habermas 1992a: 436, 442 f). Der Unterschied zur Zivilgesellschaft besteht darin, dass die Öffentlichkeit stärker durch private Interessen geprägt ist, während die Zivilgesellschaft stärker auf die Sicherstellung von Solidaritäten ausgerichtet ist. In der Zivilgesellschaft treten die Individuen als Bürger auf, in der Öffentlichkeit als Privatsubjekte (Habermas 1992a: 444).

Beides, Öffentlichkeit und Zivilgesellschaft, sind die unentbehrlichen Foren, in denen die Bürger ihre spezifischen kulturellen Interpretationen und Deutungen artikulieren und diskutieren können. Hier findet unter dem Schutz der allgemeinen liberalen Grundrechte die ethische Integration der Gesellschaft statt, die umso erfolgreicher ist, je gleichberechtigter der Zugang zu den Foren ist. Das allgemeine liberale Recht gibt gewissermaßen den sanktionsgeschützten Rahmen, um die demokratische Teilnahme und Teilhabe aller Bürger als Gleiche und

Freie zu gewährleisten. Im Rahmen so genannter „Selbstverständigungsdiskurse" (Habermas 1993: 177) soll den Bürgern die Möglichkeit gegeben werden, sich an der ethischen Ausdeutung der allgemeinen Prinzipien zu beteiligen.

Wie groß die Vielfalt der Interpretationen in einer multikulturellen Gesellschaft auch sein mag, die integrative Einheit wird dadurch erzielt, dass sich alle mit denselben Grundrechten und Prinzipien auseinandersetzen, dass „dieselben Rechtsprinzipien aus den Perspektiven verschiedener nationaler Überlieferungen" gedeutet werden (Habermas 1992b: 643). Unter der Voraussetzung eines offenen und egalitären Zugangs zu allen Foren der Meinungs- und Entscheidungsfindung wäre die erzielte Übereinstimmung zwar immer noch ethisch imprägniert - insofern muss der unvermeidbaren Partikularität unserer Anschauungen Rechnung getragen werden –, doch diese Wir-Perspektive würde nicht mehr nur die ethischen Grundüberzeugungen der dominanten Gesellschaftsgruppen wiedergeben, sondern vielmehr die ethnische und kulturelle Heterogenität der gesamten Bürgerschaft reflektieren. Insofern ist er partikularistisch genug, um zu sagen, was „gut für uns" ist. Zugleich ist er allgemein genug, um die freie Entfaltung der kulturellen Traditionen außerhalb des Rechts zu gewährleisten und die Integrität der ko-existierenden Lebensformen zu wahren (Habermas 1993: 179).

Das Ziel einer solchen Politik der Anerkennung wäre nicht der Fortbestand bestimmter Traditionen, sondern die „gleichberechtigte Koexistenz verschiedener ethnischer Gruppen und ihrer kulturellen Lebensformen" (Habermas 1993: 173). Dabei ist die Freiwilligkeit der Identifikation eine grundlegende Voraussetzung. Freiheit zur Identität bedeutet nicht nur die reelle Chance, „ungekränkt in einer kulturellen Herkunftswelt aufzuwachsen und seine Kinder darin aufwachsen zu lassen", sondern ganz allgemein die Möglichkeit, sich mit der eigenen oder mit anderen Kulturen auseinander zu setzen, ohne dass das Ergebnis dieses Prozesses vorgeben wird. Man kann die eigene Tradition konventionell fortsetzen, man kann sie auch revidieren und transformieren, man kann sich schließlich von ihr abwenden oder lossagen, „um fortan mit dem Stachel eines bewusst vollzogenen Traditionsbruchs oder gar mit gespaltener Identität zu leben" (Habermas 1993: 175).

Angesichts der unverzichtbaren Freiwilligkeit als genuin liberaler Basis menschlicher Gruppenbildung ist der Fortbestand einer kulturellen Tradition nur zu erreichen, wenn es den Gruppenmitgliedern gelingt, die nachfolgende Generation durch „gute Gründe" zur freiwilligen Aneignung und Fortführung der Tradition zu motivieren. Nur unter diesen Voraussetzungen wäre die Zugehörigkeit kein Zwang, sondern eine Option, eine Chance, die von den Angehörigen angenommen, aber auch ausgeschlagen werden kann (Habermas 1993: 174). Dies bedeutet auch, dass alle kulturellen Gruppen sich auf einen rückhaltlosen Revisionismus verpflichten, der die Fähigkeit zur Selbsttransformation und den Mut zur Integration fremder Impulse mit einschließt (Habermas 1993: 175). In diesem anspruchsvollen Klima der konsequenten Selbstkritik und Selbsthinterfragung haben rigide fundamentalistische Lebensmuster möglicherweise geringere Überlebenschancen (Habermas 1993: 176).

Mit der politischen und institutionellen Durchsetzung dieser Freiheit zur Identität wäre ohne Zweifel ein entscheidender Schritt zur „Entdramatisierung" ethnischer Identifikationsmuster geleistet. Die ethnische und kulturelle Zugehörigkeit wäre nicht mehr das vordringliche Kriterium der Identitätsstiftung, sondern ein Merkmal unter anderen „und da nicht einmal *prima inter pares*" (Nassehi 1999: 171). Ethnische Teilidentitäten wären möglich, ohne dass damit andere kulturelle Identifikationsmöglichkeiten ausgeschlossen würden (vgl. Hamburger 1990: 321).

So wegweisend das Modell der „Selbstverständigungsdiskurse" für die soziale Integration multikultureller Gesellschaften auch ist, so fraglich bleibt, ob der „Diskurs" die angemessene Form der gesellschaftlichen Auseinandersetzung sein sollte. Die Gründe für Habermas' Insistieren auf institutionalisierten Diskursen leuchten ein: mit der Ausrichtung der Entscheidungsfindung auf konsensuelle Übereinstimmung will er sicherstellen, dass Auseinandersetzungen über essenzielle Aspekte wie Anerkennung, Zugehörigkeit und die richtige Interpretation des Rechts nur auf Basis allgemeiner Zustimmung entschieden werden. Deshalb wird das entsprechende Verfahren auf die anspruchsvollen Auflagen der „idealen Sprechsituation" verpflichtet, da nur auf diesem Wege gewährleistet werden kann, dass nicht empirische Zwänge, sondern allein die besten Argumente zur Übereinstimmung geführt haben (Habermas 1984: 160; vgl. Kuhlmann 1985: 198). Zugleich soll durch diese strikten Argumentationsvoraussetzungen garantiert werden, dass die gesellschaftlichen Anerkennungskämpfe in einen „zivilisierten Streit der Überzeugungen" (Habermas 1993: 177) überführt werden. Damit wird die kritische Öffentlichkeit zugleich zur „Kernstruktur" einer „wohlgeordneten Gesellschaft" (Habermas 1992a: 98 ff) aufgewertet.

Allerdings sind diese integrativen Ansprüche an die politische Öffentlichkeit unrealistisch. Klaus Eder (1995) hat in seiner Auseinandersetzung über Struktur und Kultur der „neuen" sozialen Bewegungen dargelegt, dass Habermas' Denken hier von einer „Utopie bildungsbürgerlicher Diskursivität" geprägt ist, die sich auf die zeitgenössischen Formen der Auseinandersetzung nicht mehr anwenden lässt (Eder 1995: 276). Die „alte" Öffentlichkeit, die Habermas offensichtlich vorschwebt, war noch eingebettet in das ordnungssichernde Institutionengefüge des bürgerlichen Rechtsstaats, was die Verallgemeinerung der Interessen und Meinungen begünstigte. Die „neue" Öffentlichkeit als Kommunikationsbereich zwischen Staat und Gesellschaft ist dagegen gekennzeichnet durch eine institutionelle Freisetzung. Mit ihr tritt ein „fluides Feld konflitueller kommunikativer Strukturen" (Eder 1995: 274) an die Stelle eines politiknah institutionalisierten Willensbildungsprozesses. Die „chaotische" und „unkoordinierte" Pluralität von Themen, Akteuren, Trägergruppen und Interessen setzt „Konkurrenzeffekte" und „Free-rider-Phänomene" frei, die einen strategischen Gebrauch der Öffentlichkeit begünstigen und im Prinzip allen Konsensfiktionen widersprechen (Eder 1995: 272 ff). Normative Vorstellungen sollten hier allenfalls auf bescheidene „Standards der Kohärenz und Validität" (Eder 1995: 287) beschränkt werden.

Vor diesem Hintergrund stehen die zwei zentralen Implikationen des Diskursmodells - Konsensorientierung und institutionelle Verfestigung - im Verdacht, wesentliche differenztheoretische und pluralistische Aspekte einer offenen Streitkultur zu unterlaufen. Dies hat zunächst etwas mit der kognitivistischen Verkürzung des Anerkennungsbegriffs zu tun: Im Rahmen von „Selbstverständigungsdiskursen" wird die wechselseitige Anerkennung zwischen Individuen einseitig als Rationalität und Argumentationskompetenz definiert. Die gesuchte „Anerkennung" von Personen wird durch das „Erkennen" von Gründen ersetzt (Schluchter 1988: 212), wodurch die Gefahr besteht, denjenigen die Achtung und Partizipation vorzuenthalten, die (noch) nicht gut argumentieren können (vgl. Wellmer 1986: 108).

Darüber hinaus leidet jedes diskursive Verfahren unter chronischem Realitätsverlust. So richtig und nachvollziehbar auch die Verpflichtung auf die „ideale Sprechsituation" sein mag, so bleibt - selbst für den Fall, dass eine solche herzustellen sei - die Umsetzung der Diskursergebnisse in der nicht-idealen Daseinssituation doch außerordentlich erschwert. Gerade vor diesem Hintergrund muss die Selbstverständlichkeit kritisiert werden, mit der Habermas die Probleme der „kommunikativen Macht" ignoriert. Viele seiner Passagen zum Begriff der Öffentlichkeit lesen sich wie eine systematische Trivialisierung ihrer möglichen Instrumentalisierung zu Zwecken, die weder im Interesse der Verständigung noch der kooperativen Wahrheitssuche sind. Dem Einwand der möglichen Vereinnahmung durch die Machtinteressen professionalisierter kollektiver Akteure (Verbände, Parteien, Machteliten) begegnet er mit der Hoffnung, dass der dahinterstehende Gruppenegoismus entlarvt werden könnte, womit die Ansprüche ihre Glaubwürdigkeit verlieren würden (Habermas 1992a: 440 f, 453 f). Damit unterschätzt er die Techniken professioneller Interessenmanipulation. Das Problem der ungleich verteilten Medienmacht und ihrer demokratiefeindlichen Potenziale (Monopolisierung von Informationen etc.) wird durch Hinweise auf den journalistischen Berufsethos marginalisiert, ohne auch nur annähernd auf die mangelnde Sanktionskraft solcher Reglementierungen einzugehen (Habermas 1992a: 455 ff).

Angesichts der breiten Kritik, die Habermas mit seiner Ignoranz gegenüber Anwendungsproblemen auf sich gezogen hat (Bienfait 1999: 188 ff; Scheit 1987; Schluchter 1988; Wellmer 1986), ist zu fragen, ob an die Stelle der vorgeschlagenen „Selbstverständigungsdiskurse" nicht offene und pluralistische Verfahren treten sollten, bei denen bewusst auf Habermas' Forderung nach einer diskursiven Reglementierung der ethischen Selbstverständigung verzichtet würde.

Ein bis dato viel zu wenig beachteter Vorschlag findet sich in Max Webers Skizzen zur „Verantwortungsethik" (vgl. Schluchter 1988; Bienfait 1999: 130 ff; 2003). Wie bei Habermas' Diskurs handelt es sich bei den verantwortungsethischen Dialogen um ein kritisches Verfahren der intersubjektiven Willensbildung. Die so genannte „Wertdiskussion" (Weber 1904/1980: 148; 1917/1980: 492, 501, 504, 510), in der Ansprüche kritisch überprüft, gerechtfertigt oder verworfen werden, ermöglicht es, durch wechselseitige (Selbst)-Kritik und (Selbst)-Aufklärung die bloße Meinung in reflektierte Überzeugungen bzw. „bewussten Glauben" zu überführen (Weber 1980: 12).

Im Unterschied zum Habermas'schen Diskurs ist allerdings die Wertdiskussion weder auf Konsens noch auf objektive Wahrheit der Ergebnisse ausgerichtet. Statt für einen Kognitivismus, der auf der objektiven „Wahrheitsfähigkeit" von Geltungsansprüchen besteht, plädiert Weber für einen Kritizismus, der den Nachweis intersubjektiver „Wahrheitsbezogenheit" zum Ziel hat (Schluchter 1988: 211 ff, 255 ff, 261). In diesem Sinne verweist Wahrheitsbezogenheit auf die prozedurale Genese *über*persönlicher und *über*parteilicher Wertungen. Andererseits wird trotz aller Rationalisierungsleistung eine *un*persönliche, *un*parteiische Wahrheitsfähigkeit ausgeschlossen. Vor dem Hintergrund von Geltungsverlust und Entzauberung lässt sich eine Wertentscheidung „zwar objektivieren, aber sie wird deshalb nicht objektiv" (Schluchter 1988: 211); sie lässt sich „zwar *mit* Vernunft kritisieren, nicht aber *durch* Vernunft begründen" (Schluchter 1988: 261). Insofern bleibt ihr geltungstheoretischer Status trotz aller Verallgemeinerungsfähigkeit immer ambivalent, gleichermaßen „diskussionsfähig und diskussionsbedürftig" (Schluchter 1988: 212).[48]

Die moralische Pointe der Wertdiskussion besteht darin, dass aus ihr eine moralische Beziehung zwischen Diskussionspartnern entsteht. Ver-Antwortung für ethische Wertungen zu übernehmen wird mit der Be-Antwortung von kritischen Einwänden, die andere an uns richten, verbunden. Mit der Übernahme der Verantwortung positionieren wir uns zugleich in einem Netz zwischenmenschlicher Verpflichtungen und Nötigungen, die unsere Entscheidungen mitbestimmen, zum Teil bestätigen, zum Teil beschränken (Scott 1997: 54). In die-

---

48 Vgl. dazu die Differenz zwischen „starkem" bzw. „konstitutivem" Universalismus gegenüber der „schwachen" bzw. „regulativen" Variante (Schluchter 1988: 255 ff; Wellmer 1986: 18 ff).

sem Sinne ist die Verantwortung unmittelbar mit der Anerkennung der anderen Dialogteilnehmer verbunden.

Deshalb entgeht der verantwortungsethische Dialog dem Verdacht der kognitivistischen Beschränkung. Anerkennung wird nicht nur den Gründen und Argumenten gegenüber entgegengebracht, sondern im Bewusstsein um die grundsätzliche Fehlerhaftigkeit und Beschränktheit unseres Wissens impliziert die Verantwortung auch die Anerkennung von Personen, unabhängig von ihrer rationalen Kompetenz. Dies ist vor dem Hintergrund ungleicher Zugangschancen zu Bildung und legitimer Kultur unerlässlich. Gleichzeitig stellt der verantwortungsethische Dialog die Einsicht in die unvermeidbare Subjekt- und Kontextbezogenheit allen Wertens in den Mittelpunkt. Damit ist er dem „Faktum des Pluralismus" (Hinsch 1992; Rawls 1992) moderner Gesellschaften deutlich näher als Habermas' Diskursmodell.

Aus dieser Kontextualisierung resultieren die enormen institutionentheoretischen Vorteile der Verantwortungsethik. Durch die Integration der außerethischen Kontextbedingungen in die Begründungsbasis der universellen Rechte gelingt es Weber, die regulative Verallgemeinerungsfähigkeit von Wertungen mit einem „radikal lebensimmanenten Standpunkt" (Schluchter 1988: 286) zu verbinden. Verantwortungsethisch begründete Maximen sind situierte „individuelle Gesetze" (Simmel 1987), die „aus dem So-Sein des Menschen" (Schluchter 1988: 267) konstruiert werden.[49] Vor diesem Hintergrund kann die verantwor-

---

49 Der wesentliche Unterschied zwischen dem verantwortungsethischen Kontextbezug und den diskurstheoretischen Kontextualisierungskonzepten besteht darin, dass die verantwortungsethische Stellungnahme nicht auf einem anwendungstheoretischen, sondern auf einem begründungstheoretischen Verständnis von Kontextualisierung beruht. Hier wird die Genese begründeter und anwendungsfähiger Normen und Prinzipien gefordert. Die Wertverwirklichung ist deshalb ein unmittelbarer Bestandteil der Rechtfertigung; Geltung und Anwendung werden untrennbar miteinander verbunden (Schluchter 1988: 252).
Im Unterschied dazu basieren alle diskursethischen Herangehensweisen an die Verantwortung von Handlungsfolgen im konkreten Kontext auf einer grundsätzlichen Trennung zwischen Begründung und Anwendung (Bienfait 1999: 185 ff, 195 ff). So versucht zum Beispiel Karl-Otto Apel (1986: 231 ff; 1988: 359; 1990: 121 ff; 1992: 34 ff), die Diskrepanz zwischen den idealabstrakten Maximen und der Lebenswelt, die durch „primär strategische Selbstbehauptungssysteme" dominiert wird (Apel 1988: 134), dadurch zu überwinden, dass im Anschluss an die prinzipienorientierte Rechtfertigung (Teil A) eine zusätzliche Normenbegründung erfolgen soll, in der die Handlungsfolgen berücksichtigt werden sollen (Teil B). Während Teil A unter idealisierten Diskursbedingungen steht, soll in Teil B auf die starken Anforderungen verzichtet werden, um den Realitätsbezug der begründeten Normen zu gewährleisten. Insofern ist Teil B als Zwischenstufe der ethischen Konkretisierung und Kontextualisierung gedacht (Apel 1988: 123, 134, 149). Die Herausforderung dieser explizit „moralischstrategischen" Interimsethik besteht allerdings in der kühnen Gratwanderung zwischen moralischem Anspruch und strategischen Zwängen, wobei Apel die Argumentationsvoraussetzungen von Teil B praktisch nicht präzisiert, so dass die Gefahr besteht, dass die moralischen Orientie-

tungsethische Auseinandersetzung als Skizze für reale (und nicht nur idealisierte) gesellschaftliche Auseinandersetzungen und formal befriedete Konflikte fruchtbar gemacht werden. Wertdiskussionen stellen eine normativ anspruchsvolle, reglementierte Form des Konflikts zwischen Gegnern dar, in dem „um die regulativen Wertmaßstäbe selbst *gestritten* werden kann und *muss*" (Weber 1904/1980: 153).

Damit ist die Verantwortungsethik anschlussfähig an ein prozedurales und konfliktäres Verständnis von Demokratie. Im Zentrum der politischen Streitkultur stehen die Vielfalt der Werte, Interessen und Ansprüche, die sich wechselseitig begünstigen oder bekämpfen, gegenseitig bestätigen oder miteinander kollidieren. Diese konflikttheoretische Perzeption der Demokratie als offener Kampf um Anerkennung verweist auf einen demokratischen Ethos, der weder substanzialistisch noch formalistisch verkürzt ist, sondern in einem dritten, alternativen Sinne als formaler oder prozeduraler Ethos verstanden werden kann: er bezeichnet

„einen Modus des Umgangs mit Konflikten und Dissensen, bei dem die Orientierung an den normativen Bedingungen des demokratischen Diskurses selbst zwar nicht den einzigen, wohl aber den einzigen unhintergehbaren Leitfaden der Urteilsbildung definiert" (Wellmer 1993: 68).

---

rungen durch sozialtechnologische Instrumentalisierungen korrumpiert oder sogar ins Gegenteil verkehrt werden.
Diese Vorbehalte haben Klaus Günther (1988) bewogen, auf einem doppelten Diskurs zu bestehen (Günther 1988: 60 ff, 82 ff). Im Unterschied zu Apel, der die Folgenreflexion an geringere Diskursauflagen bindet, um die Realitätsnähe zu gewährleisten, besteht Günther auf der strikten Unparteilichkeit und Idealität der „Anwendungsdiskurse" (Günther 1988: 57). Nur dadurch könne eine strikt „angemessene" Situationsinterpretation erfolgen, in der wirklich alle besonderen Umstände der Regelapplikation berücksichtigt würden (Günther 1988: 55). So plausibel dieser Vorschlag in verschiedener Hinsicht ist, so sehr kommt es hier zu einer weiteren Verschärfung der diskursethischen Anwendungsproblematik.

5.3 Identität jenseits von Traditionalismus und Kosmopolitismus: Der „dritte Stuhl"

Über die Konsequenzen eines derart entdramatisierten und freiwilligen Verhält-
nisses zur Kultur und zur kulturellen Identität lässt sich trefflich streiten. Wie
jede Form von Freiheit, so hat auch die Freiheit zur Identität nicht nur Vorteile,
sondern auch Schattenseiten. Mit gutem Recht ist zu fragen, ob damit nicht letztlich die Subjekte überfordert würden, so dass letztlich nur noch der Rückzug auf
einen kruden Traditionalismus bliebe, womit die Freiheit zur Identität freiwillig
aufgegeben würde.

In der Tat sind Befürchtungen gegen eine derart postmoderne Beliebigkeit
in Sachen Identität mehr als angebracht. Gerade der moderne Kosmopolitismus
läuft Gefahr, diese Ängste zu verstärken (Hannerz 1990; Heater 1996; Waldron
1996; 1999). Für Kosmopoliten wie Jeremy Waldron ist Kultur eine „mélange",
resultierend aus Hybridisierungen und Bastardisierungen von Interpretationen
und Deutungsmustern (vgl. Waldron 1999: 108). Angesichts der Brüchigkeit und
internen Heterogenität aller kulturellen Bezüge, vor allem vor dem Hintergrund
globaler und transnationaler Einflussfaktoren, hält er den Rückzug auf lokale und
partikulare Bindungen für unzeitgemäß und verfehlt (Waldron 1999: 102 ff).

Im Unterschied zu den Kommunitaristen, die den Konstitutionskontext der
personalen Identität auf ethnokulturelle Kleingruppenzusammenhänge (Waldron
1999: 95 f) reduzieren, lenkt Waldron den Blick auf Loyalitäten und Solidaritäten, die diesen tribalen Horizont überschreiten. Eine Konstitutionstheorie der
Identität, die im vollen Umfang die Bedingtheit des Menschen durch kulturelle
Einflüsse berücksichtigen will, kann nicht bei ethnischen und nationalen Gemeinschaften stehen bleiben, sondern muss vielmehr deren Abhängigkeit von
transnationalen und internationalen Faktoren und Determinanten sehen:

> „(...): just as individuals need communal structures in order to develop and exercise
> the capacities that their rights protect, so minority communities need larger political
> and international structures to protect and to sustain the cultural goods that they pur-
> sue"(Waldron 1999: 104 f).

Das Argument ist originell, denn Waldron befreit sich aus der Dichotomie zwischen liberalem Atomismus und kommunitaristischem Kollektivismus, indem er
das kommunitaristische Argument von der konstitutiven Gemeinschaft konsequent weiterdenkt. Wenn der Mensch durch „signifikante andere" geprägt wird,
und wenn sich diese signifikanten Beziehungen nicht nur in unmittelbarer
Reichweite finden, sondern auch in Zusammenhängen, die die naturhafte Unmittelbarkeit transzendieren, dann finden sich diese Loyalitäten und Bindungen
auch im Hinblick auf transnationale und transkulturelle Zusammenhänge. Inso-

fern kann Waldron den Atomismus-Vorwurf widerlegen und zugleich das kommunitaristische Kleingruppen-Pathos kritisieren (vgl. Waldron 1999: 103).

So berechtigt dieses Argument auch ist, so überzogen sind doch die identitätstheoretischen Konsequenzen, die Waldorn von hier aus postuliert. Um jeder essentialistischen Implikation vorzubeugen, neigt er dazu, jede Differenz zwischen kulturellen Werten und flüchtigen Präferenzen zu verwischen. Kulturelle Traditionen werden kurzerhand mit „fashion" oder „hobby" gleichgesetzt (Waldron 1999: 101). Wenn Kultur als „mélange" schließlich dadurch erläutert wird, dass ein Mensch irischer Herkunft Spanisch lernt, chinesisches Essen liebt, Kleider aus Korea trägt, italienische Opern bevorzugt und sich von Zeit zu Zeit buddhistischen Meditationstechniken unterzieht (Waldron 1999: 95), dann wird der Begriff der Kultur beliebig und inhaltsleer verwendet.

Man muss kein Kommunitarist sein, um anhand dieser Aufzählung auf dem Unterschied zwischen „starken" und „schwachen Wertungen" zu bestehen. Konventionen, soziale Regeln, weltanschauliche Werte und Prinzipien haben eine andere Relevanz als kulinarische Vorlieben oder modische Präferenzen. Diese Verweigerung jeder kulturellen Bodenhaftung macht Waldrons Vorschlag unglaubwürdig. Betrachtet man die Realität „hybrider" oder „multikultureller" Identitäten, dann zeigt sich, dass die betreffenden Personen „weder im Geist noch real sozusagen ‚ziellos umherwandern', sondern dass sich ihre Handlungen und Lebensperspektiven nach wie vor auf bestimmte geographische, soziale, kollektive und kulturelle ‚Regionen' konzentrieren" (Gerdes 2000: 272). Einflüsse einer „globalen Kultur" oder transnationaler Beziehungen sind nicht zu bestreiten, sie prägen jedoch selten unmittelbar die Konstitution der Identität, sondern werden vielmehr im Licht von lokalen und partikularen Erfordernisse modifiziert.

Mehr noch als diese begrifflichen Unschärfen irritiert an Waldrons Kosmopolitismus die nahezu vollständige Ignoranz gegenüber strukturellen Benachteiligungen und Ungleichheiten. Insbesondere die Relevanz der ungleich verteilten Deutungsmacht, die das Feld der Identifikationen und Interpretationen prägt, wird vollkommen vernachlässigt. Deshalb führt er relativ undifferenziert und leichtfertig den Untergang kultureller Traditionen auf deren mangelnde Attraktivität zurück:

> „If any particular church is dying out because its members are drifting away, no longer convinced by its theology or attracted by its ceremonies, that is just the way of the world" (Waldron 1999: 101).

In der Tat scheint Waldron wie viele Verfechter des Kosmopolitismus geblendet von den Lebensumständen weltbürgerlicher Intellektueller, die sich besonders in

US-amerikanischen Metropolen hervortun. Angesichts der faktischen Ungleich-heiten zwischen kulturellen Gruppen und der Tatsache, dass ein lebendiges kul-turelles Leben in Gemeinschaften auch eine Frage verfügbarer Mittel ist, zeugt diese Verallgemeinerung von wenig soziologischem Gespür. Unter Bedingungen sozialer Ungleichheit eignet sich Waldrons Vision des kulturellen Kaleidoskops (Waldron 1999: 99) leicht zur ideologischen Verschleierung von Macht und Privilegien, wodurch die Auswahl an kulturellen Optionen beschränkt und die Freiheit zum Kosmopolitismus verhindert wird. Kosmopolitismus ist schließlich nur dann Ausdruck individueller Autonomie, wenn eine Vielzahl vitaler Kultu-ren und kultureller Deutungsangebote gegeben ist. Andernfalls ist der Kosmopo-litismus keine liberale Alternative, sondern wird zum Zwang und Ausdruck kul-tureller Hegemonie.

Kosmopolitische Beliebigkeit ignoriert auch die subversive Kraft multikul-tureller und hybrider Identität. Die gestaltenden und emanzipatorischen Potenzia-le hybrider Lebensentwürfe resultieren nicht daraus, dass die Differenz zwischen dem Eigenen und dem Fremden naiv bestritten wird, sondern dass beide Pole in ein dynamisches Ergänzungsverhältnis gesetzt werden, um die binäre Logik der Identität herauszufordern bzw. zu überwinden (Gutiérrez Rodríguez 2003: 33). Das (scheinbare) Dilemma, „zwischen zwei Stühlen" zu sitzen, wird durch die Konstruktion eines „Dritten Stuhls" bewältigt. Diese kreative Leistung hat Tarek Badawia (2002) in seiner gleichnamigen Studie veranschaulicht.

Badawia wendet sich von Anfang an gegen die klassische Entweder-Oder-Perspektive. Anstelle der weit über 20-jährigen Dominanz der „Kulturkonflikt-these" (vgl. Heckmann 1992) und der damit implizierten Pathologisierung bikul-tureller Identitäten im Sinne von Identitätslosigkeit bzw. Identitätsverlust kon-zentriert er sich auf die subversive Kraft bikultureller bzw. multikultureller Selbstentwürfe. Als ausschlaggebend hierfür erscheint ihm die soziale Doppel-rolle bikulturell geprägter Personen: zugleich Teilnehmer wie auch Beobachter, verfügen sie über Rollendistanz und Ambiguitätstoleranz (Krappmann 1972: 133 ff, 155 ff) und sind damit befähigt, soziale Rahmungen und strukturell erzwun-gene Identitätsvorgaben konstruktiv zu überwinden (Badawia 2002: 11 f, 341 f, 353). Ihr Widerstand gegen eine Reduktion des Menschen auf die Figur des Kulturträgers (Badawia 2002: 131) und ihre nur „bedingte" Identifikation (Ba-dawia 2002: 124) mit beiden Kulturen ermöglichen einen zirkulären Prozess der Selbstsetzung und Selbstbestimmung. In dessen Vollzug abstrahieren die He-ranwachsenden von der Partikularität ihrer kulturellen und strukturellen Voraus-setzungen und bilden eine „Zwischenebene", die sowohl dem Anspruch auf Selbstreferenz als auch dem Bedürfnis nach sozialer Einbettung gleichermaßen gerecht wird (Badawia 2002: 320 ff, 328, 347 f). Die jugendlichen Immigranten stellen damit die Realität des „aufgeklärten Individuums" unter Beweis, das nicht als passive, unter den Folgen des Assimilationsdrucks leidende Person betrachtet werden kann, sondern „als aktiver Partner an einer zweigleisigen, transformatorischen Auseinandersetzung mit Selbst und Gesellschaft" (Badawia 2002: 343, Fußnote)

Entscheidend an dieser Studie ist die Einsicht, dass die Erfahrung der Bikulturalität nicht zwangsläufig zum Problem wird. Bikulturalität wird nur dann und nur deshalb als krisenhaft und belastend empfunden, wenn dies mit Diskriminierungen und Stigmatisierungen verbunden ist (Badawia 2002: 350). Der eigentliche Widerspruch im Integrationsprozess von Jugendlichen mit Migrationshintergrund besteht darin, dass die Aufnahmegesellschaft „auf Grund ihrer monokulturellen Orientierung keine sozialpolitisch anerkannten bikulturellen Strukturen vorgibt, in die neue Immigrantengenerationen hineinwachsen können" (Badawia 2002: 352)

Die Erfahrung der „Zerrissenheit", von der jugendliche Migranten berichten, ist nicht die Ursache ihrer Konflikte, sondern schlicht das Ergebnis mangelnden soziokulturellen Beistands (Badawia 2002: 162 ff, 355) und damit verbundener Diskriminierungserfahrungen. Implizite und explizite Ausschlusssignale gegenüber den bikulturellen Jugendlichen stellen das eigentliche Problem der Identitätsbildung dar (Badawia 2002: 160 ff). Vorurteile konstruieren eine künstliche Fremdheit, und dies, obwohl sich die Jugendlichen als Teil der Gesellschaft erleben. Dadurch wird das Gefühl biographischer Kontinuität und Konsistenz gefährdet.[50] Diese Erfahrung führt bei den Jugendlichen zu einer gravierenden Selbstverunsicherung und destabilisiert zusätzlich ihre ohnehin fragile Bikulturalität (Badawia 2002: 176 f). Auf diese Missachtungserfahrung reagieren einige Jugendliche mit dem Verleugnen ihres „deutschen" Identitätsanteils. Diese reaktive Verdrängung ihres „Deutsch-Seins" wird von Badawia mit autoaggressivem Verhalten oder Vermeidungsverhalten gleichgesetzt (Badawia 2002: 179).

Allerdings beschreibt der Autor auch produktive Formen des Umgangs mit Vorurteilen und Ausgrenzungen. Aufgrund der Einsicht in die stigmatisierende Seite monokultureller Zuordnungen erfolgt bei manchem Probanden der ent-

---

[50] Badawias These kann darüber hinaus auch an bereits vorhandene Forschungsergebnisse anschließen. Georg Auernheimer (1988) hat bei seiner Untersuchung über die Neuorientierungsversuche von Migrantenkindern aufgezeigt, dass die Probanden die „Mischung" verschiedener kultureller Werte und Normen keineswegs als Verwirrung oder Desorientierung erleben, sondern vielmehr alte Traditionen und neue Orientierungen erfolgreich miteinander verknüpfen.. Auch Paul Hill hat gezeigt, dass nur eine Minderheit unter den Migrantenkinder ihre Bikulturalität als krisenhafte Stresserfahrung erlebt (Hill 1990: 108), und zwar überwiegend solche, die sich selbst an die deutsche Kultur assimiliert haben und trotzdem Benachteiligungen erfahren (Hill 1990: 112). Die erfahrene „Identitätsproblematik" resultiert also nicht aus Wertkonflikten, sondern aus einer strukturell bedingten Dissonanzsituation, nämlich aus der Diskrepanz zwischen erbrachter Anpassungsleistung und versagter Anerkennung.

schlossene Rückzug auf das eigene Selbst und den eigenen Selbstentwurf als Priorität für den Selbstwert. In diesen Fällen erweist sich die Ausschlusspraxis als „Rückschlag nach vorne" (Badawia 2002: 214 f) und begünstigt geradewegs die bewusste Konstruktion der spezifisch neuen Rolle des Außenstehenden, durch die er die Spannung zwischen Zugehörigkeit und Fremdheit ausbalancieren kann (Badawia 2002: 228 ff).

Badawia entwickelt in seiner Studie das Konzept eines zirkulär verlaufenden Identifikationsprozesses, der durch permanente Revision und Redefinition von Selbstfestlegungen gekennzeichnet ist (Badawia 2002: 157 f). Dadurch sollen die dynamischen Merkmale der Selbstkonstruktion und Selbstaktualisierung hervorgehoben werden (Badawia 2002: 64; Lohauß 1995). Die Identität der Person kann damit als „Projekt" bezeichnet werden, charakterisiert durch die „Aufgabe, die Passungen (das *matching*) und die Verknüpfungen unterschiedlicher Teilidentitäten vorzunehmen" (Keupp 1998: 34; Keupp et al. 1999). Die entscheidende Leistung besteht darin, eine interaktive Balance zwischen Rollenzuweisung und Rollenübernahme zu stabilisieren (Krappmann 1972).

Die jeweilige Verarbeitung von Bikulturalität und Hybridität ist letztlich eine autonome, man möchte sagen: eine eigenwillige Leistung, die gerade aufgrund ihres individuellen Charakters nicht kollektiv gestaltet oder politisch gelenkt werden kann (Badawia 2002: 139, 158). Diese Einsicht widerspricht im Grunde diametral der klassischen sozialisationstheoretischen Begründung multikulturalistischer Identitätspolitiken, die fortwährend die Sorge um die individuelle Identität kultivieren und von dort aus zur politischen Verantwortung von Institutionen bzw. des Staates für die gelungene Selbstfindung des Einzelnen auffordern. Badawia zeigt vielmehr, dass die gängige Praxis zur institutionalisierten „Erziehung" und „Integration" von den Betroffenen selbst als paternalistisch wahrgenommen wird. Gegen dieses „Diktieren von Identität, wie eben ein ausländischer Mensch hier im Lande zu sein hat", so die Worte eines Probanden, betont die Mehrzahl der untersuchten Jugendlichen den Wunsch, die individuellen Integrationsleistungen der Betroffenen mehr zu berücksichtigen und zu unterstützen (Badawia 2002: 236 f). Die gleiche Distanz äußern diese Jugendlichen auch gegenüber der Tradition bzw. Kultur ihrer Eltern. Insbesondere junge Mädchen schaffen sich durch Bikulturalität explizite Freiräume bzw. betrachten die Bikulturalität als Chance, individuell unbefriedigende Rollenzuweisungen zu überwinden (Badawia 2002: 224, 243). Insofern nähert sich die Situation der bikulturellen Jugendlichen jener von „Einzelgängern" und „Vorreitern" (Badawia 2002: 261 ff).

Mit der Rede vom „dritten Stuhl" liefert Badawia ein schlüssiges Bild, das von den Assoziationen der Heimatlosigkeit und Haltlosigkeit junger Migranten wegführt und den Blick auf die emanzipatorischen und stabilen Ressourcen hybrider Identitäten lenkt. Der „dritte Stuhl" weist den Weg zur Überwindung des Entweder-oder-Denkens in Fragen kultureller Identität. Mit der Absage an die binäre Gegenüberstellung des Eigenen und des Fremden bricht Badawia auch mit der Idee vom ewig defizitären Migranten, der sich nur durch Mangel und Verlust auszeichnet. Diese (manchmal sogar „gutgemeinte") Larmoyanz, die durch das Beschwören von Kulturkonflikten fortwährend kultiviert wird, kaschiert nicht nur die gesellschaftlichen und politischen Ungleichheiten hinter den Anerkennungskonflikten, sondern verleugnet auch die innovativen Potenziale, die hybride Identitäten für die kulturelle Entwicklung moderner Gesellschaften enthalten. In Deutschland haben sich bereits einige junge Gesellschaftswissenschaftler/innen zu Wort gemeldet, um dieses brisante Thema in den wissenschaftlichen Diskurs einzubringen (Gutiérrez Rodríguez 2003; Ha 1999; 2003; Jain 2003; Steyerl 2003; Steyerl und Gutiérrez Rodríguez 2003b; 2003c). Es ist an der Zeit, den „dritten Stuhl" auch in der Soziologie zu implementieren. Diesem Anliegen ist diese Arbeit gewidmet.

Literaturverzeichnis

Adorno, Theodor W., 1975: *Gesellschaftstheorie und Kulturkritik*. Frankfurt a. M.: Suhrkamp.

Adorno, Theodor W. und Rolf Tiedemann, 1977: *Kulturkritik und Gesellschaft*. Frankfurt a. M.: Suhrkamp.

Alba, Richard, Johann Handl und Walter Müller, 1994: „Ethnische Ungleichheit im deutschen Bildungssystem." *Kölner Zeitschrift für Soziologie und Sozialpsychologie* 46: 209-237.

Albert, Gert, Agathe Bienfait, Steffen Sigmund und Claus Wendt (Hrsg.), 2003: *Das Weber-Paradigma. Studien zur Weiterentwicklung von Max Webers Forschungsprogramm*. Tübingen: Mohr Siebeck.

Alexander, Jeffrey C., 1990: „Analytic Debates. Understanding the Relative Autonomy of Culture." S. 1-30 in *Culture and Society. Contemporary Debates*, hrsg. von J. C. Alexander und S. Seidman. Cambridge: Cambridge University Press.

Althusser, Louis, 1977: *Ideologie und ideologische Staatsapparate: Aufsätze zur marxistischen Theorie*. Hamburg: VSA.

Anderson, Benedict R., 1988: *Die Erfindung der Nation. Zur Karriere eines folgenreichen Konzepts*. Frankfurt a. M. / New York: Campus.

—, 1991: *Imagined Communities. Reflections on the Origin and Spread of Nationalism*. London: Verso.

Apel, Karl-Otto, 1986: „Kann der postkantische Standpunkt der Moralität noch einmal in substantielle Sittlichkeit ‚aufgehoben' werden? Das geschichtsbezogene Anwendungsproblem der Diskursethik zwischen Utopie und Regression." S. 217-264 in *Moralität und Sittlichkeit. Das Problem Hegels und die Diskursethik*, hrsg. von W. Kuhlmann. Frankfurt a. M.: Suhrkamp.

—, 1988: *Diskurs und Verantwortung. Das Problem des Übergangs zur postkonventionellen Moral*. Frankfurt a. M.: Suhrkamp.

—, 1990: „Diskursethik als Verantwortungsethik und das Problem der ökonomischen Rationalität." S. 121-154 in *Sozialphilosophische Grundlagen ökonomischen Handelns*, hrsg. von B. Bievert. Frankfurt a. M.: Suhrkamp.

—, 1992: „Diskursethik vor der Problematik von Recht und Politik. Können die Rationalitätsdifferenzen zwischen Moralität, Recht und Politik noch durch die Diskursethik normativ-rational gerechtfertigt werden?" S. 29-61 in *Zur Anwendung der Diskursethik in Politik, Recht und Wissenschaft*, hrsg. von K.-O. Apel und M. Kettner. Frankfurt a. M.: Suhrkamp.

Apparudai, Arjun, 1988a: „Introduction: Place and Voice in Anthropological Theory." *Cultural Anthropology* 3: 16-20.

—, 1988b: „Putting Hierarchy in Its Place." *Cultural Anthropology* 3: 36-49.

Appiah, Anthony und Amy Gutmann, 1996: *Color Conscious. The Political Morality of Race*. Princeton: Princeton University Press.

Assmann, Aleida und Heidrun Friese, 1998: „Einleitung." S. 11-23 in *Identitäten. Erinnerung, Geschichte, Identität*, hrsg. von A. Assmann und H. Friese. Frankfurt a. M.: Suhrkamp.

Auernheimer, Georg, 1988: *Der sogenannte Kulturkonflikt. Orientierungsprobleme ausländischer Jugendlicher.* Frankfurt a. M. / New York: Campus.

Bachmann-Medick, Doris, 1986: *Kultur als Text. Die anthropologische Wende in der Literaturwissenschaft.* Frankfurt a. M.: Fischer.

Badawia, Tarek, 2002: *„Der Dritte Stuhl". Eine Grounded-Theory-Studie zum kreativen Umgang bildungserfolgreicher Immigrantenjugendlicher mit kultureller Differenz.* Frankfurt a. M. / London: IKO-Verlag für Interkulturelle Kommunikation.

Bader, Veit-Michael, 1995: *Rassismus, Ethnizität, Bürgerschaft. Soziologische und philosophische Überlegungen.* Münster: Westfälisches Dampfboot.

Bakhtin, Michail M. und Michael Holquist, 1981: *The Dialogic Imagination: Four Essays.* Austin: University of Texas Press.

Baldwin, Elaine, 1998: *Introducing Cultural Studies.* New York: Prentice Hall Europe.

Balibar, Étienne, 2002: „Kultur und Identität." S. 136-156 in *Konjunkturen des Rassismus*, hrsg. von A. Demirovic und M. Bojadzijev. Münster: Westfälisches Dampfboot.

Barker, Francis, Peter Hulme und Margaret Iversen, 1994: *Colonial Discourse, Postcolonial Theory.* Manchester: Manchester University Press.

Barkey, Karen und Mark von Hagen (Hrsg.), 1997: *After Empire. Multiethnic Societies and Nation-Building. The Soviet Union and the Russian, Ottoman and Habsburg Empires.* Boulder/ Oxford: Westview Press.

Barth, Fredrik (Hrsg.), 1969a: *Ethnic Groups and Boundaries. The Social Organization of Cultural Difference.* Bergen/London: Universitätsverlag.

—, 1969b: „Introduction." S. 9-38 in *Ethnic Groups and Boundaries. The Social Organization of Cultural Difference*, hrsg. von F. Barth. Bergen/London: Universitätsverlag.

Bauman, Zygmunt, 1992: *Intimations of Postmodernity.* London / New York: Routledge.

Baumann, Gerd, 1997: „Dominant and Demotic Discourses of Culture: Their Relevance to Multi-Ethnic Alliances." S. 209-225 in *Debating Cultural Hybridity. Multi-Cultural Identities and the Politics of Anti-Racism*, hrsg. von P. Werbner und T. Modood. London: Zed Books.

—, 1998: „Ethnische Identität als duale diskursive Konstruktion. Dominante und demotische Identitätsdiskurse in einer multiethnischen Vorstadt von London." S. 288-313 in *Identitäten. Erinnerung, Geschichte, Identität*, hrsg. von A. Assmann und H. Friese. Frankfurt a. M.: Suhrkamp.

Beck, Ulrich, 1986: *Risikogesellschaft. Auf dem Weg in eine andere Moderne.* Frankfurt a. M.: Suhrkamp.

—, 1994: „Jenseits von Klasse und Stand?" S. 43-60 in *Riskante Freiheiten. Individualisierung in modernen Gesellschaften*, hrsg. von U. Beck und E. Beck-Gernsheim. Frankfurt a. M.: Suhrkamp.

Beck, Ulrich und Peter M. Sopp (Hrsg.), 1987: *Individualisierung und Integration.* Opladen: Leske + Budrich.

Beck-Gernsheim, Elisabeth, 1998: „Schwarze Juden und griechische Deutsche. Ethnische Zuordnung im Zeitalter der Globalisierung." S. 125-167 in *Perspektiven der Weltgesellschaft*, hrsg. von U. Beck. Frankfurt a. M.: Suhrkamp.

Beierwaltes, Andreas, 1995: „Das Ende des Liberalismus? Der philosophische Kommunitarismus in der politischen Theorie". *Aus Politik und Zeitgeschichte* 43: 24-31.

Bender, Stefan, 1996: „Zuwanderer auf dem Arbeitsmarkt. Nationalitäten- und geschlechtsspezifische Unterschiede." *Zeitschrift für Soziologie* 25: 473-495.

Bender, Stefan und Werner Karr, 1993: „Arbeitslosigkeit von ausländischen Arbeitnehmern. Ein Versuch, nationalitätenspezifische Arbeitslosenquoten zu erklären." *Mitteilungen aus der Arbeitsmarkt- und Berufsforschung* 26: 192-206.

Benedict, Ruth, 1934: *Patterns of Culture*. Boston/New York: Houghton Mifflin Company.

Benhabib, Seyla, 1999: *Kulturelle Vielfalt und demokratische Gleichheit. Politische Partizipation im Zeitalter der Globalisierung*. Frankfurt a. M.: Fischer.

—, 2002: *The Claims of Culture. Equality and Diversity in the Global Era*. Princeton: Princeton University Press.

Bentley, G. Carter, 1987: „Ethnicity and Practice." *Comparative Studies in Society and History* 29: 24-55.

Berger, Hartwig, 1990: „Vom Klassenkampf zum Kulturkonflik. Wandlungen und Wendungen der westdeutschen Migrationsforschung." S. 119-138 in *Ethnizität. Wissenschaft und Minderheiten*, hrsg. von E. J. Dittrich und F.-O. Radtke. Opladen: Westdeutscher Verlag.

Berger, Peter A., 1996: *Individualisierung: Statusunsicherheit und Erfahrungsvielfalt*. Opladen: Westdeutscher Verlag.

Berger, Peter A. und Stefan Hradil, 1990: „Die Modernisierung sozialer Ungleichheit - und die neuen Konturen ihrer Erforschung." S. 3-24 in *Lebenslagen, Lebensläufe, Lebensstile. Soziale Welt, Sonderband 7*, hrsg. von P. A. Berger und S. Hradil. Göttingen: Schwartz.

Berlin, Isaiah, 1969: „Two Concepts of Liberty." S. 118-172 in Ders., *Four Essays on Liberty*, London: Oxford University Press.

Bhabha, Homi K., 1997a: „Die Frage der Identität." S. 97-122 in *Hybride Kulturen. Beiträge zur anglo-amerikanischen Multikulturalismusdebatte*, hrsg. von E. Bronfen, M. Benjamin und T. Steffen. Tübingen: Stauffenburg.

—, 1997b: „DissemiNation: Zeit, Narrative und die Ränder der modernen Nation." S. 149-194 in *Hybride Kulturen. Beiträge zur anglo-amerikanischen Multikulturalismusdebatte*, hrsg. von E. Bronfen, M. Benjamin und T. Steffen. Tübingen: Stauffenburg.

—, 1997c: „Verortungen der Kultur." S. 123-148 in *Hybride Kulturen. Beiträge zur anglo-amerikanischen Multikulturalismusdebatte*, hrsg. von E. Bronfen, M. Benjamin und T. Steffen. Tübingen: Stauffenburg.

—, 2000: *Die Verortung der Kultur*. Tübingen: Stauffenburg.

Bienfait, Agathe, 1999: *Freiheit, Verantwortung, Solidarität. Zur Rekonstruktion des politischen Liberalismus*. Frankfurt a. M.: Suhrkamp.

Bienfait, Agathe, 2003: „Eine liberale Verteidigung des Kommunitarismus. Eine andere Sicht auf Max Webers Verantwortungsbegriff." *Österreichische Zeitschrift für Soziologie* 29: 60-81.

Bloom, Harold, 1992: *The American Religion. The Emergence of the Post-Christian Nation.* New York: Simon & Schuster.

Böckenförde, Ernst-Wolfgang, 1991: *Recht, Staat, Freiheit: Studien zur Rechtsphilosophie, Staatstheorie und Verfassungsgeschichte.* Frankfurt a. M.: Suhrkamp.

Böhme, Gernot, 1996: „Selbstsein und derselbe sein. Über ethische und sozialtheoretische Voraussetzungen von Identität." S. 322-340 in *Identität, Leiblichkeit, Normativität,* hrsg. von A. Barkhaus, M. Mayer, N. Roughley und D. Thürnau. Frankfurt a. M.: Suhrkamp.

Borrelli, Michele (Hrsg.), 1986: *Interkulturelle Pädagogik. Positionen-Kontroversen-Perspektiven.* Baltmannsweiler: Pädagogischer Verlag Burgbücherei Schneider.

Bourdieu, Pierre, 1979: *Entwurf einer Theorie der Praxis auf der ethnologischen Grundlage der kabylischen Gesellschaft.* Frankfurt a. M.: Suhrkamp.

—, 1982: *Ce que parler veut dire. L' Économie des Échanges linguistiques.* Paris: Fayard.

—, 1983: „Ökonomisches Kapital, kulturelles Kapital, soziales Kapital." S. 183-198 in *Soziale Ungleichheiten. Soziale Welt, Sonderband 2,* hrsg. von R. Kreckel. Göttingen: Schwartz.

—, 1984: *Die feinen Unterschiede. Kritik der gesellschaftlichen Urteilskraft.* Frankfurt a. M.: Suhrkamp.

—, 1985: *Sozialer Raum und „Klassen".* Frankfurt a. M.: Suhrkamp.

—, 1987: *Sozialer Sinn. Kritik der theoretischen Vernunft.* Frankfurt a. M.: Suhrkamp.

—, 1990: *Was heißt Sprechen? Die Ökonomie des sprachlichen Tausches.* Wien: Braumüller.

—, 1994: „Klassenstellung und Klassenlage." S. 42-75 in *Zur Soziologie der symbolischen Formen,* hrsg. von P. Bourdieu. Frankfurt a. M.: Suhrkamp.

—, 1998: *Praktische Vernunft. Zur Theorie des Handelns.* Frankfurt a. M.: Suhrkamp.

Breton, Raymond, 1964: „Institutional Completeness of Ethnic Communities and the Personal Relations of Immigrants." *American Journal of Sociology* 70: 193-205.

Brink, Bert van den, 1992/1993: „Gerechtigkeit und Solidarität. Die Liberalismus-Kommunitarismus-Debatte in der politischen Philosophie." *Transit* 5: 51-72.

Brink, Bert van den und Willem van Reijen (Hrsg.), 1995: *Bürgergesellschaft, Recht und Demokratie.* Frankfurt a. M.: Suhrkamp.

Brock, Ditmar, 1993: „Wiederkehr der Klassen? Über Mechanismen der Integration und Ausgrenzung in entwickelten Industriegesellschaften." *Soziale Welt* 44: 177-198.

Bronfen, Elisabeth, Marius Benjamin und Therese Steffen (Hrsg.), 1997: *Hybride Kulturen. Beiträge zur anglo-amerikanischen Multikulturalismusdebatte.* Tübingen: Stauffenburg.

Bronfen, Elisabeth und Benjamin Marius, 1997: „Hybride Kulturen. Einleitung zur anglo-amerikanischen Multikulturalismusdebatte." S. 1-30 in *Hybride Kulturen. Beiträge zur anglo-amerikanischen Multikulturalismusdebatte,* hrsg. von E. Bronfen, M. Benjamin und T. Steffen. Tübingen: Stauffenburg.

Bröskamp, Bernd, 1993: „Ethnische Grenzen des Geschmacks." S. 175-207 in *Praxis und Ästhetik. Neue Perspektiven im Denken Pierre Bourdieus*, hrsg. von G. Gebauer und C. Wulf. Frankfurt a. M.: Suhrkamp.

Brubaker, William Rogers, 1994: *Staats-Bürger. Deutschland und Frankreich im historischen Vergleich.* Hamburg: Junius.

Brumlik, Micha und Hauke Brunkhorst (Hrsg.), 1993: *Gemeinschaft und Gerechtigkeit.* Frankfurt a. M.: Fischer.

Brunkhorst, Hauke, 1996: „Demokratie als Solidarität unter Fremden. Universalismus, Kommunitarismus, Liberalismus." *Aus Politik und Zeitgeschichte* 36: 21-28.

Brunner, José und Yoav Peled, 1998: „Das Elend des liberalen Multikulturalismus: Kymlicka und seine Kritiker." *Deutsche Zeitschrift für Philosophie* 46: 369-391.

Brunsdon, Charlotte, 1989: „Text and Audience." S. 116-129 in *Remote Control. Television, Audiences, and Cultural Power*, hrsg. von E. Seiter, H. Borchers, G. Kreutzner und E.-M. Warth. London / New York: Routledge.

Burger, Rudolf, 1997: „Multikulturalismus im säkularen Rechtsstaat." *Leviathan* 25: 173-185.

Carey, James, 1989: *Communication as Culture. Essays on Media and Society.* London: Unwin Hyman.

Castles, Stephen und Alastair Davidson, 1999: *Citizenship and Migration: Globalization and the Politics of Belonging.* Basingstoke: MacMillan.

de Certeau, Michel et al. (Hrsg.),1980: *L' Invention du Quotidien.* Paris: Union générale d' éditions.

Chambers, Ian, 1997: „Zeichen des Schweigens, Zeilen des Zuhörens." S. 195-219 in *Hybride Kulturen. Beiträge zur anglo-amerikanischen Multikulturalismusdebatte*, hrsg. von E. Bronfen, M. Benjamin und T. Steffen. Tübingen: Stauffenburg.

—, 1999: „Städte ohne Fahrplan." S. 514-542 in *Widerspenstige Kulturen. Cultural Studies als Herausforderung*, hrsg. von K. H. Hörning und R. Winter. Frankfurt a. M.: Suhrkamp.

Chaturvedi, Vinayak, 2000: *Mapping Subaltern Studies and the Postcolonial.* London: Verso.

Clark, Gordon L., 1993: *Multiculturalism, Difference and Postmodernism.* Melbourne: Longman Cheshire.

Clifford, James, 1988: „Introduction: The Pure Products go Cracy." S. 1-17 in Ders., *The Predicament of Culture.* Cambridge: Harvard University Press.

—, 1997: „Traveling Cultures." S. 17-39 in *Routes. Travel and Translation in the Late Twentieth Century*, hrsg. von J. Clifford. Cambridge: Harvard University Press.

—, 1999: „Kulturen auf der Reise." S. 476-513 in *Widerspenstige Kulturen. Cultural Studies als Herausforderung*, hrsg. von K. H. Hörning und R. Winter. Frankfurt a. M.: Suhrkamp.

Clifford, James und George E. Marcus (Hrsg.), 1986: *Writing Culture. The Poetics and Politics of Ethnography.* Berkeley: University of California Press.

Cohen, Joshua, 1993: „Kommunitarismus und universeller Standpunkt." *Deutsche Zeitschrift für Philosophie* 41: 1009-1019.

Cohen, Robin, 1987: *The New Helots. Migrants in the International Division of Labor.* Aldershot: Gower.

Cohn-Bendit, Daniel und Thomas Schmid, 1993: *Heimat Babylon. Das Wagnis der multikulturellen Demokratie*. Hamburg: Hoffmann und Campe.

Coleman, James Samuel, 1990: *Foundations of Social Theory*. Cambridge: Harvard University Press.

Connolly, William E., 1991: *Identity, Difference. Democratic Negotiations of Political Paradox*. Ithaca, N.Y.: Cornell University Press.

Cooke, Maeve, 1993: „Negative Freiheit? Zum Problem eines postmetaphysischen Freiheitsbegriffs." S. 285-329 in *Zur Verteidigung der Vernunft gegen ihre Liebhaber und Verächter*, hrsg. von C. Menke und M. Seel. Frankfurt a. M.: Suhrkamp.

Curry, George E. und Cornel West (Hrsg.), 1996: *The Affirmative Action Debate*. Reading: Addison-Wesley.

Dayan, Daniel und Elihu Katz, 1987: „Performing Media Events." in *Impacts and Influences*, hrsg. von J. Curran. London: Methuen.

Denzin, Norman K., 1999: „Ein Schritt voran mit den Cultural Studies." S. 116-145 in *Widerspenstige Kulturen. Cultural Studies als Herausforderung*, hrsg. von K. H. Hörning und R. Winter. Frankfurt a. M.: Suhrkamp.

Diawara, Mamadou, 1998: „Geschichtsbewußtsein im Alltag. Die Beschwörung der Vergangenheit in der heutigen Mande-Welt." S. 314-345 in *Identitäten. Erinnerung, Geschichte, Identität*, hrsg. von A. Assmann und H. Friese. Frankfurt a. M.: Suhrkamp.

Dieckmann, Andreas, Henriette Engelhardt und Peter Hartmann, 1993: „Einkommensungleichheit in der Bundesrepublik Deutschland: Diskriminierung von Frauen und Ausländern?" *Mitteilungen aus der Arbeitsmarkt- und Berufsforschung* 26: 386-398.

Dittrich, Eckhard J. und Frank-Olaf Radtke, 1990: „Der Beitrag der Wissenschaften zur Konstruktion ethnischer Minderheiten." S. 11-40 in *Ethnizität. Wissenschaft und Minderheiten*, hrsg. von E. J. Dittrich und F.-O. Radtke. Opladen: Westdeutscher Verlag.

Drexler, Peter, Andrea Kinsky-Ehritt und Institut für Anglistik und Amerikanistik der Universität Potsdam (Hrsg.), 2003: *Identities and Minorities: Postcolonial Readings*. Berlin: Trafo.

Duala-M'bedy, Munasu, 1977: *Xenologie. Die Wissenschaft vom Fremden und die Verdrängung der Humanität in der Anthropologie*. Freiburg: Alber.

Dubiel, Helmut, 1994: „Das ethische Minimum der Demokratie." *Blätter für deutsche und internationale Politik* 39: 489-496.

During, Simon, 1993: *The Cultural Studies Reader*. London / New York: Routledge.

Durkheim, Émile, 1967a: „Individuelle und kollektive Vorstellungen." S. 45-83 in *Soziologie und Philosophie*, hrsg. von. Frankfurt a. M.: Suhrkamp.

—, 1967b: *Soziologie und Philosophie*. Frankfurt a. M.: Suhrkamp.

—, 1992: *Über soziale Arbeitsteilung. Studie über die Organisation höherer Gesellschaften*. Frankfurt a. M.: Suhrkamp.

Dworkin, Ronald, 1985: *A Matter of Principle*. London: Harvard University Press.

Eder, Klaus, 1995: „Die Institutionalisierung sozialer Bewegungen. Zur Beschleunigung von Wandlungsprozessen in fortgeschrittenen Industriegesellschaften." S. 267-290 in *Sozialer Wandel. Modellbildung und theoretische Ansätze*, hrsg. von H.-P. Müller und M. Schmid. Frankfurt a. M.: Suhrkamp.

Eder, Klaus, 2001: „Klasse, Macht und Kultur. Zum Theoriedefizit der Ungleichheitsforschung." S. 29-60 in *Klasse und Klassifikation. Die symbolische Dimension sozialer Ungleichheit*, hrsg. von A. Weiß, C. Koppetsch, A. Scharenberg und O. Schmidtke. Wiesbaden: Westdeutscher Verlag.

Eder, Klaus und Oliver Schmidtke, 1998: „Ethnische Mobilisierung und die Logik von Identitätskämpfen. Eine situationstheoretische Perspektive jenseits von ‚Rational Choice'." *Zeitschrift für Soziologie* 27: 418-437.

Ehlers, Joachim, 1996: „Mittelalterliche Voraussetzungen für nationale Identität in der Neuzeit." S. 77-99 in *Nationale und kulturelle Identität. Studien zur Entwicklung des kollektiven Bewußtseins in der Neuzeit 2*, hrsg. von B. Giesen. Frankfurt a. M.: Suhrkamp.

Eickelmann, Dale und James Piscatori (Hrsg.), 1990: *Muslim Travelers. Pilgrimage, Migration and the Religious Imagination.* Berkeley: University of California Press.

Eisenstadt, Shmuel Noah, 1954: *The Absorption of Immigrants.* London: Routledge & Paul.

—, 1996: „Die Konstruktion nationaler Identitäten in vergleichender Perspektive." S. 21-38 in *Nationale und kulturelle Identität. Studien zur Entwicklung des kollektiven Bewußtseins in der Neuzeit 2*, hrsg. von B. Giesen. Frankfurt a. M.: Suhrkamp.

—, 2003: „Die institutionellen Ordnungen der Moderne. Die Vielfalt der Moderne aus einer weberianischen Perspektive." S. 301-327 in *Das Weber-Paradigma. Studien zur Weiterentwicklung von Max Webers Forschungsprogramm*, hrsg. von G. Albert, A. Bienfait, S. Sigmund und C. Wendt. Tübingen: Mohr Siebeck.

Elias, Norbert, 1970: *Was ist Soziologie?* München: Juventa.

Ellrich, Lutz, 1993: „Zulassung und Ausschluß. Der Umgang mit Verschiedenheit." *Deutsche Zeitschrift für Philosophie* 41: 1059-1071.

Elwert, Georg, 1989: „Nationalismus und Ethnizität: Über die Bildung von Wir-Gruppen." *Kölner Zeitschrift für Soziologie und Sozialpsychologie* 41: 440-464.

—, 1992: „Probleme der Ausländerintegration." *Kölner Zeitschrift für Soziologie und Sozialpsychologie* 44: 696-716.

Esser, Hartmut, 1980: *Aspekte der Wanderungssoziologie. Assimilation und Integration von Wanderern, ethnischen Gruppen und Minderheiten. Eine handlungstheoretische Analyse.* Darmstadt/Neuwied: Wissenschaftliche Buchgesellschaft.

—, 1988: „Ethnische Differenzierung und moderne Gesellschaft." *Zeitschrift für Soziologie* 17: 235-250.

—, 1990: „Nur eine Frage der Zeit? Zur Frage der Eingliederung von Migranten im Generationen-Zyklus und zu einer Möglichkeit, Unterschiede hierin theoretisch zu erklären." S. 73-100 in *Generation und Identität. Theoretische und empirische Beiträge zur Migrationssoziologie*, hrsg. von H. Esser und J. Friedrichs. Opladen: Westdeutscher Verlag.

—, 1996: „Die Mobilisierung ethnischer Konflikte." S. 63-87 in *Migration - Ethnizität - Konflikt: Systemfragen und Fallstudien*, hrsg. von K. J. Bade, IMIS-Schriften. Osnabrück: Universitätsverlag Rasch.

—, 1997: „Die Entstehung ethnischer Konflikte." S. 876-894 in *Differenz und Integration. Die Zukunft moderner Gesellschaften. Verhandlungen des 28. Kongresses der DGS in Dresden 1996*, hrsg. von S. Hradil. Frankfurt a. M.: Campus.

Etzioni, Amitai, 1995: *New Communitarian Thinking. Persons, Virtues, Institutions and Communities.* Charlottesville: University of Virginia Press.

Faist, Thomas, 1993: „Ein- und Ausgliederung von Immigranten - Türken in Deutschland und mexikanische Amerikaner in den USA." *Soziale Welt* 44: 275-299.

—, 1995: *Social Citizenship for Whom? Young Turks in Germany and Mexican Americans in the United States.* Aldershot: Avebury.

—, 1996: „Das ethnische Paradox und die Integration von Immigranten. Zur Bedeutung von sozialem und symbolischem Kapital in vergleichender Perspektive." *Peripherie* 64: 70-95.

—, 2000a: „Grenzen überschreiten. Das Konzept ‚Transstaatliche Räume' und seine Anwendungen." S. 9-56 in *Transstaatliche Räume. Politik, Wirtschaft und Kultur in und zwischen Deutschland und der Türkei*, hrsg. von T. Faist. Bielefeld: transcript Verlag.

—, 2000b: *Social Citizenship in the European Union. Residual, Post-National and Nested Membership?* Bremen: Institut für Interkulturelle und Internationale Studien.

— (Hrsg.), 2000c: *Transstaatliche Räume. Politik, Wirtschaft und Kultur in und zwischen Deutschland und der Türkei.* Bielefeld: transcript Verlag.

Fanon, Frantz, 1952: *Peau noire, Masques blancs.* Paris: Editions du Seuil.

Faubion, James D., 1993: *Modern Greek Lessons. A Primer in Historical Constructivism.* Princeton: Princeton University Press.

Ferreira, Grada, 2003: „Die Kolonisierung des Selbst - der Platz des Schwarzen." S. 146-165 in *Spricht die Subalterne deutsch? Migration und postkoloniale Kritik*, hrsg. von H. Steyerl und E. Gutiérrez Rodríguez. Münster: Unrast Verlag.

Finkielkraut, Alain, 1989: *Die Niederlage des Denkens.* Reinbeck bei Hamburg: Rowohlt.

Fiske, John, 1999: „Wie ein Publikum entsteht. Kulturelle Praxis und Cultural Studies." S. 238-263 in *Widerspenstige Kulturen. Cultural Studies als Herausforderung*, hrsg. von K. H. Hörning und R. Winter. Frankfurt a. M.: Suhrkamp.

Fivush, Robyn und Catherine A. Haden, 2003: *Autobiographical Memory and the Construction of a Narrative Self. Developmental and Cultural Perspectives.* Mahwah, N.J.: Erlbaum.

Forst, Rainer, 1994: *Kontexte der Gerechtigkeit: Politische Philosophie jenseits von Liberalismus und Kommunitarismus.* Frankfurt a. M.: Suhrkamp.

—, 1995: „Welche Person? Wessen Gemeinschaft?" S. 213-241 in *Bürgergesellschaft, Recht und Demokratie*, hrsg. von B. v. d. Brink und W. v. Reijen. Frankfurt a. M.: Suhrkamp.

Foucault, Michel, 1971: *L'Ordre du Discours.* Paris: Gallimard.

—, 1976: *Überwachen und Strafen. Die Geburt des Gefängnisses.* Frankfurt a. M.: Suhrkamp.

—, 2000: „Die Gouvernementalität." S. 41-67 in *Gouvernementalität der Gegenwart. Studien zur Ökonomisierung des Sozialen*, hrsg. von U. Bröckling, S. Krasmann und T. Lemke. Frankfurt a. M.: Suhrkamp.

Frank, Martin, 1998: „Kultureller Pluralismus und Minderheitenrechte: Will Kymlickas zwei Begründungen von Minderheitenrechten." *Deutsche Zeitschrift für Philosophie* 46: 393-429.

Frankenberg, Günter (Hrsg.), 1994a: *Auf der Suche nach der gerechten Gesellschaft*. Frankfurt a. M.: Fischer.

—, 1994b: „Auf der Suche nach der gerechten Gesellschaft. Bemerkungen zur Fortsetzung der Kommunitarismus-Debatte." S. 7-21 in *Auf der Suche nach der gerechten Gesellschaft*, hrsg. von G. Frankenberg. Frankfurt a. M.: Fischer.

Fraser, Nancy, 1995: „From Redistribution to Recognition? Dilemmas of Justice in a ‚Post-Socialist Age'." *New Left Review* 212: 68-93.

—, 1997a: „Culture, Political Economy , and Difference. On Iris Young's ‚Justice and the Politics of Difference'." S. 189-205 in Dies., *Justice Interruptus? Critical Reflections on the „Postsocialist" Condition*. New York: Routledge.

—, 1997b: *Justice Interruptus? Critical Reflections on the „Postsocialist" Condition*. New York: Routledge.

—, 2002: „Soziale Gerechtigkeit in der Wissensgesellschaft. Umverteilung, soziale Anerkennung und Teilhabe." in *Gut zu wissen. Links zur Wissensgesellschaft*, hrsg. von Heinrich-Böll-Stiftung und A. Poltermann. Münster: Westfälisches Dampfboot.

—, 2003: „Soziale Gerechtigkeit im Zeitalter der Identitätspolitik. Umverteilung, Anerkennung und Beteiligung." S. 13-128 in *Umverteilung oder Anerkennung? Eine politisch-philosophische Kontroverse*, hrsg. von N. Fraser und A. Honneth. Frankfurt a. M.: Suhrkamp.

Fraser, Nancy und Axel Honneth, 2003a: *Umverteilung oder Anerkennung? Eine politisch-philosophische Kontroverse*. Frankfurt a. M.: Suhrkamp.

—, 2003b: „Vorbemerkung." S. 7-12 in *Umverteilung oder Anerkennung? Eine politisch-philosophische Kontroverse*, hrsg. von N. Fraser und A. Honneth. Frankfurt a. M.: Suhrkamp.

Fröhlich, Gerhard, 1994: „Kapital, Habitus, Feld, Symbol. Grundbegriffe der Kulturtheorie bei Pierre Bourdieu." S. 31-54 in *Das symbolische Kapital der Lebensstile. Zur Kultursoziologie der Moderne nach Pierre Bourdieu*, hrsg. von I. Mörth und G. Fröhlich. Frankfurt a. M.: Suhrkamp.

Fullinwider, Robert, 1980: *The Reverse Discrimination Controversy*. Totawa: Rowman and Allenheld.

Gadamer, Hans Georg, 1972: *Wahrheit und Methode. Grundzüge einer philosophischen Hermeneutik*. Tübingen: Mohr.

Gandhi, Leela, 1998: *Postcolonial Theory. A Critical Introduction*. New York: Columbia University Press.

Gebhardt, Winfried, 2001: „Vielfältiges Bemühen. Zum Stand kultursoziologischer Forschung im deutschsprachigen Raum." *Soziologie. Forum der Deutschen Gesellschaft für Soziologie*: 40-52.

Geertz, Clifford, 1983: „Dichte Beschreibung. Bemerkungen zu einer deutenden Theorie von Kultur." S. 7-43 in Ders., *Dichte Beschreibung. Beiträge zum Verstehen kultureller Systeme*. Frankfurt a. M.: Suhrkamp.

—, 1986: „The Uses of Diversity." S. 251 -275 in *The Tanner Lectures on Human Values*. Bd. 7, hrsg. von S. M. MacMurrin. Salt Lake City: University of Utah Press.

Geißler, Heiner (Hrsg.), 1982: *Ausländer in Deutschland - für eine gemeinsame Zukunft. Band 1: Entwicklungen und Prognosen*. München: Olzog.

Geißler, Heiner (Hrsg.), 1983: *Ausländer in Deutschland - für eine gemeinsame Zukunft. Band 2: Perspektiven*. München: Olzog.

—, 1996: „Kein Abschied von Klasse und Schicht: Ideologische Gefahren der deutschen Sozialstrukturanalyse." *Kölner Zeitschrift für Soziologie und Sozialpsychologie* 48: 319-338.

Geißler, Rainer und Norbert Marißen, 1990: „Kriminalität und Kriminalisierung junger Ausländer. Die tickende soziale Zeitbombe - ein Artefakt der Kriminalstatistik." *Kölner Zeitschrift für Soziologie und Sozialpsychologie* 42: 663-687.

Gellner, Ernest, 1995: *Nationalismus und Moderne*. Berlin: Rotbuch.

Gerdes, Jürgen, 1996: „Autonomie und Kultur. Philosophischer Liberalismus und Minderheitenrechte bei Will Kymlicka." *Peripherie* 64: 46-69.

—, 2000: „Der doppelte Doppelpass. Transstaatlichkeit, Multikulturalismus und doppelte Staatsbürgerschaft." S. 235-297 in *Transstaatliche Räume. Politik, Wirtschaft und Kultur in und zwischen Deutschland und der Türkei*, hrsg. von T. Faist. Bielefeld: transcript Verlag.

Giesen, Bernhard, 1996: „Einleitung." S. 9-18 in *Nationale und kulturelle Identität. Studien zur Entwicklung des kollektiven Bewußtseins in der Neuzeit 2*, hrsg. von B. Giesen. Frankfurt a. M.: Suhrkamp.

— (Hrsg.), 1999: *Kollektive Identität. Studien zur Entwicklung des kollektiven Bewußtseins in der Neuzeit 2*. Frankfurt a. M.: Suhrkamp.

Glazer, Nathan, 1975: *Affirmative Discrimination: Ethnic Inequality and Public Policy*. New York: Basic Books.

—, 1978: „Individual Rights against Group Rights." S. 87-103 in *Human Rights*, hrsg. von A. Tay und E. Kamenka. London: Arnold.

—, 1983: *Ethnic dilemmas, 1964-1982*. Cambridge: Harvard University Press.

Glazer, Nathan und Daniel P. Moynihan, 1963: *Beyond the Melting Pot. The Negroes, Puerto Ricans, Jews, Italians, and Irish of New York City*. Cambridge: MIT Press.

Glazer, Nathan , Daniel P. Moynihan und C. S. Schelling (Hrsg.), 1975: *Ethnicity. Theory and Experience*. Cambridge: Harvard University Press.

Glick-Schiller, Nina, Linda Basch und Christina Blanc-Szanton, 1997: „From Migrant to Transmigrant. Theorizing Transnational Migration." S. 121-140 in *Transnationale Migration*, hrsg. von L. Pries. Baden-Baden: Nomos.

Gordon, Milton M., 1965: *Assimilation in American Life. The Role of Race, Religion, and National Origins*. New York: Oxford University Press.

Gosewinkel, Dieter, 1995: „Staatsbürgerschaft und Staatsangehörigkeit." *Geschichte und Gesellschaft* 21: 533-556.

Grisprud, Jostein, 1989: „High Culture Revisited." *Cultural Studies* 3: 194-207.

Grossberg, Lawrence, 1999: „Was sind Cultural Studies?" S. 43-83 in *Widerspenstige Kulturen. Cultural Studies als Herausforderung*, hrsg. von K. H. Hörning und R. Winter. Frankfurt a. M.: Suhrkamp.

Grossberg, Lawrence, Cary Nelson und Paula A. Treichler (Hrsg.), 1992: *Cultural Studies*. New York: Routledge.

Guibernau, Montserrat und John Rex (Hrsg.), 1997: *The Ethnicity Reader. Nationalism, Multiculturalism, and Migration*. Cambridge: Polity Press.

Günther, Klaus, 1988: *Der Sinn für Angemessenheit. Anwendungsdiskurse in Moral und Recht.* Frankfurt a. M.: Suhrkamp.

Gutiérrez Rodríguez, Encarnación, 2003: „Repräsentation, Subalternität und postkoloniale Kritik." S. 17-37 in *Spricht die Subalterne deutsch? Migration und postkoloniale Kritik*, hrsg. von H. Steyerl und E. Gutiérrez Rodríguez. Münster: Unrast Verlag.

Gutmann, Amy, 2001: „Multiculturalism and Identity Politics: Cultural Concerns." S. 10175-10179 in *International Encyclopedia of the Social and Behavioural Science.* Elsevier Science Ltd.

Ha, Kien Nghi, 1999: *Ethnizität und Migration.* Opladen: Westdeutscher Verlag.

—, 2003: „Die kolonialen Muster deutscher Arbeitsmigrationspolitik." S. 56-107 in *Spricht die Subalterne deutsch? Migration und postkoloniale Kritik*, hrsg. von H. Steyerl und E. Gutiérrez Rodríguez. Münster: Unrast Verlag.

Habermas, Jürgen, 1981/1988a: *Theorie des kommunikativen Handelns 1: Handlungsrationalität und gesellschaftliche Rationalisierung.* Frankfurt a. M.: Suhrkamp.

—, 1981/1988b: *Theorie des kommunikativen Handelns 2: Zur Kritik der funktionalistischen Vernunft.* Frankfurt a. M.: Suhrkamp.

—, 1984: *Vorstudien und Ergänzungen zur Theorie des kommunikativen Handelns.* Frankfurt a. M.: Suhrkamp.

—, 1986: „Moralität und Sittlichkeit. Treffen Hegels Einwände gegen Kant auch auf die Diskursethik zu?" S. 16-37 in *Moralität und Sittlichkeit. Das Problem Hegels und die Diskursethik*, hrsg. von W. Kuhlmann, Suhrkamp-Taschenbuch Wissenschaft. Frankfurt a. M.: Suhrkamp.

—, 1992a: *Faktizität und Geltung. Beiträge zur Diskurstheorie des Rechts und des demokratischen Rechtsstaats.* Frankfurt a. M.: Suhrkamp.

—, 1992b: „Staatsbürgerschaft und nationale Identität." S. 632-660 in Ders., *Faktizität und Geltung. Beiträge zur Diskurstheorie des Rechts und des demokratischen Rechtsstaats.* Frankfurt a. M.: Suhrkamp.

—, 1993: „Anerkennungskämpfe im demokratischen Rechtsstaat." S. 147-196 in *Multikulturalismus und die Politik der Anerkennung*, hrsg. von C. Taylor. Frankfurt a. M.: Fischer.

—, 1996a: „Der europäische Nationalstaat - Zu Vergangenheit und Zukunft von Souveränität und Staatsbürgerschaft." S. 128-153 in Ders., *Die Einbeziehung des Anderen. Studien zur politischen Theorie.* Frankfurt a. M.: Suhrkamp.

—, 1996b: „Inklusion - Einbeziehen oder Einschließen? Zum Verhältnis von Nation, Rechtsstaat und Demokratie." S. 154-184 in Ders., *Die Einbeziehung des Anderen. Studien zur politischen Theorie.* Frankfurt a. M.: Suhrkamp.

Hall, Stuart, 1992: „Cultural Studies and Theoretical Legacies." S. 277-294 in *Cultural Studies*, hrsg. von L. Grossberg, C. Nelson und P. A. Treichler. New York: Routledge.

—, 1994: *Rassismus und kulturelle Identität.* Hamburg: Argument.

—, 1997: „Wann war ‚der Postkolonialismus'? Denken an der Grenze." S. 219-246 in *Hybride Kulturen. Beiträge zur anglo-amerikanischen Multikulturalismusdebatte*, hrsg. von E. Bronfen, M. Benjamin und T. Steffen. Tübingen: Stauffenburg.

Hall, Stuart, 1999a: „Die zwei Paradigmen der Cultural Studies." S. 13-42 in *Widerspenstige Kulturen. Cultural Studies als Herausforderung*, hrsg. von K. H. Hörning und R. Winter. Frankfurt a. M.: Suhrkamp.

—, 1999b: „Kulturelle Identität und Globalisierung." S. 393-441 in *Widerspenstige Kulturen. Cultural Studies als Herausforderung*, hrsg. von K. H. Hörning und R. Winter. Frankfurt a. M.: Suhrkamp.

Hamburger, Franz, 1990: „Der Kulturkonflikt und seine pädagogische Kompensation." S. 311-325 in *Ethnizität. Wissenschaft und Minderheiten*, hrsg. von E. J. Dittrich und F.-O. Radtke. Opladen: Westdeutscher Verlag.

Han, Petrus, 2000: *Soziologie der Migration*. Stuttgart: Lucius & Lucius.

Hannerz, Ulf, 1990: „Cosmopolitans and Locals in World Culture." S. 237-251 in *Global Culture. Nationalism, Globalization and Modernity*, hrsg. von M. Featherstone. London: Sage.

—, 1996: *Transnational Connections. Culture, People, Places*. London: Routledge.

Hansen, Marcus Lee, 1996: „The Problem of the Third Generation Immigrant." S. 202-215 in *Theories of Ethnicity. A Classical Reader*, hrsg. von W. Sollors. New York: New York University Press.

Hartley, John, 1987: „Invisible Fictions, Television Audiences, Paedocracy and Pleasure." *Textual Practice* 1: 121-138.

Hartney, Michael, 1999: „Some Confusion Concerning Collective Rights." S. 202-227 in *The Rights of Minority Cultures*, hrsg. von W. Kymlicka. Oxford: Oxford University Press.

Harvey, David, 1989: *The Condition of Postmodernity. An Enquiry into the Origins of Cultural Change*. Oxford / Cambridge: Blackwell.

Haselbach, Dieter, 1998: „Identität, Authentizität und Anerkennung. Falltüren im Multikulturalismus-Diskurs." *Vorgänge* 37: 37-53.

Haug, Sonja, 2000: *Klassische und neuere Theorien der Migration*. Mannheim: Mannheimer Zentrum für Europäische Sozialforschung.

Hawley, John C., 2001: *Encyclopedia of Postcolonial Studies*. Westport: Greenwood Press.

Heater, Derek, 1996: *World Citizenship and Government. Cosmopolitan Ideas in the History of Western Political Thought*. Basingstoke: Macmillan.

Heckmann, Friedrich, 1991: „Ethnos, Demos und Nation, oder: Woher stammt die Intoleranz des Nationalstaats gegenüber ethnischen Minderheiten?" S. 51-78 in *Das Eigene und das Fremde. Neuer Rassismus in der Alten Welt?*, hrsg. von U. Bielefeld. Hamburg: Junius.

—, 1992: *Ethnische Minderheit, Volk und Nation. Soziologie interethnischer Beziehungen*. Stuttgart: Enke.

—, 1997: „Ethnos - eine imaginierte oder reale Gruppe? Über Ethnizität als soziologische Kategorie." S. 46-56 in *Kollektive Identität in Krisen. Ethnizität in Religion, Nation, Europa*, hrsg. von R. Hettlage, P. Deger und S. Wagner. Opladen: Westdeutscher Verlag.

Helms, Mary W., 1988: *Ulysses' Sail. An Ethnographic Odyssey of Power, Knowledge, land Geographical Distance*. Princeton: Princeton University Press.

Hennis, Wilhelm, 1987: *Max Webers Fragestellung. Studien zur Biographie des Werks.* Tübingen: Mohr.

—, 1996: *Max Webers Wissenschaft vom Menschen. Neue Studien zur Biographie des Werks.* Tübingen: Mohr.

Hill, Paul B., 1990: „Kulturelle Inkonsistenz und Stress bei der zweiten Generation." S. 101-126 in *Generation und Identität. Theoretische und empirische Beiträge zur Migrationssoziologie,* hrsg. von H. Esser und J. Friedrichs. Opladen: Westdeutscher Verlag.

Hinnenkamp, Volker, 1990: „Gastarbeiterlinguistik und die Ethnisierung der Gastarbeiter." S. 277-297 in *Ethnizität. Wissenschaft und Minderheiten,* hrsg. von E. J. Dittrich und F.-O. Radtke. Opladen: Westdeutscher Verlag.

Hinsch, Wilfried, 1992: „Einleitung." S. 9-44 in J. Rawls, *Die Idee des politischen Liberalismus: Aufsätze, 1978 – 1989.* Frankfurt a. M.: Suhrkamp.

Hobsbawm, Eric J., 1998: *Nationen und Nationalismus. Mythos und Realität seit 1780.* München: DTV.

Höffe, Ottfried, 1996: „Der Kommunitarismus als Alternative? Nachbemerkungen zur Kritik am moralisch-politischen Liberalismus." *Zeitschrift für philosophische Forschung* 50: 92-112.

Hoffmann, Lutz, 1994: „Einwanderungspolitik und Volksverständnis." *Österreichische Zeitschrift für Politikwissenschaft* 23: 253-266.

Hoggart, Richard, 1957: *The Uses of Literacy. Aspects of Working-Class Life with Special References to Publications and Entertainments.* London: Chatto and Windus.

Holland, Paul W. und Stephen Leinhardt (Hrsg.), 1979: *Perspektives in Social Network Research.* New York: Academic Press.

Hollifield, James F., 1992: *Immigrants, Markets, and States. The Political Economy of Postwar Europe.* Cambridge: Harvard University Press.

Holstein, James A. und Jaber F. Gubrium, 2000: *The Self we live by. Narrative Identity in a Postmodern World.* New York: Oxford University Press.

Holton, Robert J. und Bryan S. Turner, 1989: *Max Weber on Economy and Society.* London: Routledge.

Honneth, Axel, 1984: „Die zerrissene Welt der symbolischen Formen. Zum kultursoziologischen Werk Pierre Bourdieus." *Kölner Zeitschrift für Soziologie und Sozialpsychologie* 36: 147-164.

— (Hrsg.), 1993: *Kommunitarismus. Eine Debatte über die moralischen Grundlagen moderner Gesellschaften.* Frankfurt a. M.: Campus.

Hörning, Karl H., 1999: „Kulturelle Kollisionen. Die Soziologie vor neuen Aufgaben." S. 84-115 in *Widerspenstige Kulturen. Cultural Studies als Herausforderung,* hrsg. von K. H. Hörning und R. Winter. Frankfurt a. M.: Suhrkamp.

Hörning, Karl H. und Rainer Winter, 1999a: „Einleitung." S. 7-12 in *Widerspenstige Kulturen. Cultural Studies als Herausforderung,* hrsg. von K. H. Hörning und R. Winter. Frankfurt a. M.: Suhrkamp.

— und Rainer Winter (Hrsg.), 1999b: *Widerspenstige Kulturen. Cultural Studies als Herausforderung.* Frankfurt a. M.: Suhrkamp.

Hradil, Stefan, 1985: „Die ‚neuen' sozialen Ungleichheiten. Was man von der Industriegesellschaft erwartete und was sie gebracht hat." S. 51-66 in *Sozialstruktur im Umbruch*, hrsg. von S. Hradil und K. M. Bolte. Opladen: Leske + Budrich.

—, 1987a: „Die ‚neuen' sozialen Ungleichheiten - und wie man mit ihnen (nicht) theoretisch zurechtkommt." S. 115-145 in *Soziologie der sozialen Ungleichheit*, hrsg. von B. Giesen und H. Haferkamp. Opladen: Westdeutscher Verlag.

—, 1987b: *Sozialstrukturanalyse in einer fortgeschrittenen Gesellschaft*. Opladen: Leske + Budrich.

Huntington, Samuel P., 1997: *Der Kampf der Kulturen. Die Neugestaltung der Weltpolitik im 21. Jahrhundert*. München: Europa Verlag.

Hutchinson, John und Anthony D. Smith (Hrsg.), 1996: *Ethnicity*. Oxford: Oxford University Press.

Jain, Anil K., 2003: „Differenzen der Differenz: Umbrüche in der Landschaft der Alternität." S. 259-269 in *Spricht die Subalterne deutsch? Migration und postkoloniale Kritik*, hrsg. von H. Steyerl und E. Gutiérrez Rodríguez. Münster: Unrast Verlag.

Joas, Hans, 1996: „Kreativität und Autonomie. Die soziologische Identitätskonzeption und ihre postmoderne Herausforderung." S. 357-369 in *Identität, Leiblichkeit, Normativität*, hrsg. von A. Barkhaus, M. Mayer, N. Roughley und D. Thürnau. Frankfurt a. M.: Suhrkamp.

Kahlenberg, Richard, 1995: „Class, not Race." *New Republic* 3: 21-26.

—, 1996: *The Remedy: Class, Race, and Affirmative Action*. New York: Basic Books.

Kallen, Horace Meyer, 1914/1970: „Democracy versus Melting Pot." S. 67-125 in *Culture and Democracy in the United States*, hrsg. von H. M. Kallen. New York: Arno Press.

—, 1956: *Cultural Pluralism and the American Idea. An Essay in Social Philosophy*. Philadelphia: University of Pennsylvania Press.

Kersting, Wolfgang, 1992: „Liberalismus, Kommunitarismus, Republikanismus." S. 127 - 148 in *Zur Anwendung der Diskursethik in Politik, Recht und Wissenschaft*, hrsg. von K.-O. Apel und M. Kettner. Frankfurt a. M.: Suhrkamp.

Keupp, Heiner (Hrsg.), 1998: *Identitätsarbeit heute. Klassische und aktuelle Perspektiven der Identitätsforschung*. Frankfurt a. M.: Suhrkamp.

Keupp, Heiner, Thomas Ahbe, Wolfgang Gmür, Renate Höfer, Beate Mitzscherlich und Florian Strauss, 1999: *Identitätskonstruktionen. Das Patchwork der Identitäten in der Spätmoderne*. Reinbeck bei Hamburg: Rowohlt.

Kirpal, Simone, 1998: „Modelle und Maßnahmen zur Eingliederung von ethnischem Multikulturalismus in der Europäischen Union." S. 431-371 in *Wiederkehr des „Volksgeistes"? Ethnizität, Konflikt und politische Bewältigung*, hrsg. von R. Eckert. Opladen: Leske + Budrich.

Kögler, Hans-Herbert, 1999: „Kritische Hermeneutik des Subjekts. Cultural Studies als Erbe der kritischen Theorie." S. 196-237 in *Widerspenstige Kulturen. Cultural Studies als Herausforderung*, hrsg. von K. H. Hörning und R. Winter. Frankfurt a. M.: Suhrkamp.

Krais, Beate, 1988: „Der Begriff des Habitus bei Bourdieu und seine Bedeutung für die Bildungstheorie." in *Theorien der Erwachsenenbildung*, hrsg. von B. Dewe, G. Frank und W. Huge. München: Hueber.

Krais, Beate und Gunter Gebauer, 2002: *Habitus*. Bielefeld: transcript Verlag.

Krappmann, Lothar (Hrsg.), 1972: *Soziologische Dimensionen der Identität. Strukturelle Bedingungen für die Teilnahme an Interaktionsprozessen*. Stuttgart: Klett.

Kreckel, Reinhard, 1989: „Ethnische Differenzierung und moderne' Gesellschaft-Kritische Anmerkungen zu Hartmut Esser." *Zeitschrift für Soziologie* 18: 162-167.

Kroeber, Alfred L., 1952a: *The Nature of Culture*. Chicago: University of Chicago Press.

—, 1952b: „The Superorganic." S. 22-51 in Ders., *The Nature of Culture*. Chicago: University of Chicago Press.

Krusche, Dietrich, 1983: *Japan, konkrete Fremde. Dialog mit einer fernen Kultur*. Stuttgart: Hirzel.

Kuhlmann, Wolfgang, 1985: *Reflexive Letztbegründung. Untersuchungen zur Transzendentalpragmatik*. Freiburg: Alber.

Kukathas, Chandran, 1992a: „Are there any Cultural Rights?" *Political Theory* 20: 105-139.

—, 1992b: „Cultural Rights Again. A Rejoinder to Kymlicka." *Political Theory* 20: 674-680.

Kymlicka, Will, 1991: *Liberalism, Community and Culture*. Oxford: Clarendon Press.

—, 1996: „Drei Formen gruppen-differenzierter Staatsbürgerschaft in Kanada." *Peripherie* 64: 5-25.

—, 1997: *Multicultural Citizenship. A Liberal Theory of Minority Rights*. Oxford: Oxford University Press.

—, 1999: *Multikulturalismus und Demokratie. Über Minderheiten in Staaten und Nationen*. Hamburg: Rotbuch.

Laclau, Ernesto, 1977: *Politics and Ideology in Marxist Theory. Capitalism, Fascism, Populism*. London: NLB.

Leavis, Frank R., 1930: *Mass Civilisation and Minority Culture*. Cambridge: Minority Press.

— und Denys Thompson, 1933: *Culture and Environment*. London: Chatto & Windus.

Lepenies, Wolf, 1985: *Die drei Kulturen. Soziologie zwischen Literatur und Wissenschaft*. München: Hanser.

Lepsius, M. Rainer, 1990a: „Interessen und Ideen. Die Zurechnungsproblematik bei Max Weber." S. 31-43 in Ders., *Interessen, Ideen und Institutionen*. Opladen: Westdeutscher Verlag.

—, 1990b: *Interessen, Ideen und Institutionen*. Opladen: Westdeutscher Verlag.

—, 1990c: „Kulturelle Dimensionen sozialer Schichtung." S. 31-43 in Ders., *Interessen, Ideen und Institutionen*. Opladen: Westdeutscher Verlag.

Lévi-Strauss, Claude, 1955: *Tristes Tropiques*. Paris: Plon.

Light, Ivan Hubert, 1972: *Ethnic Enterprise in America. Business and Welfare among Chinese, Japanese, and Blacks*. Berkeley: University of California Press.

Lipp, Wolfgang und Friedrich Tenbruck, 1979: „Zum Neubeginn der Kultursoziologie." *Kölner Zeitschrift für Soziologie und Sozialpsychologie* 31: 393-398.

Lipset, Seymour Martin und Stein Rokkan, 1967: *Party Systems and Voter Alignments. Cross-National Perspectives*. New York: Free Press.

Lohauß, Peter, 1995: *Moderne Identität und Gesellschaft. Theorien und Konzepte*. Opladen: Leske + Budrich.

Luckmann, Thomas, 1979: „Persönliche Identität, soziale Rolle und Rollendistanz." S. 293-313 in *Identität*, hrsg. von O. Marquard und K. Stierle. München: Fink.

Lüdtke, Hartmut, 1989: *Expressive Ungleichheit. Zur Soziologie der Lebensstile.* Opladen: Leske + Budrich.

Lukes, Steven, 1974: *Power: A Radical View.* Houndmills: Macmillan.

MacIntyre, Alasdair C., 1987a: *Der Verlust der Tugend. Zur moralischen Krise der Gegenwart.* Frankfurt a. M.: Campus.

—, 1987b: „The Virtue, the Unity of Human Life and the Concept of a Tradition." S. 125-148 in *Liberalism and its Critics*, hrsg. von M. J. Sandel. Oxford: Blackwell.

—, 1988: *Whose Justice? Which Rationality?* London: Duckworth.

Mackert, Jürgen, 1996: „Sammelbesprechung ‚Citizenship und Immigration: Heterogenisierung des Nationalstaats und neue Formen der Zugehörigkeit. Neuere Beiträge zur Diskussion um Staatsbürgerschaft'." *Berliner Journal für Soziologie* 6: 261-275.

—, 1998: „Jenseits von Inklusion/Exklusion. Staatsbürgerschaft als Modus sozialer Schließung." *Berliner Journal für Soziologie* 8: 561-577.

—, 1999: *Kampf um Zugehörigkeit. Nationale Staatsbürgerschaft als Modus sozialer Schließung.* Opladen: Westdeutscher Verlag.

Malamud, Deborah, 1997a: „Affirmative Action, Diversity, and the Black Middle Class." *University of Colorado Law Review* 68: 939-999.

—, 1997b: „Assessing Class-Based Affirmative Action." *Journal of Legal Education* 47: 452-471.

Marcuse, Herbert, 1967: *Der eindimensionale Mensch. Studien zur Ideologie der fortgeschrittenen Industriegesellschaft.* Neuwied / Berlin: Luchterhand.

Margalit, Avishai und Joseph Raz, 1999: „National Self-Determination." S. 79-92 in *The Rights of Minority Cultures*, hrsg. von W. Kymlicka. Oxford: Oxford University Press.

Marquard, Odo, 1979: „Identität: Schwundtelos und Mini-Essenz - Bemerkungen zur Genealogie einer aktuellen Diskussion." S. 347-369 in *Identität*, hrsg. von O. Marquard und K. Stierle. München: Fink.

Marx, Karl und Friedrich Engels, 1980: „Manifest der kommunistischen Partei." S. 461-493 in *Marx-Engels-Werke, Bd. 4.* Berlin: Dietz.

Mead, George Herbert, 1991: *Geist, Identität und Gesellschaft aus der Sicht des Sozialbehaviorismus.* Frankfurt a. M.: Suhrkamp.

Meyer, Lutz, 1996: *John Rawls und die Kommunitaristen. Eine Einführung in Rawls' Theorie der Gerechtigkeit und die kommunitaristische Kritik am Liberalismus.* Würzburg: Königshausen & Neumann.

Meyrowitz, Joshua, 1985: *No Sense of Place. The Impact of Electronic Media on Social Behavior.* New York: Oxford University Press.

—, 1987: *Die Fernseh-Gesellschaft. Wirklichkeit und Identität im Medienzeitalter.* Weinheim: Beltz.

Michailow, Matthias, 1994: „Lebensstilsemantik. Soziale Ungleichheit und Formationsbildung in der Kulturgesellschaft." S. 107-128 in *Das symbolische Kapital der Lebensstile. Zur Kultursoziologie der Moderne nach Pierre Bourdieu*, hrsg. von I. Mörth und G. Fröhlich. Frankfurt a. M.: Suhrkamp.

Minow, Martha, 1990: *Making all the Difference. Inclusion, Exclusion, and American Law.* Ithaca: Cornell University Press.

Mommsen, Hans., 1986: „Nation und Nationalismus in sozialgeschichtlicher Perspektive." S. 162-184 in *Sozialgeschichte in Deutschland, Bd. 2: Handlungsräume des Menschen in der Geschichte*, hrsg. von W. Schieder und V. Selin. Göttingen: Vandenhoeck & Ruprecht.

Moore-Gilbert, Bart J., 1997: *Postcolonial Theory. Contexts, Practices, Politics.* London: Verso.

Moore-Gilbert, Bart J., Gareth Stanton und Willy Maley (Hrsg.), 1997: *Postcolonial Criticism.* London / New York: Longman.

Morley, David, 1999: „Wo das Globale auf das Lokale trifft. Zur Politik des Alltags." S. 442-475 in *Widerspenstige Kulturen. Cultural Studies als Herausforderung*, hrsg. von K. H. Hörning und R. Winter. Frankfurt a. M.: Suhrkamp.

Morris, Meaghan, 1990: „Banality in Cultural Studies." S. 14-43 in *Logics of Television. Essays in Cultural Criticism*, hrsg. von P. Mellencamp. Bloomington/Indianapolis: Indiana University Press.

Mouffe, Chantal (Hrsg.), 1992: *Dimensions of Radical Democracy. Pluralism, Citizenship, Community.* London: Verso.

—, 1996: „Democracy, Power and the Political." S. 245-256 in *Democracy and Difference. Contesting the Boundaries of the Political*, hrsg. von S. Benhabib. Princeton, N.J.: Princeton University Press.

Mulhall, Stephen und Adam Swift, 1992: *Liberals and Communitarians.* Oxford /Cambridge: Blackwell.

Müller, Hans-Peter, 1986: „Kultur, Geschmack und Distinktion. Grundzüge der Kultursoziologie Pierre Bourdieus." S. 162-190 in *Kultur und Gesellschaft. Kölner Zeitschrift für Soziologie und Sozialpsychologie, Sonderheft 27*, hrsg. von F. Neidhardt, M. R. Lepsius und J. Weiß. Opladen: Westdeutscher Verlag.

—, 2002: „Die Einbettung des Handelns. Pierre Bourdieus Praxeologie." *Berliner Journal für Soziologie* 12: 157-171.

Munns, Jessica, Gita Rajan und Roger Bromley (Hrsg.), 1995: *A Cultural Studies Reader. History, Theory, Practice.* London / New York: Longman.

Murdock, Graham, 1989: „Critical Inquiry and Audience Activity." S. 226-249 in *Rethinking Communication*, hrsg. von B. Dervin et al. Newbury Park: Sage.

Murphy, Raymond, 1984: „The Structure of Closure. A Critique and Development of the Theories of Weber, Collins and Parkin." *British Journal of Sociology* 35: 547-567.

—, 1988: *Social Closure. The Theory of Monopolization and Exclusion.* Oxford: Clarendon Press.

Nagel, Thomas, 1992: *Der Blick von nirgendwo.* Frankfurt a. M.: Suhrkamp.

Nagl, Ludwig, 1983: *Gesellschaft und Autonomie. Historisch-systematische Studien zur Entwicklung der Sozialtheorie von Hegel bis Habermas.* Wien: Verlag der Österreichischen Akademie der Wissenschaften.

Nassehi, Armin, 1990: „Zum Funktionswandel von Ethnizität im Prozeß gesellschaftlicher Modernisierung." *Soziale Welt* 41: 261-282.

—, 1999: *Differenzierungsfolgen. Beiträge zur Soziologie der Moderne.* Opladen: Westdeutscher Verlag.

Nauck, Bernhard, 1994: „Educational Climate and Intergenerative Transmission in Turkish Families: A Comparison of Migrants in Germany and Non-Migrants." S. 67-85 in *Psychological Responses to Social Change. Human Development in Changing Environments*, hrsg. von P. Noack, M. Hofer und J. Youniss. Berlin / New York: Walter de Gruyter.

Neckel, Sighard, 2004: „Politische Ethnizität. Das Beispiel der Vereinigten Staaten." S. 133-154 in *Die Theorie sozialer Schließung. Tradition, Analysen, Perspektiven*, hrsg. von J. Mackert. Wiesbaden: VS Verlag für Sozialwissenschaften.

Neidhardt, Friedhelm, 1996: „Kultur und Gesellschaft. Einige Anmerkungen zum Sonderheft." S. 11-18 in *Kultur und Gesellschaft. Kölner Zeitschrift für Soziologie und Sozialpsychologie, Sonderheft 27*, hrsg. von F. Neidhardt, M. R. Lepsius und J. Weiß.

Neumann, Gerald, 1998: „Staatsangehörigkeitsrecht als Mittel der Integration." *Kritische Justiz* 28: 439-449.

Nickel, James, 1995: „The Value of Cultural Belonging: Expanding Kymlicka's Theory." *Dialogue* 33: 635-642.

Novak, Michael, 1972: *The Rise of the Unmeltable Ethnics. Politics and Culture in the Seventies*. New York: Macmillan.

Offe, Claus, 1996: „,Homogenität' im demokratischen Verfassungsstaat. Sind politische Gruppenrechte eine adäquate Antwort auf Identitätskonflikte?" *Peripherie* 64: 26-45.

Olzak, Susan, 1983: „Contemporary Ethnic Mobilization." *Annual Review of Sociology* 9: 355-374.

Park, Robert Ezra und Ernest Watson Burgess, 1921: *Introduction to the Science of Sociology*. Chicago: The University of Chicago Press.

Parkin, Frank, 1983: „Strategien sozialer Schließung und Klassenbildung." S. 121-135 in *Soziale Ungleichheiten. Soziale Welt, Sonderband 2*, hrsg. von R. Kreckel. Göttingen: Schwartz.

Parsons, Talcott und Arnold L. Kroeber, 1958: „The Concepts of Culture and of Social System." *American Sociological Review* 23: 582-583.

Pieper, Annemarie, 1990: „Ethik und Ökonomie. Historische und systematische Aspekte ihrer Beziehung." S. 86-101 in *Sozialphilosophische Grundlagen ökonomischen Handelns*, hrsg. von B. Bievert, K. Held und J. Wieland. Frankfurt a. M.: Suhrkamp.

Poddar, Prem und David Johnson, 2005: *A Historical Companion to Postcolonial Thought*. New York: Columbia University Press.

Pohlmann, Friedrich, 1987: *Individualität, Geld und Rationalität. Georg Simmel zwischen Karl Marx und Max Weber*. Stuttgart: Enke.

Portes, Alejandro, 1995: *The Economic Sociology of Immigration. Essays on Networks, Ethnicity, and Entrepreneurship*. New York: Russell Sage Foundation.

Portes, Alejandro und Julia Sensenbrenner, 1993: „Embeddedness and Immigration. Notes on the Social Determinants of Economic Action." *American Journal of Sociology* 98: 1320-1350.

Preuß, Ulrich K., 1998: „,Farbenblinde' Verfassung und multikulturelle Gesellschaft." *Blätter für deutsche und internationale Politik* 43: 1256-1264.

Price, Charles, 1969: „The Study of Assimilation." S. 181-237 in *Migration*, hrsg. von J. A. Jackson. Cambridge: Cambridge University Press.

Pries, Ludger, 1998a: „‚Transmigranten' als ein Typ von Arbeitswanderern in plurilokalen sozialen Räumen." *Soziale Welt* 49: 135-149.

—, 1998b: „Transnationale Sozial Räume. Theoretisch-empirische Skizze am Beispiel der Arbeitswanderungen Mexico-USA." *Zeitschrift für Soziologie* 25: 456-472.

Punter, David, 1986: *Introduction to Contemporary Cultural Studies*. London/New York: Longman.

Putnam, Robert D., Robert Leonardi und Raffaella Nanetti, 1993: *Making Democracy Work. Civic Traditions in Modern Italy*. Princeton, N.J.: Princeton University Press.

Radtke, Frank-Olaf, 1990: „Multikulturell - Das Gesellschaftsdesign der 90er Jahre?" *Informationsdienst zur Ausländerarbeit* 4: 27-34.

—, 1992: „Multikulturalismus. Ein postmoderner Nachfahre des Nationalismus?" *Vorgänge* 117: 23-30.

—, 2001: „Multiculturalism: Sociological Aspects." S. 10184-10189 in *International Encyclopedia of the Social and Behavioural Science*. Elsevier Science Ltd.

Radtke, Frank-Olaf und Eckhard J. Dittrich (Hrsg.), 1990: *Ethnizität. Wissenschaft und Minderheiten*. Opladen: Westdeutscher Verlag.

Rajan, Gita und Radhika Mohanram (Hrsg.), 1995: *Postcolonial Discourse and Changing Cultural Contexts. Theory and Criticism*. Westport: Greenwood Press.

Rasmussen, David M. (Hrsg.), 1990: *Universalism versus Communitarianism. Contemporary Debates in Ethics*. Cambridge: MIT Press.

Rawls, John, 1975: *Eine Theorie der Gerechtigkeit*. Frankfurt a. M.: Suhrkamp.

—, 1992: *Die Idee des politischen Liberalismus. Aufsätze 1978 - 1989*. Frankfurt a. M.: Suhrkamp.

Raz, Joseph, 1986: *The Morality of Freedom*. Oxford: Clarendon Press.

—, 1995: „Multikulturalismus: Eine liberale Perspektive." *Deutsche Zeitschrift für Philosophie* 43: 307-327.

Reckwitz, Andreas, 2001: „Multikulturalismustheorien und der Kulturbegriff. Vom Homogenitätsmodell zum Modell kultureller Interferenz." *Berliner Journal für Soziologie* 11: 179-200.

Rediker, Marcus Buford, 1987: *Between the Devil and the deep blue Sea. Merchant Seamen, Pirates, and the Anglo-American Maritime World, 1700-1750*. Cambridge/New York: Cambridge University Press.

Reese-Schäfer, Walter, 1993: „Kommunitärer Gemeinsinn und liberale Demokratie." *Gegenwartskunde* 3: 305-317.

—, 1994: *Was ist Kommunitarismus?* Frankfurt a. M.: Campus.

—, 1996a: „Die politische Rezeption des kommunitaristischen Denkens in Deutschland." *Aus Politik und Zeitgeschichte* 36: 3-11.

—, 1996b: „‚Nach innen geht der geheimnisvolle Weg'. Einige kritische Bemerkungen zu Charles Taylors Ontologie der Moralität und des modernen Selbst." *Deutsche Zeitschrift für Philosophie* 44: 621-634.

—, 1997: *Grenzgötter der Moral. Der neuere europäisch-amerikanische Diskurs zur politischen Ethik*. Frankfurt a. M.: Suhrkamp.

Rehberg, Karl-Siegbert, 1991: „Kultursoziologische Perspektiven und die Tradition der Weberschen Soziologie." *Berliner Journal für Soziologie* 1: 253-262.

—, 1996: „Kultur versus Gesellschaft? Anmerkungen zu einer Streitfrage in der deutschen Soziologie." S. 92-115 in *Kultur und Gesellschaft. Kölner Zeitschrift für Soziologie und Sozialpsychologie, Sonderheft 27*, hrsg. von F. Neidhardt, M. R. Lepsius und J. Weiß.

—, 2003: „Person und Institution. Überlegungen zu paradigmatischen Strukturen im Denken Max Webers." S. 371-394 in *Das Weber-Paradigma. Studien zur Weiterentwicklung von Max Webers Forschungsprogramm*, hrsg. von G. Albert, A. Bienfait, S. Sigmund und C. Wendt. Tübingen: Mohr Siebeck.

Renan, Ernest, 1882: *Qu' est-ce qu' une Nation?* Paris: Calmann-Lévy.

Rex, John, 1996: „Transnational Migrant Communities and Ethnic Minorities in Modern Multicultural Societies." S. 96-113 in *Ethnic Minorities in the Modern Nation State. Working Papers in the Theory of Multiculturalism and Political Integration*, hrsg. von J. Rex. Basingstoke: MacMillan.

Ricœur, Paul, 1972: „Der Text als Modell. Hermeneutisches Verstehen." S. 252-283 in *Verstehende Soziologie. Grundzüge und Entwicklungstendenzen. Elf Aufsätze*, hrsg. von W. L. Bühl. München: Nymphenburger Verlagshandlung.

Rieger, Günter, 1993: „Wie viel Gemeinsinn braucht die Demokratie? Zur Diskussion um den Kommunitarismus." *Zeitschrift für Politik* 40: 304-332.

—, 1998: *Einwanderung und Gerechtigkeit. Mitgliedschaftspolitik auf dem Prüfstand amerikanischer Gerechtigkeitstheorien der Gegenwart*. Opladen: Westdeutscher Verlag.

Rieple, Beate, 2000: „Transstaatliche Wirtschaftsräume zwischen Deutschland und der Türkei." S. 87-111 in *Transstaatliche Räume. Politik, Wirtschaft und Kultur in und zwischen Deutschland und der Türkei*, hrsg. von T. Faist. Bielefeld: transcript Verlag.

Riesebrodt, Martin, 2000: *Die Rückkehr der Religionen. Fundamentalismus und der „Kampf der Kulturen"*. München: Beck.

Ritsert, Jürgen, 1987: „Braucht die Soziologie noch den Begriff der Klasse? Über Max Webers Klassentheorie und neuere Versuche, sie loszuwerden." *Leviathan* 15: 4-38.

—, 1998: *Soziale Klassen*. Münster: Westfälisches Dampfboot.

Robins, Kevin, 1991: „Tradition and Translation: National Culture in its Global Context." S. 21-44 in *Enterprise and Heritage. Crosscurrents of National Culture*, hrsg. von J. Corner und S. Harvey. London / New York: Routledge.

Rockefeller, Steven C., 1993: „Kommentar zu Charles Taylors ‚Multikulturalismus und die Politik der Anerkennung'." S. 95-108 in *Multikulturalismus und die Politik der Anerkennung*, hrsg. von C. Taylor. Frankfurt a. M.: Fischer.

Rorty, Richard, 1988: „Der Vorrang der Demokratie vor der Philosophie." S. 82-125 in *Solidarität oder Objektivität? Drei philosophische Essays*, hrsg. von. Stuttgart: Reclam.

Rosenfeld, Michel, 1991: *Affirmative Action and Justice: A Philosophical and Constitutional Inquiry*. New Haven: Yale University Press.

Rosenwald, George C. und Richard L. Ochberg, 1992: *Storied Lives. The Cultural Politics of Self-Understanding*. New Haven: Yale University Press.

Rössler, Beate, 1993: „Kommunitaristische Sehnsucht und liberale Rechte. Zu Michael Walzers politischer Theorie der Gesellschaft." *Deutsche Zeitschrift für Philosophie* 41: 1035-1048.

Said, Edward W., 1978: *Orientalism.* New York: Pantheon Books.

—, 1993: *Culture and Imperialism.* New York: Knopf.

Sandel, Michael J., 1982: *Liberalism and the Limits of Justice.* Cambridge: Cambridge University Press.

—, 1987a: „Introduction." S. 1-8 in *Liberalism and its Critics*, hrsg. von M. J. Sandel. Oxford: Blackwell.

—, 1987b: „Justice and the Good." S. 159-176 in *Liberalism and its Critics*, hrsg. von M. J. Sandel. Oxford: Blackwell.

— (Hrsg.), 1987c: *Liberalism and its Critics.* Oxford: Blackwell.

—, 1995: *Liberalismus oder Republikanismus. Von der Notwendigkeit der Bürgertugend.* Wien: Passagen Verlag.

Sanders, Douglas, 1991: „Collective Rights." *Human Rights Quaterly* 13: 368-386.

Scaff, Lawrence A., 1994: „Max Webers Begriff der Kultur." S. 678-699 in *Max Webers Wissenschaftslehre. Interpretation und Kritik*, hrsg. von G. Wagner. Frankfurt a. M.: Suhrkamp.

Schäffter, Ortfried, 1991: „Modi des Fremderlebens. Deutungsmuster im Umgang mit Fremdheit." S. 11-42 in *Das Fremde. Erfahrungsmöglichkeiten zwischen Faszination und Bedrohung*, hrsg. von O. Schäffter. Opladen: Westdeutscher Verlag.

Scheit, Herbert, 1987: *Wahrheit, Diskurs, Demokratie. Studien zur „Konsensustheorie der Wahrheit".* Freiburg: Alber.

Schluchter, Wolfgang, 1988: *Religion und Lebensführung 1: Studien zu Max Webers Kultur- und Werttheorie.* Frankfurt a. M.: Suhrkamp.

—, 1998: *Die Entstehung des modernen Rationalismus. Eine Analyse von Max Webers Entwicklungsgeschichte des Okzidents.* Frankfurt a. M.: Suhrkamp.

—, 2003: „Kampf der Kulturen?" S. 25-43 in *Fundamentalismus, Terrorismus, Krieg*, hrsg. von W. Schluchter. Weilerswist: Velbrück Wissenschaft.

Schmidtke, Oliver, 2001: „Symbolische Gewalt im öffentlichen Diskurs: Eine kommunikationstheoretische Deutung ethnisch-kultureller Ungleichheit." S. 109-137 in *Klasse und Klassifikation. Die symbolische Dimension sozialer Ungleichheit*, hrsg. von A. Weiß, C. Koppetsch, A. Scharenberg und O. Schmidtke. Wiesbaden: Westdeutscher Verlag.

Schmitt, Carl, 1987: *Der Begriff des Politischen.* Berlin: Duncker & Humblot.

Schulze, Gerhard, 1990: „Die Transformation sozialer Milieus in der BRD." S. 409-432 in *Lebenslagen, Lebensläufe, Lebensstile. Soziale Welt, Sonderband 7*, hrsg. von P. A. Berger und S. Hradil. Göttingen: Schwartz.

—, 1992: *Die Erlebnisgesellschaft. Kultursoziologie der Gegenwart.* Frankfurt a. M.: Campus.

Schwingel, Markus, 2003: *Pierre Bourdieu zur Einführung.* Hamburg: Junius.

Schwinn, Thomas, 2003: „Kulturvergleich in der globalisierten Moderne." S. 301-327 in *Das Weber-Paradigma. Studien zur Weiterentwicklung von Max Webers Forschungsprogramm*, hrsg. von G. Albert, A. Bienfait, S. Sigmund und C. Wendt. Tübingen: Mohr Siebeck.

Scott, Alan, 1997: „Between Autonomy and Responsibility. Max Weber on Scholars, Academics and Intellectuals." S. 45-64 in *Intellectuals in Politics. From the Dreyfus Affair to Salman Rushdie*, hrsg. von J. Jennings und A. Kemp-Welch. London /New York: Routledge.

Seel, Martin, 1993: „Das Gute und das Richtige." S. 219-240 in *Zur Verteidigung der Vernunft gegen ihre Liebhaber und Verächter*, hrsg. von C. Menke und M. Seel. Frankfurt a. M.: Suhrkamp.

Seifert, Wolfgang, 1992: „Die zweite Ausländergeneration in der Bundesrepublik - Längsschnittbeobachtungen in der Berufseinstiegsphase." *Kölner Zeitschrift für Soziologie und Sozialpsychologie* 44: 677-696.

—, 1995: *Die Mobilität von Migranten - Die berufliche, ökonomische und soziale Stellung ausländischer Arbeitnehmer in der Bundesrepublik*. Berlin: Edition Sigma.

Sen, Amartya Kumar, 1985: *Commodities and Capabilities*. Amsterdam: North-Holland.

Sennett, Richard und Jonathan Cobb, 1973: *The Hidden Injuries of Class*. New York: Vintage Books.

Shimada, Shingo, 1998: „Identitätskonstruktion und Übersetzung." S. 138-165 in *Identität. Erinnerung, Geschichte, Identität*, hrsg. von A. Assmann und H. Friese. Frankfurt a. M.: Suhrkamp.

Simmel, Georg, 1987: *Das individuelle Gesetz. Philosophische Exkurse*. Frankfurt a. M.: Suhrkamp.

Skinner, Quentin und Alexander Staudacher, 1996: „Moderne und Entzauberung. Einige historische Reflexionen." *Deutsche Zeitschrift für Philosophie* 44: 609-619.

Smith, Anthony D., 1981: *The Ethnic Revival in the Modern World*. Cambridge: Cambridge University Press.

Sollors, Werner, 1996a: „Introduction: The Invention of Ethnicity." S. IX-XX in *Theories of Ethnicity. A Classical Reader*, hrsg. von W. Sollors. New York: New York University Press.

— (Hrsg.), 1996b: *Theories of Ethnicity. A Classical Reader*. New York: New York University Press.

Soysal, Yasemin Nuhoglu, 1994: *Limits of Citizenship. Migrants and Postnational Membership in Europe*. Chicago: University of Chicago Press.

Spillman, Lyn, 2002: *Cultural Sociology*. Oxford: Blackwell.

Spivak, Gayatri Chakravorty, 1987: *In Other Worlds. Essays in Cultural Politics*. New York: Methuen.

—, 1999: *A Critique of Postcolonial Reason. Toward a History of the Vanishing Present*. Cambridge, Mass.: Harvard University Press.

Spivak, Gayatri Chakravorty und Sarah Harasym, 1990: *The Post-Colonial Critic. Interviews, Strategies, Dialogues*. New York: Routledge.

Stauth, Georg, 1994: „Kulturkritik und affirmative Kultursoziologie. Friedrich Nietzsche, Max Weber und die Wissenschaft von der menschlichen Kultur." S. 167-198 in *Max Webers Wissenschaftslehre. Interpretation und Kritik*, hrsg. von G. Wagner. Frankfurt a. M.: Suhrkamp.

Stauth, Georg und Bryan Stanley Turner, 1988: *Nietzsche's Dance. Resentment, Reciprocity and Resistance in Social Life*. Oxford: Blackwell.

Steinert, Heinz, 2004: „Schließung und Ausschließung. Eine Typologie der Schließung und ihrer Folgen." S. 193-212 in *Die Theorie sozialer Schließung. Tradition, Analysen, Perspektiven,* hrsg. von J. Mackert. Wiesbaden: VS Verlag für Sozialwissenschaften.

Sternberger, Dolf, 1979: *Schriften, Bd. 10.* Frankfurt a. M.: Suhrkamp.

Steyerl, Hito, 2003: „Postkolonialismus und Biopolitik. Probleme der Übertragung postkolonialer Ansätze in den deutschen Kontext." S. 38-55 in *Spricht die Subalterne deutsch? Migration und postkoloniale Kritik,* hrsg. von H. Steyerl und E. Gutiérrez Rodríguez. Münster: Unrast Verlag.

Steyerl, Hito und Encarnación Gutiérrez Rodríguez, 2003a: „Einleitung." S. 7-16 in *Spricht die Subalterne deutsch? Migration und postkoloniale Kritik,* hrsg. von H. Steyerl und E. Gutiérrez Rodríguez. Münster: Unrast Verlag.

— (Hrsg.), 2003b: *Gesellschaftstheorie und postkoloniale Kritik.* Münster: Unrast Verlag.

— (Hrsg.), 2003c: *Spricht die Subalterne deutsch? Migration und postkoloniale Kritik.* Münster: Unrast Verlag.

Sutor, Bernhard, 1995: „Nationalbewußtsein und universale politische Ethik." *Aus Politik und Zeitgeschichte* 10: 3-13.

Sutter, Alex, 2000: „Welche kulturellen Rechte für marginale Minderheiten?" S. 179-192 in *Sozialalmanach 2000. Sozialrechte und Chancengleichheit in der Schweiz,* hrsg. von A. Schnyder. Luzern: Caritas-Verlag.

Swaan, Abram de, 1995: „Die soziologische Untersuchung der transnationalen Gesellschaft." *Journal für Sozialforschung* 35: 107-120.

Szydlik, Marc, 1996: „Ethnische Ungleichheit auf dem deutschen Arbeitsmarkt." *Kölner Zeitschrift für Soziologie und Sozialpsychologie* 48: 658-676.

Tate, Shirley, 2003: „Widerstand und ‚Shade' - Körperpolitiken des Schwarzseins und die Risse der Hybridität." S. 166-185 in *Spricht die Subalterne deutsch? Migration und postkoloniale Kritik,* hrsg. von H. Steyerl und E. Gutiérrez Rodríguez. Münster: Unrast Verlag.

Taylor, Charles, 1975: *Hegel.* Cambridge: Cambridge University Press.

—, 1979: *Hegel and Modern Society.* Cambridge: Cambridge University Press.

—, 1985a: „Atomism." S. 187-210 in Ders., *Philosophy and the Human Sciences. Philosophical Papers II.* Cambridge: Cambridge University Press.

—, 1985b: „The Concept of a Person." S. 97-114 in Ders., *Human Agency and Language. Philosophical Papers I.* Cambridge: Cambridge University Press.

—, 1985c: „Interpretation and the Sciences of Man." S. 15-57 in Ders., *Philosophy and the Human Sciences. Philosophical Papers II.* Cambridge: Cambridge University Press.

—, 1985d: „Language and Human Nature." S. 215-247 in Ders., *Human Agency and Language. Philosophical Papers I.* Cambridge: Cambridge University Press.

—, 1985e: „Self-Interpreting Animals." S. 45-76 in Ders., *Human Agency and Language. Philosophical Papers I.* Cambridge: Cambridge University Press.

—, 1985f: „Theories of Meaning." S. 248-292 in Ders., *Human Agency and Language. Philosophical Papers I.* Cambridge: Cambridge University Press.

—, 1985g: „What is Human Agency?" S. 15-44 in Ders., *Human Agency and Language. Philosophical Papers I.* Cambridge: Cambridge University Press.

Taylor, Charles, 1985h: „What's Wrong With Negative Liberty?" S. 211-229 in Ders.,
    Philosophy and the Human Sciences. Philosophical Papers II. Cambridge: Cam-
    bridge University Press.
—, 1988a: „Der Irrtum der negativen Freiheit." S. 118-144 in Ders., *Negative Freiheit?*
    Zur Kritik des neuzeitlichen Individualismus. Frankfurt a. M.: Suhrkamp.
—, 1988b: *Negative Freiheit? Zur Kritik des neuzeitlichen Individualismus.* Frankfurt a.
    M.: Suhrkamp.
—, 1989: *Sources of the Self. The Making of the Modern Identity.* Cambridge: Cambridge
    University Press.
—, 1991: *The Ethics of Authenticity.* Cambridge / London: Harvard University Press.
—, 1993: *Multikulturalismus und die Politik der Anerkennung.* Frankfurt a. M.: Fischer.
—, 1995a: „Atomismus." S. 73-107 in *Bürgergesellschaft, Recht und Demokratie,* hrsg.
    von B. v. d. Brink und W. v. Reijen. Frankfurt a. M.: Suhrkamp.
—, 1995b: *Das Unbehagen an der Moderne.* Frankfurt a. M.: Suhrkamp.
—, 1999: *Quellen des Selbst. Die Entstehung der neuzeitlichen Identität.* Frankfurt a. M.:
    Suhrkamp.
—, 2002: *Wieviel Gemeinschaft braucht die Demokratie? Aufsätze zur politischen Philo-
    sophie.* Frankfurt a. M.: Suhrkamp.
Tenbruck, Friedrich, 1979: „Die Aufgaben der Kultursoziologie." *Kölner Zeitschrift für
    Soziologie und Sozialpsychologie* 31: 399-421.
Thomas, William Isaac und Florian Znaniecki, 1918/1920: *The Polish Peasant in Europe
    and America.* Chicago: University of Chicago Press.
Thompson, Edward P., 1964: *The Making of the English Working Class.* New York:
    Pantheon Books.
Thurn, Hans Peter, 1979: „Kultursoziologie - Zur Begriffsgeschichte der Disziplin."
    Kölner Zeitschrift für Soziologie und Sozialpsychologie 31: 422-449.
Trautner, Bernhard, 2000: „Türkische Muslime und islamische Organisationen als Träger
    des transstaatlichen Raumes Deutschland-Türkei." S. 57-86 in *Transstaatliche Räu-
    me. Politik, Wirtschaft und Kultur in und zwischen Deutschland und der Türkei,*
    hrsg. von T. Faist. Bielefeld: transcript Verlag.
Treibel, Anette, 1999: *Migration in modernen Gesellschaften. Soziale Folgen von Ein-
    wanderung, Gastarbeit und Flucht.* Weinheim: Juventa.
Tugendhat, Ernst, 1993: *Vorlesungen über Ethik.* Frankfurt a. M.: Suhrkamp.
Tylor, Edward Burnett, 1871: *Primitive Culture. Researches into the Development of
    Mythology, Philosophy, Religion, Art and Custom.* London: Murray.
Van Dyke, Vernon, 1985: *Human Rights, Ethnicity, and Discrimination.* Westport:
    Greenwood.
—, 1999: „The Individual, the State, and Ethnic Communities in Political Theory." S. 31-
    56 in *The Rights of Minority Cultures,* hrsg. von W. Kymlicka. Oxford: Oxford Uni-
    versity Press.
Van Wagoner, Richard S., 1986: *Mormon Polygamy. A History.* Salt Lake City: Signature
    Books.
Vorländer, Hans, 1995: „Der ambivalente Liberalismus oder: Was hält die liberale Demo-
    kratie zusammen?" *Zeitschrift für Politik* 42: 250-267.

Wagner, Peter, 1998: „Fest-Stellungen. Beobachtungen zur sozialwissenschaftlichen Diskussion über Identität." S. 44-72 in *Identitäten. Erinnerung, Geschichte, Identität*, hrsg. von A. Assmann und H. Friese. Frankfurt a. M.: Suhrkamp.

Waldron, Jeremy, 1996: „Multiculturalism and Melange." in *Public Education in a Multicultural Society: Policy, Theory, Critique*, hrsg. von R. K. Fullinwider. Cambridge: Cambridge University Press.

—, 1999: „Minority Cultures and the Cosmopolitan Alternative." S. 93-119 in *The Rights of Minority Cultures*, hrsg. von W. Kymlicka. Oxford: Oxford University Press.

Wallrabenstein, Astrid, 1999: „Untertan, Bürger oder Volkszugehöriger? Zum Verständnis des deutschen Einbürgerungsrechts." *Der Staat* 38: 260-278.

Walzer, Michael, 1983: *Spheres of Justice. A Defense of Pluralism and Equality*. New York: Basic Books.

—, 1990: *Kritik und Gemeinsinn. Drei Wege der Gesellschaftskritik*. Berlin: Rotbuch.

—, 1992: *Zivile Gesellschaft und amerikanische Demokratie*. Berlin: Rotbuch.

—, 1993: „Kommentar zu Charles Taylors ‚Multikulturalismus und die Politik der Anerkennung'." S. 109-115 in *Multikulturalismus und die Politik der Anerkennung*, hrsg. von C. Taylor. Frankfurt a. M.: Fischer.

—, 1996: *Lokale Kritik - globale Standards. Zwei Formen moralischer Auseinandersetzung*. Hamburg: Rotbuch.

—, 1997: *On Toleration*. New Haven: Yale University Press.

—, 1998: *Sphären der Gerechtigkeit. Ein Plädoyer für Pluralität und Gleichheit*. Frankfurt a. M.: Fischer.

—, 1999: „Pluralism: A Political Perspective." S. 139-154 in *The Rights of Minority Cultures*, hrsg. von W. Kymlicka. Oxford: Oxford University Press.

Waters, Mary C., 1990: *Ethnic Options. Choosing Identities in America*. Berkeley: University of California Press.

Weber, Max, 1904/1980: „Die ‚Objektivität' sozialwissenschaftlicher und sozialpolitischer Erkenntnisse." S. 146-214 in Ders., *Gesammelte Aufsätze zur Wissenschaftslehre*. Tübingen: Mohr.

—, 1917/1980: „Der Sinn der ‚Wertfreiheit' der soziologischen und ökonomischen Wissenschaften." S. 489-540 in Ders., *Gesammelte Aufsätze zur Wissenschaftslehre*, Tübingen: Mohr.

—, 1922/1980: *Gesammelte Aufsätze zur Wissenschaftslehre*. Tübingen: Mohr.

—, 1980: *Wirtschaft und Gesellschaft. Grundriß der verstehenden Soziologie*. Tübingen: Mohr.

—, 1988a: „Die protestantischen Sekten und der Geist des Kapitalismus." S. 207-236 in Ders., *Gesammelte Aufsätze zur Religionssoziologie 1*. Tübingen: Mohr.

—, 1988b: *Gesammelte Aufsätze zur Religionssoziologie 1*. Tübingen: Mohr.

—, 1988c: *Gesammelte politische Schriften*. Tübingen: Mohr.

Weiß, Anja, 2001a: „Rassismus als symbolisch vermittelte Dimension sozialer Ungleichheit." S. 79-108 in *Klasse und Klassifikation. Die symbolische Dimension sozialer Ungleichheit*, hrsg. von A. Weiß, C. Koppetsch, A. Scharenberg und O. Schmidtke. Wiesbaden: Westdeutscher Verlag.

—, 2001b: *Rassismus wider Willen: Ein anderer Blick auf eine Struktur sozialer Ungleichheit*. Wiesbaden: Westdeutscher Verlag.

Weiß, Anja, Cornelia Koppetsch, Albert Scharenberg und Oliver Schmidtke, 2001: „Horizontale Disparitäten oder kulturelle Klassifikationen? Zur Integration von Ethnizität und Geschlecht in die Analyse sozialer Ungleichheit." S. 7-26 in *Klasse und Klassifikation. Die symbolische Dimension sozialer Ungleichheit*, hrsg. von A. Weiß, C. Koppetsch, A. Scharenberg und O. Schmidtke. Wiesbaden: Westdeutscher Verlag.

Wellmer, Albrecht, 1986: *Ethik und Dialog. Elemente des moralischen Urteils bei Kant und in der Diskursethik*. Frankfurt a. M.: Suhrkamp.

—, 1993: *Endspiele. Die unversöhnliche Moderne. Essays und Vorträge*. Frankfurt a. M.: Suhrkamp.

Welsch, Wolfgang, 1997: „Transkulturalität." *Universitas* 52: 16-24.

—, 1999: „Auf dem Weg zur transkulturellen Gesellschaft." S. 119-144 in *Die Zukunft des Menschen. Philosophische Ausblicke*, hrsg. von G. Seubold. Bonn: Bouvier.

Werbner, Pnina und Tariq Modood (Hrsg.), 1997: *Debating Cultural Hybridity. Multi-Cultural Identities and the Politics of Anti-Racism*. London: Zed Books.

Wicker, Hans-Rudolf, 1998: „Von der komplexen Kultur zur kulturellen Komplexität." in *Nationalismus, Multikulturalismus und Ethnizität: Beiträge zur Deutung von sozialer und politischer Einbindung und Ausgrenzung*, hrsg. von H.-R. Wicker. Berlin: Haupt.

Wiener, Antje, 1996a: „Editorial: Fragmentierte Staatsbürgerschaft." *PROKLA. Zeitschrift für kritische Sozialwissenschaft* 26: 489-495.

—, 1996b: „(Staats)Bürgerschaft ohne Staat. Ortsbezogene Partizipationsmuster am Beispiel der Europäischen Union." *PROKLA. Zeitschrift für kritische Sozialwissenschaft* 26: 497-513.

Williams, Raymond, 1958: *Culture and Society 1780-1950*. New York: Columbia University Press.

—, 1961: *The Long Revolution*. New York: Columbia University Press.

—, 1973: *The Country and the City*. New York: Oxford University Press.

—, 1993: „Culture is Ordinary." S. 5-14 in *Studying Culture*, hrsg. von A. Gray und J. McGuigan. London: Routledge.

Wilson, William Julius, 1987: *The Truly Disadvantaged*. Chicago: University of Chicago Press.

—, 1997: *When Work Disappears*. New York: Vintage Books.

Wimmer, A., 1995: „Interethnische Konflikte. Ein Beitrag zur Integration aktueller Forschungsansätze." *Kölner Zeitschrift für Soziologie und Sozialpsychologie* 47: 464-493.

Wimmer, Franz M., 1989: *Interkulturelle Philosophie*. Wien: Passagen Verlag.

—, 2003: *Globalität und Philosophie. Studien zur Interkulturalität*. Wien: Turia + Kant.

Winter, Rainer, 1999: „Die Zentralität von Kultur. Zum Verhältnis von Kultursoziologie und Cultural Studies." S. 146-195 in *Widerspenstige Kulturen. Cultural Studies als Herausforderung*, hrsg. von K. H. Hörning und R. Winter. Frankfurt a. M.: Suhrkamp.

Wolf, Ursula, 1993: „Moralische Dilemmata und Wertkonflikte." S. 181-196 in *Zur Verteidigung der Vernunft gegen ihre Liebhaber und Verächter*, hrsg. von C. Menke und M. Seel. Frankfurt a. M.: Suhrkamp.

Young, Iris Marion, 1998: „Selbstbestimmung und globale Demokratie. Zur Kritik des liberalen Nationalismus." *Deutsche Zeitschrift für Philosophie* 46: 431-457.

Zahlmann, Christel (Hrsg.), 1992: *Kommunitarismus in der Diskussion. Eine streitbare Einführung*. Berlin: Rotbuch.

Zizek, Slavoj, 1998: *Ein Plädoyer für die Intoleranz*. Wien: Passagen Verlag.

Lehrbücher

Heinz Abels
Einführung in die Soziologie
Band 1: Der Blick auf die Gesellschaft
3. Aufl. 2006. ca. 448 S. Br. ca. EUR 19,90
ISBN 3-531-43610-4

*Band 2: Die Individuen in ihrer
Gesellschaft*
3. Aufl. 2006. ca. 464 S. Br. ca. EUR 19,90
ISBN 3-531-43611-2

Andrea Belliger / David J. Krieger (Hrsg.)
Ritualtheorien
Ein einführendes Handbuch
3. Aufl. 2006. 483 S. Br. EUR 34,90
ISBN 3-531-43238-9

Nicole Burzan
Soziale Ungleichheit
Eine Einführung in die zentralen
Theorien
2. Aufl. 2005. 210 S. Br. EUR 17,90
ISBN 3-531-34145-6

Paul B. Hill / Johannes Kopp
Familiensoziologie
Grundlagen und theoretische
Perspektiven
4., überarb. Aufl. 2006. ca. 360 S.
Br. ca. EUR 27,90
ISBN 3-531-53734-2

Michael Jäckel (Hrsg.)
Mediensoziologie
Grundfragen und Forschungsfelder
2005. 388 S. Br. EUR 22,90
ISBN 3-531-14483-9

Wieland Jäger / Uwe Schimank (Hrsg.)
Organisationsgesellschaft
Facetten und Perspektiven
2005. 591 S. Br. EUR 26,90
ISBN 3-531-14336-0

Stephan Moebius / Dirk Quadflieg (Hrsg.)
Kultur. Theorien der Gegenwart
2006. 590 S. Br. EUR 26,90
ISBN 3-531-14519-3

Rüdiger Peuckert
**Familienformen
im sozialen Wandel**
6. Aufl. 2005. 496 S. Br. EUR 19,90
ISBN 3-531-14681-5

Erhältlich im Buchhandel oder beim Verlag.
Änderungen vorbehalten. Stand: Juli 2006.

www.vs-verlag.de

VS VERLAG FÜR SOZIALWISSENSCHAFTEN

Abraham-Lincoln-Straße 46
65189 Wiesbaden
Tel. 0611.7878 - 722
Fax 0611.7878 - 400

Theorie

Dirk Baecker (Hrsg.)
**Schlüsselwerke
der Systemtheorie**
2005. 352 S. Geb. EUR 24,90
ISBN 3-531-14084-1

Ralf Dahrendorf
Homo Sociologicus
Ein Versuch zur Geschichte,
Bedeutung und Kritik der Kategorie
der sozialen Rolle
16. Aufl. 2006. 126 S. Br. EUR 14,90
ISBN 3-531-31122-0

Shmuel N. Eisenstadt
Theorie und Moderne
Soziologische Essays
2006. 607 S. Geb. EUR 49,90
ISBN 3-531-14565-7

Axel Honneth /
Institut für Sozialforschung (Hrsg.)
**Schlüsseltexte der
Kritischen Theorie**
2006. 414 S. Geb. EUR 29,90
ISBN 3-531-14108-2

Peter Imbusch
Moderne und Gewalt
Zivilisationstheoretische Perspektiven
auf das 20. Jahrhundert
2005. 579 S. Geb. EUR 49,90
ISBN 3-8100-3753-2

Niklas Luhmann
Beobachtungen der Moderne
2. Aufl. 2006. 220 S. Br. EUR 24,90
ISBN 3-531-32263-X

Stephan Moebius /
Christian Papilloud (Hrsg.)
**Gift – Marcel Mauss'
Kulturtheorie der Gabe**
2006. 359 S. Br. EUR 29,90
ISBN 3-531-14731-5

Uwe Schimank
**Differenzierung und Integration
der modernen Gesellschaft**
Beiträge zur akteurzentrierten
Differenzierungstheorie 1
2005. 297 S. Br. EUR 27,90
ISBN 3-531-14683-1

Uwe Schimank
**Teilsystemische Autonomie
und politische
Gesellschaftssteuerung**
Beiträge zur akteurzentrierten
Differenzierungstheorie 2
2006. 307 S. Br. EUR 29,90
ISBN 3-531-14684-X

Erhältlich im Buchhandel oder beim Verlag.
Änderungen vorbehalten. Stand: Juli 2006.

www.vs-verlag.de

VS VERLAG FÜR SOZIALWISSENSCHAFTEN

Abraham-Lincoln-Straße 46
65189 Wiesbaden
Tel. 0611.7878 - 722
Fax 0611.7878 - 400